RECHT & MEDIZIN

Herausgegeben von den Professoren
Dr. Erwin Deutsch, Dr. Adolf Laufs, Dr. Hans-Ludwig Schreiber

Bd./Vol. 62

PETER LANG
Frankfurt am Main · Berlin · Bern · Bruxelles · New York · Oxford · Wien

Gibt es psychiatrische Diagnostikansätze, um den Begriff der schweren anderen seelischen Abartigkeit in §§ 20, 21 StGB auszufüllen?

Anne Elisabeth Stange

Gibt es psychiatrische Diagnostikansätze, um den Begriff der schweren anderen seelischen Abartigkeit in §§ 20, 21 StGB auszufüllen?

PETER LANG
Europäischer Verlag der Wissenschaften

Bibliografische Information Der Deutschen Bibliothek
Die Deutsche Bibliothek verzeichnet diese Publikation in der Deutschen Nationalbibliografie; detaillierte bibliografische Daten sind im Internet über <http://dnb.ddb.de> abrufbar.

Zugl.: Göttingen, Univ., Diss., 2003

D 7
ISSN 0172-116X
ISBN 3-631-51511-1

www.peterlang.de

Meinen Eltern

Vorwort

Die vorliegende Arbeit wurde im Wintersemester 2002/2003 von der Juristischen Fakultät der Universität Göttingen als Dissertation angenommen.

Ich möchte die Gelegenheit ergreifen, an dieser Stelle meinem Doktorvater, Herrn Prof. Dr. Dr. h.c. mult. Hans-Ludwig Schreiber ganz herzlich für die mir zuteil gewordene wissenschaftliche Förderung, das mir entgegengebrachte Vertrauen und die jederzeitige Gesprächsbereitschaft zu danken.

Ferner gilt mein Dank Herrn Prof. Dr. Jörg-Martin Jehle für die freundliche Übernahme des Zweitgutachtens.

Schließlich danke ich meinem Vater, dessen Unterstützung ich mir immer sicher sein konnte.

Hamburg, im Juli 2003 Anne Elisabeth Stange

Inhaltsverzeichnis

Abkürzungsverzeichnis

AAMD	American Association on Mental Deficiency
a.F.	alte Fassung
AMDP	Arbeitsgemeinschaft für Methodik und Dokumentation in der Psychiatrie
APA	American Psychiatic Association
AT	Allgemeiner Teil
Begr.	Begründung
Bd.	Band
BGH	Entscheidung des Bundesgerichtshofes
BGHSt	Amtliche Sammlung der Entscheidungen des Bundesgerichtshofes in Strafsachen
BSS	Beeinträchtigungsschwere-Score
BT-Drs.	Bundestagsdrucksache
BVerfGE	Amtliche Sammlung der Entscheidungen des Bundesverfassungsgerichts
CCC	Constitutio Criminalis Carolina
DSM-IV/ DSM-III	Diagnostic and Statistical Manual on mental disorders ($4^{th}/3^{rd}$ Revision)
E 1962	Entwurf eines Strafgesetzbuches mit Begründung, Bonn 1962
ebd.	ebender
FPDS	Forensisch Psychiatrisches Dokumentationssystem
FS	Festschrift
GA	Goltdammer's Archiv für Strafrecht
GG	Grundgesetz
ICD-10/ ICD-9	International Classification of Diseases (10th/9th Revision)
JA	Juristische Arbeitsblätter
JGG	Jugendgerichtsgesetz

JR	Juristische Rundschau
Jura	Juristische Ausbildung
JZ	Juristenzeitung
klin.	klinisch(e)
LK	Leipziger Kommentar zum Strafgesetzbuch
m.Anm.	mit Anmerkung
MDR	Monatsschrift für deutsches Recht
Med. Welt	Medizinische Welt
MschrKrim	Monatsschrift für Kriminologie und Strafrechtsreform
NA	Der Nervenarzt
NJW	Neue Juristische Wochenschrift
NStZ	Neue Zeitschrift für Strafrecht
NStZ-RR	Neue Zeitschrift für Strafrecht Rechtsprechungs-Report
OLG	Oberlandesgericht
Prot. IV,V	Protokolle des Sonderausschusses für die Strafrechtsreform, 4. bzw. 5. Wahlperiode des Bundestages
RG	Reichsgericht
Rspr.	Rechtsprechung
SK	Systematischer Kommentar zum Strafgesetzbuch
StGB	Strafgesetzbuch
StrRG	Strafrechtsreformgesetz
StV	Der Strafverteidiger
S/S	Schönke/ Schröder, Kommentar zum Strafgesetzbuch
WHO	Weltgesundheitsorganisation (World Health Organization)
Z. Psychosom. Med. Psychoanal.	Zeitschrift für Psychosomatische Medizin und Psychoanalyse
ZStW	Zeitung für die gesamte Strafrechtswissenschaft

1. Einleitung

Das deutsche Strafrecht basiert auf dem Schuldprinzip. Nach dem Grundsatz „nulla poena sine culpa“ darf nur derjenige bestraft werden, der zum Zeitpunkt der Tat schuldfähig war. Die Schuld bildet damit das Fundament für das System der Straftat sowie der Strafen. Dies führt zu der Frage, was unter Schuld zu verstehen ist, wie sie sich bemisst und vor allem, von welchen Faktoren sie beeinflusst wird.

Dabei sind die möglichen Auswirkungen von Krankheiten, insbesondere psychischen Krankheiten und darüber hinaus von sonstigen psychischen Störungen auf Schuld und strafrechtliche Verantwortlichkeit seit jeher Gegenstand von Diskussionen.

Die Abgrenzung zwischen „normalen“ Verhaltensauffälligkeiten und solchen, die rechtlich relevant sein sollen, ist insbesondere beim Merkmal der schweren anderen seelischen Abartigkeit, das nicht körperlich bedingte psychische Störungen erfassen soll und durch die Strafrechtsreform mit Gültigkeit ab 1. Januar 1975 in § 20 und § 21 StGB[1] eingebracht wurde, problematisch und immer wieder Unsicherheiten ausgesetzt. Fraglich ist, unter welchen Bedingungen und in welchem Umfang solche Störungen der Psyche die Schuld mindern oder gar ausschließen können.

Wegen der Weite des Begriffs „schwere andere seelische Abartigkeit“ haben Sachverständige im Rahmen der Begutachtung und der Richter bei der Entscheidung über die Zuordnung zu diesem gesetzlichen Merkmal der §§ 20, 21 einen großen Ermessensspielraum. Dies führt dazu, dass in der Praxis jeder Richter die schwere andere seelische Abartigkeit nach seinem eigenen subjektiven Verständnis mit Inhalt ausfüllen muss, um überhaupt eine Entscheidung treffen zu können. Richter, die meist Laien auf dem Gebiet der Psychiatrie sind, tun sich oft schwer, eine eigenständige, unter Umständen auch vom Sachverständigen differierende Entscheidung zu treffen. Vielfach wird die Bewertung nur übernommen, weil dem Juristen der Überblick über diese Materie fehlt, er keine Anhaltspunkte hat, nach denen er vorgehen kann. Da aber der Sachverständige nicht berechtigt ist, die rechtliche Bewertung (allein) zu treffen[2], kann ein solches Vorgehen nicht zulässig sein. Andererseits wird eine völlige normative Abstinenz des Sachverständigen aber auch nicht möglich sein[3].

Seit das Verhältnis von psychischen Krankheiten und Schuld diskutiert wird, stellt sich die Frage, welche von den beiden betroffenen Disziplinen, die Medizin oder das Recht, für die Einschätzung und Bewertung solcher psychischen Störungen

---

[1] §§ ohne Gesetzesbezeichnung sind im Folgenden solche des StGB

[2] BGHSt 2, 14, 16; 7, 238, 240; BGHSt NStZ 1999, 395

[3] Schreiber, NA 1977, 242, 246

zuständig sein soll. Die Kommunikation zwischen diesen beiden so verschiedenen Disziplinen, wobei die eine eher beschreibend die andere eher bewertend ist, stößt immer wieder auf Probleme. An dieser Stelle soll aber nicht das mitunter schwierige Verhältnis von Richter und Sachverständigen Gegenstand der Untersuchung sein, auch weil heute weitestgehend feststeht, dass der Richter die letztendliche Entscheidung über die Zurechnungsfähigkeit hat[4].

Ansatzpunkt ist vielmehr die erforderliche Zusammenarbeit zwischen beiden bei der Feststellung der gesetzlichen Merkmale der §§ 20, 21, hier insbesondere der schweren anderen seelischen Abartigkeit, die zur Einschränkung oder zum Ausschluss der Schuldfähigkeit führen können. Gerade beim Merkmal der schweren anderen seelischen Abartigkeit stellt sich die Frage, welche psychischen Abweichungen erfasst werden, und vor allem, in welchem Umfang sie erfasst werden.

In der gegenwärtigen Situation ist eine Entscheidung über die Schuldfähigkeit eines Täters hinsichtlich dieses Bereichs psychischer Störungen deswegen von der subjektiven Einstellung bzw. Willkür des Sachverständigen und Richters abhängig, weil keine Einigkeit über Kriterien herrscht, die bei der Entscheidung über die Zuordnung zur schweren seelischen Abartigkeit ausschlaggebend sein sollen. Rechtssicherheit und der Anspruch auf Gleichheit vor dem Recht, die aus dem Rechtsstaatsprinzip resultieren[5], sind hierdurch gefährdet.

Problematisch an der Schuldfähigkeitsbeurteilung ist auch, dass § 21 einerseits von den Juristen als Anlass für eine Strafmilderung gesehen wird, andererseits schwerwiegende Konsequenzen nach sich ziehen kann, da die Anwendung des § 21 auch als Grundlage für eine Einweisung in den Maßregelvollzug dienen kann. Durch eine ungerechtfertigte Zuerkennung der §§ 20 oder 21 wird möglicherweise das „Grundrecht" auf verantwortliches Tun und Handeln abgesprochen. Blickt man auf die Bindung von § 21 an § 63, wird gerade der psychiatrische Sachverständige, von dem nach Fehleinweisungen in den Maßregelvollzug Therapie erwartet wird, wo nichts zu therapieren ist, eine Dekulpierung bei krimineller Vorgeschichte besonders sorgfältig prüfen müssen[6].

Es stellt sich also die Frage, ob und wie der Begriff der schweren anderen seelischen Abartigkeit so mit Inhalt ausgefüllt werden kann, dass objektive und nachvollziehbare Entscheidungen bei der Schuldfähigkeitsprüfung möglich sind, damit Rechtssicherheit und Rechtsgleichheit gewährleistet werden und die eben angesprochenen Ergebnisse vermieden werden können.

---

[4] BGHSt 2, 14, 16; 7, 238, 240; BGHSt 8, 113, 118; BGHSt NStZ 1999, 395; S/S-Lenckner/Perron § 20 Rn. 45 m.w.N; Schreiber, NA 1977, 242, 246

[5] BVerfGE 3, 225, 237; 7, 89, 92; 13, 261, 271; 15, 313, 319

[6] Janzarik, Grundlagen der Schuldfähigkeitsprüfung, S. 80

2. Problemdarstellung

2.1 Das Schuldprinzip

Die Frage, wie man die Schuldfähigkeit (und damit auch die gesetzlichen Merkmale der § 20, 21) beurteilt, hängt vom Verständnis der strafrechtlichen Schuld ab, weil die Fähigkeit zur Schuld nur hinsichtlich dieser Schuld eingeschätzt werden kann[7]. Dies ist unabhängig davon, wie weit sich der Umfang der Zuständigkeit des Sachverständigen erstreckt. Das Schuldprinzip ist der elementare Faktor des deutschen Strafrechts. Nach dem Grundsatz „nulla poena sine culpa" ist eine Bestrafung nur zulässig, wenn der Täter zum Zeitpunkt der Tat schuldfähig war. Diese Regel ist nicht wie das Prinzip „nulla poene sine lege" in § 1 als programmatische Erklärung in das StGB aufgenommen worden, das BVerfG hat ihm jedoch Verfassungsrang zugeschrieben[8], weil es den Satz „nulla poena sine culpa" im Rechtsstaatsprinzip verankert gesehen hat[9] und zum anderen eine Strafe ohne Schuld gegen die von Art. 1 I GG garantierte Menschenwürde verstoßen würde[10]. Damit darf eine Strafe als Sanktion nur verhängt werden, wenn dem Täter sein Tun vorwerfbar ist. Wenn er dagegen „nichts dafür kann" wäre seine Bestrafung Unrecht[11].

Auf die Frage, was der Begriff der Schuld beinhaltet, findet man im Gesetz keine ausdrückliche Antwort[12]. Es verwendet den Begriff mehrfach, ohne ihn jedoch zu erklären. Nach § 46 S. 1 soll die Schuld des Täters Grundlage für die Zumessung der Strafe sein. Außerdem lassen sich im StGB Schuldausschließungsgründe finden wie der Verbotsirrtum nach § 17 und der entschuldigende Notstand in § 35, bei denen, wenn die Voraussetzungen erfüllt sind, die Schuld ausgeschlossen werden kann.

In § 20 heißt es, dass ohne Schuld handelt, wer bei Begehung der Tat aufgrund bestimmter Zustände unfähig ist, das Unrecht der Tat einzusehen oder nach dieser Einsicht zu handeln. Genauso wie bei den gerade aufgeführten Schuldausschließungsgründen wird der Begriff der Schuld nur negativ definiert. Es geht aus dem Gesetz nicht hervor, was im positiven Sinne unter Schuld und Schuldfähigkeit zu verstehen ist. Daran wird deutlich, dass das Recht dem Gedanken folgt, dass bei

---

7 Schreiber, in: Psychiatrische Begutachtung, S. 2

8 BVerfGE 20, 323; S/S-Lenckner/Perron Vorbem. § 13f. Rn. 103/104; LK-Jähnke § 20 Rn.3

9 BVerfGE 20, 323, 331; 57, 250, 275; 80, 367, 378

10 BVerfGE 57, 250, 275; S/S-Lenckner/Perron Vorbem. § 13 Rn. 103/104

11 BGHSt 23, 176, 192; LK-Jähnke § 20 Rn.3; Lenckner, in: Hdb. d. forens. Psychiatrie Bd. I, S. 96; Schreiber aaO

12 Schreiber aaO

einem erwachsenen Menschen[13] grundsätzlich von der Schuldfähigkeit auszugehen ist[14]. Im Verfahren ist deshalb die Schuldfähigkeit nur zu prüfen, wenn gewichtige Hinweise für ihr Nichtvorliegen bzw. nicht volles Vorliegen bestehen[15].

Das Festhalten am Schuldprinzip, auch in der seit dem 1. Januar 1975 geltenden Fassung der §§ 20, 21, stellt eine Reaktion auf die Strafrechtspraxis des Dritten Reiches dar[16]. Man sieht darin das Bekenntnis zur Würde des Menschen als (eigen-) verantwortlicher Person. Dem Handeln des nationalsozialistischen Staates, der das Strafrecht zu Ausmerzungs- und Abschreckungsmaßnahmen instrumentalisiert sowie uferloses Zweckdenken praktiziert hat, sollte eine deutliche Absage erteilt werden.

Obwohl das Schuldprinzip damit bewusst in Gesetz und Rechtspraxis verankert ist, ist es lebhaft umstritten.

Es besteht seit langem ein Grundlagenstreit über Inhalt und Begriff der Schuld, bei dem diese auf vielerlei Art und Weise umschrieben wird. Dabei reicht die Umschreibung von „der Verfehlung der sittlichen Aufgabe des Menschen, der Entscheidung für das Unrecht trotz Andershandelnskönnens, über die Vorwerfbarkeit einer Tat, die Vorwerfbarkeit einer Tat wegen der darin betätigten rechtlich missbilligten Gesinnung, den Mangel an Verbundenheit mit einem rechtlich geschützten Wert, die vorwerfbare innere Beziehung des Täters zu seiner Tat, die Vorwerfbarkeit der Willensbildung und –betätigung bis zu einem rein funktionalen Schuldbegriff, der die Schuldkategorie in präventiven Gesichtspunkten aufgehen lässt“[17]. Einigkeit konnte die seit Jahrzehnten andauernde Diskussion bisher nicht herstellen. So hat Roxin zutreffend dargelegt, ein Minimalkonsens bei der Schuld könne nur dahin gehen, dass „sie eine vom Unrecht unterschiedene besondere Art der Wertung einer Handlung des Täters bedeute. Weiter gehe die Übereinstimmung aber weder in der Sache noch in der Terminologie“[18]. Aufgrund dieses Streites, der von den Grundlagen bis ins Detail reicht, ist auch die Handhabung der Schuld in der Praxis Zweifeln ausgesetzt. Um irgendeine Basis im interdisziplinären Dialog zwischen Psychiatern, Psychologen und Juristen bzw. konkret für eine Zusammenarbeit zwischen Richter und Sachverständigen zu haben,

---

13 bei Jugendlichen muss gemäß § 3 JGG die Verantwortlichkeit jedes Mal im Einzelfall positiv festgestellt werden, bei Kindern wird die Schuldunfähigkeit unwiderleglich vermutet (§ 19)

14 S/S-Lenckner/Perron § 20 Rn.1

15 S/S-Lenckner/Perron § 20 Rn. 45; LK-Jähnke § 20 Rn. 13

16 Schreiber, in: Psychiatrische Begutachtung, S. 3

17 Schreiber, in: Psychiatrische Begutachtung, S. 3, ders., NA 1977, 242, 243; Nachweise im einzelnen bei Schreiber, in: FS Deutsche Richterakademie, S. 73, 74

18 Roxin, in: FS für Henkel, S. 171

muss grundsätzliche Einigkeit darüber herrschen, was unter dem Begriff der Schuld zu verstehen ist[19].

In juristischer und psychiatrischer Literatur sowie in der gerichtlichen Praxis findet sich z.T. eine indeterministische Position, welche die Willensfreiheit des Menschen als Voraussetzung für das Verständnis von Schuld vorsieht. Um diese Willensfreiheit bzw. deren Existenz hat sich ein schon Jahrzehnte andauernder Streit entwickelt, der sich in einer außerordentlichen Fülle von Beiträgen in der Literatur niederschlägt[20].

Der BGH folgt diesem indeterministischen Weltbild seit seinem Grundsatzbeschluss, in dem er den Schuldbegriff folgendermaßen umschreibt: "Strafe setzt Schuld voraus. Schuld ist Vorwerfbarkeit. Mit dem Unwerturteil der Schuld wird dem Täter vorgeworfen, dass er sich für das Unrecht entschieden hat, obwohl er sich rechtmäßig verhalten, sich für das Recht hätte entscheiden können. Der innere Grund des Schuldvorwurfs liegt darin, dass der Mensch auf freie, verantwortliche, sittliche Selbstbestimmung angelegt und deshalb befähigt ist, sich für das Recht und gegen das Unrecht zu entscheiden, sobald er die sittliche Reife erlangt hat und solange die Anlage zur freien, sittlichen Selbstbestimmung nicht durch die in § 51 [heute: §§ 20, 21] genannten krankhaften Vorgänge gelähmt oder auf Dauer zerstört ist“[21].

Es fragt sich jedoch, ob eine solche indeterministische Position, welche die Willensfreiheit des Menschen zur Grundlage hat, für die gerichtliche Praxis anwendbar ist.

Schon in der Theorie ist eine Entscheidung im Streit zwischen indeterministischer und deterministischer Position mit wissenschaftlichen Mitteln nicht möglich[22], es gibt derzeit keine wissenschaftliche Lösung[23]. Aus diesem Grund ist ein exakter Beweis für oder gegen die Willensfreiheit nicht zu führen[24].

In der Praxis ist es mit den Mitteln des Strafverfahrens erst recht nicht möglich, die schon theoretisch unlösbare Frage im Einzelfall für den jeweiligen Täter zu beantworten, insbesondere wenn dies rückblickend geschehen muss. Wenn straf-

---

19 so auch Schreiber, NA 1977, 242, 243

20 Zusammenstellung bei LK-Jähnke § 20 Rn. 6f

21 BGHSt 2, 194, 200

22 Mangakis, ZStW 75 (1963), 499, 516; Schreiber, NA 1977, 242, 243; ders., in: Psychiatrische Begutachtung, S. 4

23 Jescheck/Weigend AT, S. 409; Nowakowski, in: FS für Rittler, S. 55, 57; Engisch, Die Lehre von der Willensfreiheit, S. 23; Hassemer, Einführung in die Grundlagen des Strafrechts, S. 229, jeweils mit weiteren Nachweisen

24 so auch LK-Jähnke § 20 Rn. 8

rechtliche Schuld voraussetzen würde, dass die Willensfreiheit des Täters zum Zeitpunkt der Tat festgestellt wird, wäre eine Verurteilung, zu einer von der Schuld abhängigen Strafe nicht möglich. Dann ist aber die indeterministische Auffassung von der strafrechtlichen Schuld nicht länger haltbar[25].

Einige Anhänger der indeterministischen Position prüfen wegen der Unbeantwortbarkeit der Willensfreiheit, inwieweit der Einzelne von einem generellen Maßstab des Andershandelnkönnens abweicht[26]. Bei näherer Betrachtung dieses Ansatzes wird aber deutlich, dass der Freiheit dadurch nur eine anderer Name gegeben wird[27]. Ein solches Vorgehen ist auch abzulehnen, weil hierdurch entweder der angebliche Charakter einer Sanktion verloren geht oder dem Täter ein Zustand angelastet wird, dessen Voraussetzungen von niemandem festgestellt werden können[28]. Ist eine Strafe bzw. Sanktion an das Vorliegen der Freiheit gebunden, kann zu ihr nur verurteilt werden, wenn ihre Voraussetzungen festgestellt werden können[29].

Der Standpunkt, das philosophische Problem der Willensfreiheit nicht endgültig lösen zu können, hat zur Entwicklung des pragmatischen sozialen Schuldbegriffs geführt[30]. Hier wird aus der Unbeantwortbarkeit nicht der generelle Schluss gezogen, das Schuldprinzip könne keine tragfähige Grundlage für das Strafrecht bzw. die Strafe sein[31]. Vielmehr spielt der Gedanke eine Rolle, dass das Zusammenleben von Menschen nur ohne Chaos vonstatten gehen kann, wenn das einzelne Verhalten durch soziale Normen gesteuert wird[32]. Um diese Normen durchsetzen zu können, muss abweichendes Verhalten sanktioniert werden[33]. Für diese Sanktionierung kann indessen nicht das soziale System, sondern nur der Einzelne

---

25 Schreiber, NA 1977, 242

26 SK-Rudolphi § 20 Rn. 25; ähnlich: Lenckner, in: Hdb. d. forens. Psychiatrie Bd. I, S. 19

27 Kaufmann, in: FS für Lange, S. 27, 29

28 Schreiber, NA 1977, 242, 244

29 Schreiber, NA 1977, 242

30 Kaufmann, in: FS für Lange, S. 27, 29; ders. JZ 1967, 553, 560; ders. Jura 1986, 225, 227; Jescheck/Weigend AT, S. 409ff.; LK-Jescheck Vorbem. § 13 Rn. 74; S/S-Lenckner/Perron Vorbem. § 13 Rn. 110

31 so aber eine verbreitete Meinung: Streng; ZStW 101 (1989) S. 273, 276; weitere Nachweise bei LK-Jähnke § 20 Rn. 9

32 Jescheck/Weigend AT, S. 412; Schreiber, in: Psychiatrische Begutachtung, S. 4

33 Stratenwerth AT, S. 16; vgl. auch Popitz, Die normative Konstruktion von Gesellschaft, S.28; Blau/Franke Jura 1982, 393, 395

herangezogen und verantwortlich gemacht werden[34]. Es besteht also ein Zusammenhang zwischen dem Prinzip der Schuldfähigkeit und der Lehre vom Strafzweck. Letztere überlagert das Schuldprinzip aber nicht in der Art und Weise, dass es nur und unmittelbar von Strafzwecken bestimmt wird[35].

Beim pragmatischen Schuldbegriff wird unterhalb der philosophischen Ebene der „unlösbaren Alternative von Determinismus und Indeterminismus"[36] ein sozialvergleichender Maßstab[37] angelegt. Es wird danach gefragt, ob sich ein Durchschnittsmensch in der äußeren und inneren Lage des Täters ebenso wie dieser verhalten hätte oder nicht[38]. Damit versteht diese Ansicht unter Schuld das „Zurückbleiben des Täters hinter demjenigen Maß an Verhalten, das vom durchschnittlichen Staatsbürger in der konkreten Tatsituation erwartet wird[39].

An dieser Stelle muss jedoch beachtet werden, dass nicht das generelle Können des Durchschnittsmenschen zum Grund des Schuldvorwurfs wird. Ansatzpunkt ist immer noch die individuelle Vorwerfbarkeit. Diese kann jedoch nur durch einen Vergleich bzw. eine Analogie als praktisches Hilfsmittel festgestellt werden[40].

Voraussetzung ist beim pragmatischen Schuldbegriff nicht (mehr) die Wahlfreiheit, sondern die Motivierbarkeit durch soziale Normen[41]. Um das Verhalten des Einzelnen beeinflussen zu können, ist für diese Zurechnung Voraussetzung, dass der Täter „etwas für sein Verhalten kann". Dieses Andershandelnkönnen ist aber nicht im Sinne der oben angesprochenen, nicht haltbaren indeterministischen Position zu verstehen, sondern in Hinblick auf die Motivierbarkeit. Unter Schuld wird demnach die subjektive Verantwortlichkeit für rechtswidriges normabweichendes Verhalten verstanden. Sie ist als „Fehlgebrauch eines Könnens, das wir

---

34 Stratenwerth, Die Zukunft des strafrechtlichen Schuldprinzips, S. 39; Schreiber, in: FS Deutsche Richterakademie, S. 73, 77f.

35 so aber Roxin, der einen generalpräventiven Ansatz wählt: Roxin AT, S. 725; ders., in: FS für Henkel, S. 171f.; siehe zu dieser Verbindung auch Maurach/Zipf AT/1 S.488

36 Venzlaff, in: Psychiatrie der Gegenwart Bd. III, S. 905

37 Jescheck/Weigend AT, S. 427

38 Schaffstein, ZStW 77 (1965), 191, 203; Nowakowski in FS für Rittler S. 55, 71; Graf zu Dohna, ZStW 66 (1954), 505, 508; S/S-Lenckner/Perron Vorbem. § 13 Rn. 110; Schreiber, NA 1977, 242, 245; Krümpelmann, ZStW 88 (1976), 6, 12; SK-Rudolphi Vorbem. § 19 Rn. 1; LK-Lange § 20 Rn. 9, 12

39 Wolter GA 1980, 81, 86; Jescheck/Weigend AT, S. 427; Schreiber, NA 1977, 242, 245; Maiwald, in: FS für Lackner S. 149, 164; Mangakis. ZStW 75 (1963), 499, 517, 518; SK-Rudolphi § 20 Rn. 25; Blei AT, S. 178, 190

40 Maiwald in: FS für Lackner S. 149, 164; Mangakis, ZStW 75 (1963), 499, 518; SK-Rudolphi § 20 Rn. 25

41 Schreiber, in : Psychiatrische Begutachtung, S. 5

uns wechselseitig für die Praxis unseres individuellen und sozialen Lebens zuschreiben"[42] anzusehen.

Durch das Verbleiben unterhalb der unlösbaren Alternative von Determinismus und Indeterminismus erlaubt es der pragmatisch soziale Schuldbegriff, dass die §§ 20, 21 so interpretierbar sind, dass der Richter im konkreten Fall eine Entscheidung über die Schuldfähigkeit treffen bzw. mit dem Sachverständigen zusammenarbeiten kann. Es muss nicht mehr die unzugängliche Willensfreiheit festgestellt werden, sondern gefragt wird nach der „normalen Bestimmbarkeit des Verhaltens durch soziale Normen"[43].

2.2 Das Verhältnis von psychischen Störungen und strafrechtlicher Verantwortlichkeit

Im Rahmen des sozialen Schuldbegriffes stellt sich die Frage, ob die Fähigkeit, sich an rechtlichen Normen zu orientieren, sich motivieren zu lassen, von Krankheiten oder sonstigen Abweichungen beeinflussbar ist. Fraglich ist vor allem, wie sich solche Beeinflussungen rechtlich auswirken. Im Bereich der schweren anderen seelischen Abartigkeit – auf den sich die vorliegende Untersuchung beschränkt – kann dabei Verständnis nur erschlossen werden, wenn man den geschichtlichen Hintergrund und die Entstehungsgeschichte der §§ 20, 21 sowie den Bezug des hier relevanten gesetzlichen Merkmals „der schweren anderen seelischen Abartigkeit" zum ersten, der „krankhaften seelischen Störung", herstellt.

2.2.1 Historische Entwicklung

Der grundsätzliche Gedanke einer Einschränkung oder eines Ausschlusses der Strafbarkeit bei geistig-seelischen Störungen existiert bereits seit langer Zeit.

In römischen Quellen findet sich für geistige Defekte oder Zustände, die gerichtlich von Bedeutung sein sollen, insbesondere der Begriff „furiosi" (die Rasenden). Daneben werden die „mente capti" (die Verblödeten) und die „dementes" (die Toren) genannt. Alle drei Gruppen sollten straffrei ausgehen, es sei denn, die Tat wäre in „intervalla sensu saniore" (in lichten Momenten) begangen worden[44].

Als Argument für diese Straffreiheit wird in den Quellen immer wieder der Gedanke herangezogen, dass diese Täter bereits durch ihr Schicksal, nämlich ihre

---

[42] Schreiber, in: Psychiatrische Begutachtung, S. 6

[43] Schreiber aaO

[44] vgl. Lenckner, in: Hdb. d. forens. Psychiatrie Bd. I, S. 80

Krankheit, genug bestraft seien: furiosum fati infelicitas excusat, satis furore ipso punitur[45]. Bei schwerem Affekt und Trunkenheit kam im römischen Recht eine Strafmilderung in Betracht[46].

Im deutschen Mittelalter herrschte hinsichtlich der Behandlung geistesgestörter Täter kein einheitliches Bild[47]. Oft lässt sich der Satz finden, dass „rechte Toren und sinnlose Leute" nicht am Leben gestraft werden dürften[48]. Sie konnten jedoch auf andere Weise „unschädlich gemacht werden"[49].

In Deutschland kam es durch die Adaption des römisch-italienischen Rechts zu Beginn der Neuzeit zu einer Verwirklichung des Schuldprinzips. Besondere Bedeutung dabei hatte die Carolina, das von Karl V. geschaffene Strafgesetz aus dem Jahre 1532[50], das seine Grundlage in der Constitutio Criminalis Bambergensis hatte. Hier sollte wegen einer zufälligen Schädigung eines anderen nicht mehr bestraft werden, vielmehr wurde böser Vorsatz oder Fahrlässigkeit vorausgesetzt. Zwar findet sich auch in der Carolina keine Lösung für das diffizile Problem der Zurechnungsfähigkeit. Es wurde dort aber zumindest die Anweisung gegeben, dass die Tat eines Geisteskranken, d.h. „ jemand(es), der (...) an der Gebrechlichkeit halben wissentlich seiner Sinn nicht hett mit allen Umbständen an den Orten und Enden, wie zu enden dieser unser Ordnung angezeigt[51] und die Übeltat nach Raht derselben und ander Verständigen, darinn gehandelt und gestraft werden" soll[52].

Die weitere Entwicklung der strafrechtlichen Verantwortlichkeit bzw. das Verhältnis zwischen Krankheit und strafrechtlicher Verantwortlichkeit musste außer-

---

[45] zitiert bei Lenckner aaO; Nedopil, Forensische Psychiatrie, S. 4; siehe auch: Rein, Das Kriminalrecht der Römer, S. 209

[46] siehe dazu: Lenckner aaO; Rein, Das Kriminalrecht der Römer, S. 212, 213; anders: Bruck, Zur Lehre von der kriminalistischen Zurechnungsfähigkeit, S. 120, 121, nach dem den Trunkenheitsdelikten völlige Straflosigkeit folgte

[47] vgl. Lenckner aaO

[48] siehe dazu: His, Das Strafrecht des deutschen Mittelalters, Bd. I, S. 67 m.w.N.

[49] Nedopil, Forensische Psychiatrie, S. 4; ähnlich Lenckner, in: Hdb. d. forens. Psychiatrie Bd. I, S. 81; Beispiel für ein solches Unschädlichmachen: in Goslar wurden Wahnsinnige in Schutzhaft genommen oder „en weech gesendet"; eine Versendung von „Toren" sah auch das Augsburger Stadtrecht vor; in Basel wurden die „tauben Leute" mit Ruten aus der Stadt getrieben, siehe dazu: His aaO mit Quellennachweisen

[50] näheres dazu bei: Lenckner, in: Hdb. d. forens. Psychiatrie Bd. I, S. 30, 31

[51] nach Artikel 219 der CCC waren dies vor allem die Oberhöfe und Juristenfakultäten, vgl. Lenckner, Hdb. d. forens. Psychiatrie Bd. I, S. 81

[52] Art. 179 der CCC, vgl. Lenckner aaO

halb des Gesetzes erfolgen[53]. Die Carolina legte aber die Basis dafür, dass diese strafrechtliche Verantwortlichkeit der sich weiter entwickelnden rechtswissenschaftlichen Erkenntnis untergeordnet wurde.

Im folgenden erhielt die Auseinandersetzung mit der Zurechnungsfähigkeit neue Impulse und Ansätze durch die Naturrechtsbewegung. Da diese den wahren Grund für das Recht in der Natur des Menschen sah, war ein Befassen mit der Zurechnungsfähigkeit unumgänglich[54]. Insbesondere ist hier Freiherr von Pufendorf (1632-1694) zu nennen, der „als einer der ersten in die tiefsten Gründe menschlicher Verantwortung gegenüber dem Recht und dem strafenden Staat hinein geleuchtet hat“[55]. Basis des Strafrechts wurde die auf dem Prinzip der Willensfreiheit gegründete Verantwortung des Menschen[56].

Legt man unser heutiges Verständnis von der strafrechtlichen Verantwortlichkeit zu Grunde, lässt sich aber auch bei Pufendorf keine präzise Definition einer solchen Verantwortlichkeit finden. So befasste er sich mit den einzelnen Zuständen, welche die Zurechnungsfähigkeit ausschließen oder mindern könnten, nur relativ oberflächlich[57]. Er nahm insbesondere eine Unterscheidung zwischen solchen Fällen vor, in denen ein Mangel an Verständniskraft existierte und solchen, in denen der freie Wille fehlte. Unter letztere ordnete er unter dem Oberbegriff „ignorantia“ vor allem den Zustand „furor“ und seine Varianten. Als Ursache für diese Zustände sah er eine Erkrankung des Gehirns. Des weiteren fielen unter den Begriff der „ignorantia“, mit teilweisen Einschränkungen, die mit einem Mangel an Kultur und Geisteskräften einhergehende „rusticitas“[58].

Typisch für eine Beeinträchtigung des freien Willens waren für Pufendorf beispielsweise die Affekte, die aber, weil sie den freien Willen nicht vollständig beseitigten, nur zu einer Verminderung der Zurechnungsfähigkeit führen konnten. Für die Zurechnung (imputatio) war seiner Ansicht nach sowohl „praelucens intellectus“ (vorleuchtende Einsicht) wie „decernens voluntas“ (unterscheidender Wille) Voraussetzung. Auf diese Weise stellte Pufendorf zum ersten Mal ein allgemeines Konzept dar, bei dem verschiedene Varianten der Geistesstörungen unter forensischen Gesichtspunkten zusammengefasst werden.

---

[53] Lenckner aaO

[54] Lenckner in: Hdb. d. forens. Psychiatrie Bd. I, S. 82

[55] Schmidt, Einführung in die Geschichte der deutschen Strafrechtspflege, S. 169; im einzelnen zu Pufendorf: Lubbers, Die Geschichte der Zurechnungsfähigkeit, S. 32

[56] Lenckner aaO; die Wissenschaft hatte zwar bereits vor Pufendorf die Willensfreiheit als selbstverständlich vorausgesetzt, Pufendorf machte sie jedoch bewusst zur Grundlage des Systems

[57] dazu Lubbers, Die Geschichte der Zurechnungsfähigkeit, S. 35

[58] vgl. im einzelnen dazu: Lubbers aaO, S. 35f.

Viele der Pufendorf nachfolgenden Juristen schlossen sich ihm an und schildern eine Reihe von Geistesstörungen, die zur Zurechnungsunfähigkeit führen können. Hier ist stellvertretend für viele Freiherr von Böhmer (1704-1772) zu nennen, der sich als „bedeutendster Kriminalist des 18. Jahrhunderts im deutschsprachigen Raum"[59] insbesondere bei den allgemeinen Lehren des Strafrechts ausgezeichnet hat. Auch ihm gelang keine konkrete Definition der Zurechnungsunfähigkeit, doch er zeigte durch die Begriffe „imputationis capax" bzw. „doli vel culpae capax" erstmals deutlich eine Trennung von Schuldfähigkeit und Schuld auf.

An dieser Stelle ist Böhmer aber vor allem herauszuheben, weil er die systematische Einteilung und Beschreibung der Zustände, welche die Zurechnungsfähigkeit einschränken oder ausschließen können, wesentlich unterstützt und gefordert hat[60]. Böhmer erwähnte die "Furiosi" (Rasenden), „Dementes" (Schwachsinnigen), „Maniaci" (Geistesverwirrten) und die an schwerer mit Wahn verbundener Form der Melancholie Leidenden. Als vermindert schuldfähig sah er solche Täter an, die unter Dummheit, gerechtem Zorn und angeborener Taubstummheit, sowie unter Affekt, Rausch oder Schlafzuständen gehandelt hatten[61].

Im Zuge der Ausbreitung des Wissens über psychische Störungen begann mit Philippe Pinel (1745-1826) eine neue Sicht der Störungen im geistig-seelischen Sinne. Pinel versuchte, die einzelnen Krankheitsbilder detailgetreu zu schildern[62]. In dieser Zeit stellten die Psychiater außerdem häufig bei ihren Beschreibungen der Krankheitsbilder auch die Auswirkungen dar, die diese Krankheiten auf den rechtlichen Umgang mit den Patienten hatten[63].

Mit dem Beginn der „modernen Strafrechtswissenschaft" in der ersten Hälfte des 19. Jahrhunderts war es vor allem v. Feuerbach (1775-1883), der zur Lehre von der Zurechnungsfähigkeit Stellung nahm, wobei er die „Lehre vom psychologischen Zwang" verfolgte. Hierbei sollte es Aufgabe von Strafdrohungen sein, dass das Zustandekommen des verbrecherischen Entschlusses verhindert wird, und zwar in einer Weise, dass der „sinnliche Antrieb zur Begehung eines Verbrechens dadurch aufgehoben werde, dass jeder weiß, auf seine Tat werde unausbleiblich ein Übel folgen, welches größer ist als die Unlust, die aus dem nicht befriedigten Antrieb zur Tat entspringt"[64]. Da somit „die Existenz einer jeden Strafdrohung

---

[59] Lenckner, in: Hdb. d. forens. Psychiatrie Bd. I, S. 83

[60] Lenckner, in: Hdb. d. forens. Psychiatrie Bd. I, S. 84

[61] Nedopil, Forensische Psychiatrie, S. 4

[62] Jaspers, Allgemeine Psychopathologie; S. 65

[63] Nedopil, Forensische Psychiatrie, S. 5

[64] v. Feuerbach, Lehrbuch, S. 38

durch die Möglichkeit ihrer Wirksamkeit bedingt ist"[65], konnte sich das Strafgesetz überhaupt nur gegen Personen richten, „bei welchen physisch möglich ist, dass die Absicht der Drohung durch diese Drohung erreicht werde"[66]. Schied ein Abhalten des Täters von der Tat durch das Strafgesetz aus, so „fällt die Strafe weg, weil gegen ein solches Subjekt die Strafdrohung gar nicht gerichtet sein konnte und mithin auch kein Richter die Befugnis haben kann, weiter als das Gesetz zu gehen"[67]. Hierfür in Betracht kommende Fälle wichen in der Sache nicht vom hergebrachten Katalog ab: den Verstandesgebrauch aufhebende Geistes- und Gemütskrankheiten (Raserei, Wahnsinn, Melancholie), schwere Verstandesschwäche (Blödsinn), gerechter und höchster Zorn, unverschuldete höchste Trunkenheit, usw.[68]. Aus Feuerbachs System konnte folgerichtig eine verminderte Zurechnungsfähigkeit nicht zuerkannt werden[69].

Wenn die Probleme auch noch auf der „unreflektierten idealistischen Freiheitslehre"[70] fußten[71], so wurden sie Mitte des letzten Jahrhunderts immer mehr im selben Licht wie auch 100 Jahre später beleuchtet. Schon zu jener Zeit war von großem Interesse, wo „die Grenze zwischen den gewöhnlichen und so häufig im Leben vorkommenden Leidenschaften und Affekten, von denen niemand behaupten wird, dass sie die Zurechnung aufheben sollen, und zwischen dem den freien Willen aufhebenden und der psychischen Krankheit selbst analogen Grade der Leidenschaft"[72] verlaufe.

2.2.2 Gesetzliche Entwicklungen in neuerer Zeit

Die gesetzgeberischen Entwicklungen haben sehr verzögert auf die Ergebnisse und Differenzierungen der Wissenschaft reagiert. Hier ist, nach den vielen, über die Jahrhunderte hinweg entstandenen Partikularstrafgesetzbüchern, das preußische Strafgesetzbuch von 1851 zu nennen, das bezüglich der Regelungen zur Zu-

---

[65] v. Feuerbach, Revision, S. 39

[66] v. Feuerbach, Revision, S. 40

[67] v. Feuerbach, Revision, S. 42

[68] siehe dazu im einzelnen: v. Feuerbach, Lehrbuch, S. 163, 164

[69] vgl. Lenckner, in: Hdb. d. forens. Psychiatrie Bd. I, S. 86

[70] Janzarik, Hdb. d. forens. Psychiatrie Bd. I, S. 606

[71] die indeterministische Richtung wurde zwar von Feuerbach durchbrochen, fand danach aber wieder zahlreiche Anhänger, siehe dazu im einzelnen: Lenckner, Hdb. d. forens. Psychiatrie Bd. I, S. 87

[72] Friedreich, Systematik der gerichtl. Psychologie, S. 581

rechnungsfähigkeit Vorreiter für das Reichsstrafgesetzbuch von 1871 war[73]. § 40 des StGB von 1851 bestimmte, anlehnend an Artikel 64 des französischen Code Pénal, dass eine strafbare Handlung nicht vorläge, „wenn der Täter zur Zeit der Tat wahnsinnig oder blödsinnig, oder die freie Willensbestimmung desselben durch Gewalt oder durch Drohung ausgeschlossen war“.

Bedenken wegen des Fehlens von allgemeinen Anhaltspunkten für die Ableitung konkreter Fälle der Zurechnungsunfähigkeit wurden damals nicht berücksichtigt. Kritisiert wurde an der Regelung des § 40 auch der Bruch mit der bisher praktizierten „biologischen Methode“, nach der allein die psychischen Zustände, unabhängig von ihrem Einfluss auf die Willensfreiheit, ausschlaggebend waren. Diese Kritik hatte Einfluss auf die Entwicklung des StGB des Norddeutschen Bundes und später auf das Reichsstrafgesetzbuch von 1871[74]. Man wollte zunächst eine ausschließlich einer psychologischen Betrachtungsweise folgende Bestimmung konstruieren, welche, so § 46 Entwurf I des StGB für den Norddeutschen Bund, lauten sollte: „Eine Handlung ist als Verbrechen oder Vergehen nicht zu betrachten, wenn die freie Willensbestimmung des Täters zur Zeit der Tat ausgeschlossen war“.

In einem medizinwissenschaftlichen Gutachten der wissenschaftlichen Deputation für das Medizinalwesen wurde dies heftig kritisiert: Die Frage, ob der Täter bei der einzelnen Tat so habe handeln müssen, könnte regelmäßig ebenso wenig bejaht werden, wie sich ein Einfluss im allgemeinen auf die einzelne Tat beweisen lasse[75]. Zwar sei die freie Willensbestimmung für die Psychiater ein brauchbares bzw. ausreichendes Kriterium; in der Forensik bestehe aber die Gefahr, dass der Arzt, d.h. Sachverständige, den Begriff zu weit, der Richter ihn eventuell zu eng fassen könnte.

Aufgrund dieser und anderer Kritikpunkte wählte man für den § 51 des Reichsstrafgesetzbuchs von 1871 ein gemischtes biologisch-psychologisches Vorgehen. Die Fassung von 1871 lautete: „Eine strafbare Handlung ist nicht vorhanden, wenn der Täter zur Zeit der Begehung der Handlung sich in einem Zustand der Bewusstlosigkeit oder krankhafter Störung der Geistestätigkeit befand, durch welchen seine freie Willensbestimmung ausgeschlossen war“. Damit gab es im Reichsstrafgesetzbuch zunächst keine Bestimmung über die verminderte Schuldfähigkeit. Eine solche Regelung wurde erst durch Art. 3 Nr. 4 des Gesetzes gegen gefährliche Gewohnheitsverbrecher und über Maßregeln der Sicherung und Besserung vom 24.11.1933 eingeführt. Hierdurch erhielt § 51 insgesamt folgende

[73] Lenckner, in: Hdb. d. forens. Psychiatrie Bd. I, S. 87

[74] Lenckner, in: Hdb. d. forens. Psychiatrie Bd. I, S. 88

[75] gekürzte Wiedergabe von Lilienthal, in: Vergleichende Darstellung des deutschen und ausländischen Strafrechts Bd. V, S. 13

Fassung: „ Eine strafbare Handlung ist nicht vorhanden, wenn der Täter zur Zeit der Tat wegen Bewusstlosigkeit, krankhafter Störung der Geistestätigkeit oder wegen Geistesschwäche unfähig ist, das Unerlaubte der Tat einzusehen und nach dieser Einsicht zu handeln (Abs.1). War die Fähigkeit, das Unerlaubte der Tat einzusehen und nach dieser Einsicht zu handeln, zur Zeit der Tat aus einem dieser Gründe erheblich vermindert, so kann die Strafe nach den Vorschriften über die Bestrafung des Versuchs gemildert werden (Abs.2)".

Mit § 51 des Reichsstrafgesetzbuches war erstmals deutlich kodifiziert, dass psychische Störungen die strafrechtliche Verantwortlichkeit ausschließen konnten. Das Merkmal der krankhaften Störung der Geistestätigkeit war hierbei nicht klar umrissen.

Die traditionelle forensische Psychiatrie, wollte unter dem Begriff der Krankheit nur Störungen fassen, die bekannter- oder vermuteterweise körperliche Ursachen hatten, d.h. nur die exogenen und endogenen Psychosen. Dagegen wurden psychische Störungen, die keine organischen Ursachen haben als „bloße Spielarten des menschlichen Wesens"[76] angesehen. Diese sollten nicht zur Exkulpation führen können.

Kritische Stimmen warfen den Verfechtern dieser Ansicht vor, sie würden organische Ursachen willkürlich als Kriterium für das Vorliegen einer Krankheit heranziehen[77]. Dagegen wehrten sich die Psychiater der Schneiderschen Schule[78] mit dem Verweis auf „gesichertes allgemeingültiges psychiatrisches Wissen"[79]. Krankhafte psychische Störungen seien qualitativ abnorm. Bei dem Kranken zerreiße die Sinnkontinuität der Erlebniszusammenhänge und erfülle nicht mehr die Voraussetzungen zur geistigen Teilhabe an der sozialen Welt, d.h. Voraussetzungen der Schuldfähigkeit[80]. Psychosen als körperlich bedingte psychische Störungen seien deshalb uneinfühlbar und unverständlich. Seelische Störungen ohne körperliche Ursachen wichen dagegen nur in Intensität und Dauer, d.h. quantitativ, von der Durchschnittsnorm ab. Sie blieben aber im Rahmen sinnvoller Erlebniszusammenhänge, d.h. für den außenstehenden Normalen zugänglich und ver-

---

[76] Schneider, Klinische Psychopathologie, S. 1

[77] siehe dazu Wolfslast JA 1981, 464, 466

[78] Vertreter des von Schneider entwickelten Krankheitsbegriffes sind u.a. Bresser, Witter, Lange, siehe dazu Wolfslast aaO

[79] Witter, in: FS für Lange, S. 724, 725

[80] Witter, in: FS für Lange, S.724, 729

stehbar[81]. Bei gehöriger und zumutbarer Willensanspannung seien solche Störungen grundsätzlich steuerbar[82].

Diese Auffassung von Krankheit wird als somatischer oder psychiatrischer Krankheitsbegriff bezeichnet[83]. Die Bezeichnung ist aber insofern irreführend, als sie gar nicht herrschende Meinung in der gesamten Medizin oder nur Psychiatrie war[84]. Mit der klinischen Realität kann dieser Krankheitsbegriff nicht in Einklang gebracht werden[85]. Aus diesem Grund wurde der somatische Krankheitsbegriff überwiegend von der klinischen Psychiatrie nicht akzeptiert, sondern war vielmehr auf einen kleinen Kreis forensischer Psychiater beschränkt[86].

Im Laufe der immer größeren Fortschritte in der Psychiatrie wurde es mehr und mehr möglich, körperliche Ursachen für psychische Störungen zu finden. Maßgeblich hierfür war die Erforschung psychischer Auswirkungen von u.a. frühkindlichen Hirnschäden und die Verfeinerung der neurologischen Diagnostik[87]. Während eine Differenzierung zwischen körperlich bedingten und sonstigen psychischen Abweichungen früher aufgrund mangelnder (naturwissenschaftlicher) Erkenntnis nicht vorgenommen werden konnte, wurde dies, insbesondere durch die Veröffentlichungen Kurt Schneiders, der eine somatische Position vertrat, Realität. Schneider unterteilte beschreibend verschiedene Typen von Psychopathen in einer zweckorientierten Art und Weise[88]. Nicht körperlich bedingte „Spielarten des menschlichen Seins" sollten keinen Einfluss auf die strafrechtliche Verantwortlichkeit haben[89].

Die Rechtsprechung hatte sich bis 1975 unter lebhafter Kritik eines Teils der Psychiatrie von diesem psychiatrischen bzw. somatischen Krankheitsbegriff gelöst. Sie nahm eine Ausweitung des Begriffs der krankhaften Störung der Geistestätigkeit vor, indem sie darunter „nicht nur Geisteskrankheiten im klinisch-psychiatrischen Sinne, sondern alle Arten von Störungen der Verstandestätigkeit, sowie des Willens-, Gefühls- oder Trieblebens" fasste, welche „die bei einem

---

81 Witter,in: FS für Lange, S.724, 726

82 siehe Wolfslast JA 1981, 464, 466

83 Schreiber, NStZ 1981,46

84 Wolfslast JA 1981, 464, 466; Venzlaff, in: Psychiatrische Begutachtung, S. 230

85 Mende, in: FS für Bockelmann, S. 311, 312

86 Venzlaff, ZStW 88 (1976), 57

87 Venzlaff, in: Psychiatrische Begutachtung, S. 219f.

88 Schneider, Klin. Psychopathologie, S. 21f.

89 siehe dazu: Schneider, Klin. Psychopathologie, S. 9, 11

normalen und geistig reifen Menschen vorhandenen, zur Willensbildung befähigenden Vorstellungen und Gefühle beeinträchtigen“[90].

Unter diesen „juristischen Krankheitsbegriff“[91] sollte jedenfalls rechtlich auch der Zustand fallen, „dass ein hochgradig abartiger Geschlechtstrieb schwere geistig seelische Folgen und Enthemmtheit zumindest iSd. § 51 II a.F. [heute § 21] bewirkt – ohne dass sich als Ursache eine organische Krankheit nachweisen ließe – also nicht lediglich der möglicherweise oder teilweise engere Krankheitsbegriff, soweit dieser etwa nur an nachweisbare körperliche Befunde anknüpft“[92].

Am 1. Januar 1975 trat eine Strafrechtsreform in Kraft, deren Zweck es war, die Ausweitung durch die Rechtsprechung wieder rückgängig zu machen, um Unklarheiten zu beseitigen und um zu einem einheitlichen Verständnis von Krankheit zu gelangen[93]. Unter dem Begriff der krankhaften seelischen Störung, einer Aufnahme der Definition Kurt Schneiders[94], sollten nur (noch) solche psychischen Störungen verstanden werden, die von somatischen Symptomen begleitet werden. Die nicht körperlich begründbaren Störungen sollten dagegen unter das neu hinzugefügte Merkmal der schweren anderen seelischen Abartigkeit fallen[95].

Die sogenannte differenzierende Lösung wollte das Merkmal der schweren anderen seelischen Abartigkeit nur in § 21 aufnehmen und damit entsprechende Störungen nur zu verminderter Schuldfähigkeit führen lassen. Grund dafür waren kriminalpolitische Überlegungen[96]. Man hatte Angst, dass es aufgrund der Exkulpationstendenzen der Rechtsprechung zu einem „Dammbruch“[97] kommen würde, weil man allzu häufig, insbesondere wegen des Verfahrensgrundsatzes „in dubio pro reo“ einen Schuldausschluss bejahen würde. Dies würde zu einer teilweisen Auflösung des Verantwortlichkeitsgedankens[98] führen. Als Gefahr betrachtete man besonders die Einbeziehung von Neurosen und Psychopathien als Voraussetzungen von Schuldunfähigkeit[99]. So wies Erhardt darauf hin, dass bei einer Einheitslösung fast jeder Angeklagte im Verfahren auf psychopathologische oder

---

90 BGHSt 14, 31, 32

91 Schmitt, ZStW 92 (1980), 346, 347; S/S-Lenckner/Perron § 20 Rn.20

92 BGH St 19, 201, 204

93 Krümpelmann, ZStW 88 (1976), 6, 7; Schreiber, NStZ 1981, 46, 47

94 Schreiber, in: Psychiatrische Begutachtung, S. 9

95 Schwalm, Prot. IV, S. 635, 638

96 Schreiber, NStZ 1981, 46, 47

97 Schneider, zitiert in Schafheutle, Prot. V S.248; BT-Dr. V/4095, S.10

98 Horstkotte, Prot. V, S. 241, 244

99 Erhardt, Prot. IV, S. 648, 649

neurotische Reaktionen verweisen könne, nahezu jeder Mensch weise diese irgendwann einmal auf[100]. Dies hätte eine Auflösung des Schuldstrafrechts zur Folge[101].

Im Gesetzgebungsverfahren hat sich dennoch die sogenannte Einheitslösung, nicht der differenzierende Ansatz durchgesetzt. Der Begriff der schweren anderen seelischen Abartigkeit wurde als Merkmal in die §§ 20 und 21 aufgenommen. Maßgebend dafür war die Ansicht der Sachverständigen, dass in etwa 2% der Fälle die psychische nicht körperlich bedingte Störung so stark sei, dass sie insofern mit einer Krankheit im engeren Sinne gleichgesetzt werden könne, d.h. vom Täter eine Beherrschung nicht verlangt werden könnte.

Während die Sachverständigen diese Fälle durch eine erweiterte Auslegung des Krankheitsbegriffes behandeln wollten[102], war der Sonderausschuss Strafrecht der Ansicht, dass man, wenn man in diesen 2% der Fälle nicht zu einer Exkulpation käme, das Schuldprinzip durchbrechen würde. Hiernach dürfe eben nur der bestraft werden, der zur Tatzeit schuldfähig war. Der Ansatz, diese Fälle unter den vorher streng umgrenzten Krankheitsbegriff zu fassen, wurde als dogmatisch nicht einwandfrei befunden[103], weil er „mit der gebotenen konsequenten Verwirklichung des Schuldstrafrechts, für dessen Glaubwürdigkeit die Regeln über die Schuldfähigkeit ein Gradmesser seien, nicht vereinbar sein"[104].

Die schwere seelische Abartigkeit bezieht sich aus diesem Grund im heute geltenden StGB auf § 20 und § 21 und kann grundsätzlich sowohl zur Ex- wie auch zur Dekulpation führen.

2.3 Der Aufbau der Schuldfähigkeitsbestimmungen

Die Bestimmungen über die Schuldfähigkeit in den §§ 20, 21 sind zweistufig aufgebaut. Auf der ersten Stufe wird das Vorliegen der vier in § 20 genannten Merkmale geprüft. Auf der zweiten Ebene muss dann untersucht werden, ob aufgrund des Vorliegens eines dieser Merkmale die Einsichts- oder Steuerungsfähigkeit eingeschränkt ist. Dabei ist zu beachten, dass man zu einer Prüfung der zweiten Stufe nur gelangt, wenn eines oder mehrere der vier Merkmale der ersten Stu-

---

[100] Erhardt, Prot IV, S. 689

[101] ders. Prot. IV, S. 649

[102] Erhardt, Prot. V, S. 246, Schneider, zitiert in Schafheutle, Prot. V, S. 248

[103] BT Dr. V/4095, S. 10; Müller-Emmert Prot V, S 247; Horstkotte Prot. V, S. 247, vgl. dazu Kaufmann JZ 1967, 139, 143

[104] Schreiber, in: Psychiatrische Begutachtung, S. 9; BT Dr. V/4095, S. 10

fe vorliegen. Beeinträchtigungen der Einsichts- oder Steuerungsfähigkeit sonstiger Natur sind irrelevant[105].

Dieses Vorgehen wird oft als biologisch-psychologische Methode bezeichnet[106]. Das soll daher rühren, dass zunächst organische, d.h. biologische Befunde festgestellt werden, und dann geprüft wird, ob die „psychische" Einsichts- oder Steuerungsfähigkeit beeinträchtigt ist[107]. Diese Bezeichnung ist nicht einwandfrei, weil viele psychische Störungen gerade auf nicht organischen Ursachen beruhen, wie z.B. der Affekt, der normal psychologische Schwachsinn und die Abartigkeit[108]. Auf der zweiten Stufe wird dagegen eine hauptsächlich wertende Entscheidung getroffen. Da also die Merkmale der ersten Stufe ebenso wenig zwingend biologischer Natur sind wie die der zweiten Stufe psychologisch[109], sollte dieser Bezeichnung nicht gefolgt werden.

Es geht im Rahmen der §§ 20, 21 richtiger um die Auswirkungen der psychischen Störungen des Täters auf die Einsichts- oder Steuerungsfähigkeit, welche ihrerseits normativ zu bestimmen ist[110]. Deshalb kann dieses Vorgehen als psychisch-normative Methode bezeichnet werden[111]. Es existieren zwar auch auf der ersten Stufe nicht nur Beschreibungen sondern auch wertende Elemente, wie z.B. die Wörter tiefgreifend und schwer. Auch die Merkmale der ersten Ebene müssen wie alle Rechtsbegriffe vom Gericht festgestellt und angewandt werden. Sie sind nicht per se durch ein psychiatrisches System erklärbar. Als solche Rechtsbegriffe sind sie aber vom Gesetzgeber in enger Zusammenarbeit von Juristen und Psychiatern erstellt worden[112]. Sie können damit mit psychiatrischen Diagnosen in Bezug gesetzt werden und sind deshalb nur in gewissem Rahmen normativ interpretierbar[113].

---

[105] siehe auch Venzlaff, in: Psychiatrische Begutachtung, S. 70

[106] stellvertretend für viele: Lackner-Kühl § 20 Rn.1 m.w.N.; Schreiber, in: Psychiatrische Begutachtung, S. 7

[107] Lackner-Kühl § 20 Rn. 1; Roxin AT, S. 756

[108] Roxin AT, S. 756; siehe auch zu den verschiedenen Bezeichnungen des Vorgehens: Maurach/Zipf AT/1, S. 490 bzw. Venzlaff, in: Psychiatrische Begutachtung, S. 70 der die Bezeichnung diagnostisches Stockwerk für die erste Stufe bevorzugt

[109] Jakobs AT, S. 522

[110] Schreiber, NStZ 1981, 46; vgl. Rasch, StV 1984, 264, 265

[111] so auch Rasch aaO; Jakobs AT, S. 522; anders: Roxin, der auf eine Titulierung des Vorgehens verzichtet weil sich auf beiden Ebenen normative Elemente befinden, Roxin AT, S. 756; ders., in: FS für Spann, S. 457, 458

[112] Schreiber, in: Psychiatrische Begutachtung, S. 7

[113] Schreiber aaO; deshalb zu weit: Jakobs AT, S. 523

Das Gesetz nennt vier Merkmale: die krankhafte seelische Störung, die tiefgreifende Bewusstseinsstörung, den Schwachsinn und die schwere andere seelische Abartigkeit. Nur bei diesen Merkmalen kommt eine Schuldunfähigkeit in Betracht[114] und dies auch nur, wenn die Einsichts- oder Steuerungsfähigkeit beeinträchtigt ist. Die Aufzählung der in den §§ 20, 21 genannten Merkmale ist damit abschließend[115]. Eine Analogie ist abzulehnen[116]. Dafür besteht aber auch kein Bedürfnis, weil die Merkmale der Bewusstseinsstörung und der Abartigkeit weit genug formuliert sind, um alle in Frage kommenden Zustände zu erfassen[117].

Es muss nicht zwingend ein Merkmal allein zur Schuldunfähigkeit führen, auch ein kumulatives Zusammenwirken mehrerer Störungen, die erst in ihrer Gesamtheit die fehlende Steuerungsfähigkeit bewirken, ist möglich[118]. Beispiel dafür ist ein Affekt (Bewusstseinsstörung), der auf einer Neurose basiert (Abartigkeit) sowie auf einer Alkoholisierung (krankhafte seelische Störung).

2.4 Die psychischen Merkmale der §§ 20, 21

2.4.1 Die krankhafte seelische Störung

Um den Anwendungsbereich des Merkmals der schweren anderen seelischen Abartigkeit umgrenzen zu können, müssen zunächst die übrigen drei gesetzlichen Kategorien der §§ 20, 21 näher ausgeführt werden.

Als erstes nennt das Gesetz die krankhafte seelische Störung. Unter dieses Merkmal fallen solche „Störungen des Seelenlebens, bei denen der seelische Sinnzusammenhang durch einen sinnfremden körperlichen Krankheitsvorgang durchbrochen ist“[119]. Erfasst werden nur Störungen, die somatisch bedingt sind, d.h. eine körperliche Ursache haben. Diese Beschränkung auf den psychiatrischen Krankheitsbegriff folgt nicht zwingend aus der Formulierung „krankhaft“. Dem Wortlaut nach könnten viele Arten von Störungen, auch die nicht körperlich bedingten, unter die Krankhaftigkeit fallen. Es müssen vielmehr die Entstehungsgeschichte und die Systematik der Bestimmungen über die Schuldfähigkeit beachtet werden.

---

[114] S/S-Lenckner/Perron § 20 Rn. 5

[115] Baumann/Weber/Mitsch AT, S. 402

[116] S/S-Lenckner/Perron § 20 Rn. 5; Maurach/Zipf AT/1, S. 491; SK-Rudolphi § 20 Rn. 5; a.A.: Lange in: LK § 20, 21 Rn. 13, der hier eine strafausschließende Analogie für zulässig hält, sowie Jakobs AT, S. 323, der jedoch kaum praktische Folgerungen daraus zieht

[117] vgl. Krümpelmann, ZStW 88 (1976), 6, 20; Schreiber, in: Psychiatrische Begutachtung, S. 7

[118] S/S-Lenckner/Perron § 20 Rn. 5; SK-Rudolphi § 20 Rn. 5a

[119] SK-Rudolphi § 20 Rn. 6; Lange, in; LK § 21 Rn. 14; ähnlich Jescheck/Weigend AT, S. 438

Durch die Reform von 1975 sollte, wie erörtert, das erste Merkmal der Regelung wieder enger gefasst, d.h. auf den psychiatrischen Krankheitsbegriff beschränkt werden[120]. Für nicht körperlich bedingte psychische Störungen wurde das Merkmal der schweren anderen seelischen Abartigkeit eingeführt[121]. Unter die krankhafte seelische Störung werden deshalb nur die echten Geisteskrankheiten im klassisch-psychiatrischen Sinne[122], d.h. die exogenen und endogene Psychosen, gefasst[123]. Dabei bezeichnet der Begriff der Störung bei allen vier Merkmalen eine generelle Normabweichung[124]. Hierunter fällt nicht nur eine Abweichung, d.h. nachträgliche Beeinträchtigung früherer seelischer Integrität, sondern auch angeborene Anomalien[125].

2.4.1.1 Exogene Psychosen

Als exogene Psychosen werden Störungen verstanden, die nachweisbar auf hirnorganischen bzw. anderen körperlichen Ursachen beruhen[126] (exogen = von außen kommend) und sich auf das Gehirn auswirken, d.h. Gehirnleistungen beeinträchtigen. Solche Störungen können beispielsweise nach Hirnverletzungen oder Hirnentzündungen sowie Infektionen (z.B. progressive Paralyse)[127] entstehen. Außerdem fallen darunter hirnorganische Krampfleiden (genuine Epilepsie) sowie hirnorganisch begründeter Persönlichkeitsabbau im Sinne der Demenz, vor allem bei Hirnarteriosklerose, Hirnatrophie und krankheitsbedingtem (nicht angeborenem) Schwachsinn[128]. Erfasst werden auch sogenannte Intoxikationspsychosen wie sie von pathologischen Rauschzuständen durch Alkohol bzw. andere Drogen oder Medikamente herrühren[129].

---

[120] siehe dazu S. 17

[121] nach Schreiber, in; Psychiatrische Begutachtung, S. 9 fand damit tatsächlich keine Beschränkung auf den engeren Begriff statt, sondern nur eine Aufspaltung

[122] SK-Rudolphi § 20 Rn. 6

[123] SK-Rudolphi § 20 Rn. 8; Jakobs AT, S. 524; Wolfslast JA 1981, 464, 465

[124] Maurach/Zipf AT/1 S. 491, 492

[125] S/S-Lenckner/Perron § 20 Rn. 7; Maurach/Zipf AT/1 S. 492; Jakobs AT, S. 524;

[126] Pschyrembel, Klinisches Wörterbuch, S. 1315: S/S-Lenckner/Perron § 20 Rn. 11; SK-Rudolphi § 20 Rn. 6

[127] S/S-Lenckner/Perron § 20 Rn. 11; SK-Rudolphi § 20 Rn. 6; Wolfslast JA 1981, 464, 465; Tröndle § 20 Rn. 10; LK-Jähnke § 20 Rn. 24

[128] S/S-Lenckner/Perron § 20 Rn. 11; SK-Rudolphi § 20 Rn. 6; Tröndle § 20 Rn. 10; zur Epilepsie: vgl. BGH StV 1992, 503

[129] S/S-Lenckner/Perron § 20 Rn. 11; Tröndle § 20 Rn. 11

2.4.1.2 Endogene Psychosen

Unter die endogenen Psychosen zählt man Anomalien, bei denen eine organische bzw. körperliche Ursache nicht nachgewiesen werden konnte, aber vermutet, „postuliert" wird[130]. Darunter fallen die Schizophrenie und die Zyklothymie[131], d.h. das „manisch depressive Irresein", das seinen Namen daher hat, dass bei seinem Vorliegen sich Zyklen depressiver und manischer Art abwechseln[132].

Man rechtfertigt dabei die Gleichstellung mit den exogenen Psychosen dadurch, dass bei Zyklothymie und Schizophrenie der „Kern der Persönlichkeit und die Fähigkeit zu sinnvollem Handeln genauso beeinträchtigt ist"[133]. Die teilweise verbreitete Annahme, auch psychoseähnliche Wahnentwicklungen, bei denen die Klassifizierung durch die Differentialdiagnose nicht eindeutig auf Psychose oder abnorme Persönlichkeitsreaktion hinweist, als krankhafte seelische Störung einzuordnen, ist seit der Einführung des Merkmals der schweren anderen seelischen Abartigkeit nicht mehr relevant. Diese Störungen würden jedenfalls unter das neu eingeführte Merkmal fallen[134].

Umstritten ist, worunter die Trunkenheit, d.h. der normale Alkoholrausch fällt. Früher wurde er meist als Bewusstseinsstörung eingeordnet[135]. Für eine Zuordnung zur krankhaften seelischen Störung spricht, dass der Alkoholrausch eine somatisch wirkende Intoxikation darstellt[136].

2.4.2 Die tiefgreifende Bewusstseinsstörung

§ 20 nennt als zweites Merkmal die tiefgreifende Bewusstseinsstörung. Darunter werden Störungen gefasst, welche die Fähigkeit zur Vergegenwärtigung des eigenen, emotionalen und intellektuellen Erlebens beeinträchtigen[137]. Man ordnet un-

---

[130] Pschyrembel, Klinisches Wörterbuch, S. 1315; S/S-Lenckner/Perron § 20 Rn. 11a; SK-Rudolphi § 20 Rn. 8; Tröndle § 20 Rn. 9; Maurach/Zipf AT/1 S. 493; Jescheck/Weigend AT, S. 438

[131] Tröndle § 20 Rn. 9; siehe dazu auch: BGH NStZ-RR 1998, 5

[132] Wolfslast JA 1981, 464, 466

[133] BT Drs. IV/650, S. 138

[134] Schreiber, in: Psychiatrische Begutachtung, S. 11

[135] Schreiber aaO

[136] SK-Rudolphi § 20 Rn. 7; S/S-Lenckner/Perron § 20 Rn. 11; Tröndle § 20 Rn. 11; Erhardt Prot. IV S. 648, 654; näheres dazu bei Schreiber, in: Psychiatrische Begutachtung, S. 11

[137] LK-Jähnke § 20 Rn. 25; Lenckner, in: Hdb. d. forens. Psychiatrie Bd. I, S. 16; Schreiber, in: Psychiatrische Begutachtung, S. 12

ter diese Alternative nur die normalpsychologischen Störungen des Bewusstseins[138]. Die körperlich bedingten Bewusstseinsstörungen werden schon von der ersten Alternative erfasst[139]. Damit ist der § 20 enger gefasst als der § 51 a.F., der auch körperlich bedingte Bewusstseinsstörungen umfasste[140].

Unter die umschriebenen Bewusstseinsstörungen fallen z. B. Erschöpfung, Schlaftrunkenheit[141], hypnotische und posthypnotische Zustände[142], sowie hochgradige Affekte[143]. Generell werden unter diesem Oberbegriff Einengung (räumliche Dimension), Verlust der Klarheit (Helligkeitsdimension) und Veränderung der Selbstbestimmung und Verhaltenssteuerung verstanden[144].

Der Begriff der Störung meint dabei nicht, dass das Bewusstsein durch eine Desorientierung aufgehoben ist, dann würde nämlich schon keine Handlungsfähigkeit vorliegen. Es darf vielmehr nur eingeengt sein[145].

Mit der Vorausstellung des Wortes „tiefgreifend" sollen alle Störungen ausgeklammert werden, die noch im Bereich des Normalen liegen[146]. Der Begriff ist aber dennoch mehrdeutig. Auch er erklärt sich aus der Entstehungsgeschichte heraus. Da es vor 1975 wegen der Unbegrenztheit der Fassung des damaligen § 51 zu einer großzügigen Anwendung gekommen war[147], wollte man durch die Neuregelung die Exkulpationsmöglichkeiten einschränken. Ursprünglich, d.h. in den Entwürfen von 1960 und 1962, war der Bewusstseinsstörung deshalb das Adjektiv „gleichwertig" vorangestellt worden, das sich auf die erste Alternative, die krankhafte seelische Störung bezog[148]. Eine Ex- bzw. Dekulpierung sollte damit nur möglich sein, wenn die Bewusstseinsstörung in ihrer Schwere mit einer somati-

---

138 BGHSt 34, 22, 24; BGH StV 1988, 58; Glatzel, StV 1982, 434; ders., StV 1993, 220, 221; Jakobs AT, S. 529; Saß, Forensia 1983, 3, 4

139 S/S-Lenckner/Perron § 20 Rn. 12

140 Wolfslast JA 1981, 464, 467

141 BGHSt 6, 329, 332; BGH NStZ 1983, 280

142 LK-Jähnke § 20 Rn. 25

143 BGHSt 11, 20, 23; BGHSt 3, 194, 199; BGH StV 1984, 241; BGH StV 1987, 434; BGH StV 1990, 248, 249; BGH NStZ 1995, 175, 176; Jescheck/Weigend AT, S. 439; Krümpelmann, ZStW 88 (1976), 6, 24f.; Tröndle § 20 Rn. 28, 30; S/S-Lenckner/Perron § 20 Rn. 13, 15; SK-Rudolphi § 20 Rn. 10

144 Wegener, Einführung in die forensische Psychologie, S. 79

145 Maurach/Zipf AT/1 S. 493; Schreiber, in: Psychiatrische Begutachtung, S. 12

146 S/S-Lenckner/Perron § 20 Rn. 14

147 BGHSt 3, 194, 199; BGHSt 11, 20; siehe dazu Wolfslast JA 1981, 464, 467

148 siehe dazu: Lenckner, in: Hdb. d. forens. Psychiatrie Bd. I, S. 109f.; Schreiber, in: Psychiatrische Begutachtung, S. 12

schen psychischen Störung vergleichbar war. Dagegen wandten jedoch die Psychologen Bedenken ein, weil sie fürchteten, durch den Vergleich mit den somatischen Störungen, d.h. einer Parallelisierung in Genese und Erscheinungsform, gegenüber den Psychiatern als Gutachter auf dem Gebiet der Bewusstseinsstörung benachteiligt zu werden[149]. Um einerseits den Psychologen nicht die Kompetenz abzusprechen, gleichzeitig aber nicht den Zugang zu Tiefenpsychologie und Psychoanalyse zu öffnen, einigte man sich auf das Voranstellen des Adjektivs „tiefgreifend“[150]. Eine sachlich Änderung wurde damit nicht angestrebt, so dass die Bewusstseinsstörung auch weiterhin mit der krankhaften seelischen Störung vergleichbar sein muss[151], um für die Bejahung des Merkmals auf der ersten Stufe auszureichen.

Schwierigstes Problem und Hauptanwendungsfall ist die Affekttat, auf die an dieser Stelle aber nicht weiter eingegangen werden soll[152].

2.4.3 Der Schwachsinn

Als drittes psychisches Merkmal wird im Gesetz der Schwachsinn genannt. An der Gesetzesformulierung „wegen Schwachsinns oder anderer schwerer seelischer Abartigkeit“ wird sichtbar, dass er als eine Unterart der Abartigkeit verstanden wird[153]. Seine separate Nennung rührt von der Entstehungsgeschichte des § 20 her. Der frühere § 51 enthielt den Schwachsinn nicht als eigenständiges Merkmal. Statt dessen wurde eine solche Störung je nach Ausprägung entweder der krankhaften Störung der Geistestätigkeit oder der Geistesschwäche zugeordnet, wobei letztere als graduell geringere Störung der Geistestätigkeit angesehen wurde[154].

Im Rahmen der differenzierenden Lösung sollte der Schwachsinn als Unterfall der Abartigkeit im Gegensatz zu dieser auch zur Exkulpation, und nicht nur zur Schuldminderung, führen können. Eine gesonderte Erwähnung war deshalb notwendig. Nachdem diese Lösung zugunsten der Einheitslösung aufgegeben wurde,

---

[149] Lenckner, in: Hdb. d. forens. Psychiatrie Bd. I, S. 112; Schwalm JZ 1970, 487, 494

[150] Erhardt Prot. IV, S. 684, 685

[151] Erhardt Prot. IV, S. 684, 685; BT-Dr. V/4095 S. 11; ähnlich: BGH NStZ 1990, 231; BGH bei Holtz MDR 1983, 447, 448; LK-Jähnke § 20 Rn. 26; SK-Rudolphi § 20 Rn. 10; S/S-Lenckner/Perron § 20 Rn. 14; Krümpelmann, ZStW 88 (1976), 6, 8; Albrecht GA 1983, 203f.; siehe auch: Maurach/Zipf AT/1, S. 494

[152] näheres zur Affekttat bei Schreiber, in: Psychiatrische Begutachtung, S. 13f.

[153] S/S-Lenckner/Perron § 20 Rn. 18; SK-Rudolphi § 20 Rn. 13; Wolfslast JA 1981, 464, 467; Schreiber, in: Psychiatrische Begutachtung, S. 15

[154] Wolfslast JA 1981, 464, 467

ist seine ausdrückliche Nennung eigentlich überflüssig[155]. Es wird vermutet, dass seine Streichung einfach vergessen wurde[156]. Seine Erwähnung in § 20 ist jedoch gerechtfertigt, weil er durch sein häufiges Vorkommen in der forensischen Praxis entsprechend Bedeutung einnimmt[157] und außerdem im Gegensatz zu den anderen Anomalien deutlich abgrenzbar ist[158].

Als Schwachsinn wird eine angeborene Intelligenzschwäche verstanden, die keine nachweisbaren Ursachen hat[159]. Dabei werden die kognitiven Störungen regelmäßig von Störungen der sozialen, sprachlichen, motorischen und emotionalen Entwicklung begleitet[160]. Ist die Intelligenzschwäche organisch begründet, z.B. durch intrauterine, geburtstraumatische oder frühkindliche Hirnschädigungen bzw. sonstige hirnorganische Krankheitsprozesse, fällt sie, nach der vom körperlichen Krankheitsbegriff ausgehenden Gesetzessystematik, bereits unter das Merkmal der krankhaften seelischen Störung[161].

Beim Schwachsinn werden drei Schweregrade unterschieden. Der leichteste Grad der Intelligenzschwäche ist die Debilität. Bei ihr bleibt der Erwachsene in seiner geistigen Entwicklung auf der Stufe stehen, die ein Jugendlicher mit Abschluss der Pubertät hat[162]. Dabei existiert eine Schulbildungsfähigkeit im Rahmen der Sonderschule, die Fähigkeit einen Beruf zu erlernen ist meist jedoch nicht gegeben[163].

Zweite Stufe ist die Imbezillität, wobei der Mensch in der geistigen Entwicklung einem Kind in der Pubertät gleichkommt[164] und unfähig ist, sich im Leben eigenständig zurechtzufinden[165]. Der schwerste Grad wird als Idiotie bezeichnet. Dabei ist die geistige Entwicklung des Erwachsenen nicht einmal mit der eines sechsjäh-

---

[155] vgl. Schwalm, Prot. IV S. 635, 641

[156] Wolfslast JA 1981, 464, 467; siehe dazu den Verlauf der Diskussion um die schwere Abartigkeit in Prot. V, 12. Sitzung S. 241ff.; 24. Sitzung S. 449f.

[157] Wolfslast aaO; Lenckner, in: Hdb. d. forens. Psychiatrie Bd. I, S. 117f.

[158] Schreiber, in: Psychiatrische Begutachtung, S. 15

[159] Maurach/Zipf AT/1 S. 495; Roxin AT, S. 765; Begründung des E 1962, BT-Dr. IV/650, 140; S/S-Lenckner/Perron § 20 Rn. 18; SK-Rudolphi § 20 Rn. 13

[160] Wegener, Einführung in die forensische Psychologie, S. 90

[161] S/S-Lenckner/Perron § 20 Rn. 18; SK-Rudolphi § 20 Rn. 13; Entwurf 1962 Begr. S. 140; Roxin AT, S. 765

[162] SK-Rudolphi § 20 Rn. 13

[163] Wieck, Lehrbuch der Psychiatrie, S. 144, 145

[164] Schreiber aaO

[165] Roxin AT, S. 765; Wieck, Lehrbuch der Psychiatrie, S. 144; Wolfslast aaO

rigen Kindes zu vergleichen[166]. Dieser traditionellen Unterscheidung ist die Terminologie der AAMD[167] (1959) vorzuziehen, bei der die Bezeichnung der Schweregrade von der Entwicklungsfähigkeit abhängt. Man unterscheidet hier die schwerst geschädigten Pflegefälle von den „Trainierbaren" und den „Bildungsunfähigen" sowie den Grenzfällen, bei denen oftmals normale Schuldfähigkeit festgestellt werden kann[168]. Die Feststellung der Ausprägung des Schwachsinns erfolgt einheitlich und deshalb relativ unproblematisch mit Hilfe standardisierter Tests, die den IQ messen[169]. Durch solche Testverfahren wird eine „relative Positionsbestimmung" des Probanden möglich und dadurch auch eine Vergleichbarkeit mit anderen Probanden[170]. Damit ist der „als Variante der Intelligenzausstattung und nicht als Missbildungs- oder Krankheitsfolge zu verstehende Schwachsinn unproblematisch, weil er sich als Einschränkung einer weitgehend konstanten, wenn auch komplexen Leistung unabhängig von der psychischen Verfassung im Tatzeitpunkt und mit genormten Methoden der psychologischen Diagnostik feststellen lässt"[171].

2.4.4 Die schwere andere seelische Abartigkeit

Als letztes psychisches Merkmal nennt das Gesetz die schwere andere seelische Abartigkeit. Damit ist der Bereich psychischer Abweichungen von einer zugrundeliegenden Norm gemeint, der nicht auf postulierten oder nachweisbaren organischen Krankheitsprozessen beruht[172], also alle in der Terminologie des psychiatrischen Krankheitsbegriffes „nicht krankhaften psychischen Störungen"[173]. Wie anhand der Entstehungsgeschichte des Merkmals der schweren seelischen Abartigkeit gezeigt wurde, sind diese vom Merkmal der krankhaften seelischen Störung losgelöst worden und fallen unter die eigenständige Kategorie des vierten gesetzlichen Merkmals.

Der Begriff der Abartigkeit ist seit seiner Einführung durch die Strafrechtsreform mit Geltung zum 1.1.1975 lebhaft umstritten und wird überwiegend abgelehnt.

---

166 Lange, in: LK § 21 Rn. 32

167 American Association on Mental Deficiency

168 siehe dazu im einzelnen: Wegener, Einführung in die forensische Psychologie, S. 91

169 LK-Jähnke § 20 Rn. 63

170 Rasch, Med. Welt 27 (1976), 1793, 1794

171 Janzarik, Grundlagen der Schuldfähigkeitsprüfung, S. 42

172 BGHSt 34, 22, 24; BGH StV 1988, 384, 527, 528; BGH StV 1989, 104; S/S-Lenckner/Perron § 20 Rn. 19; SK-Rudolphi § 20 Rn. 14

173 S/S-Lenckner/Perron § 20 Rn. 19; Schreiber, in: Psychiatrische Begutachtung, S. 15

Angeführt wird zunächst der Aspekt, dass dieser Terminus abwertenden, diskriminierenden Charakter haben soll[174]. Für den Sachverständigen, der einen Probanden begutachten und diesen in der Hauptverhandlung mit dem Etikett der Abartigkeit betiteln muss, sei der Vorgang unnötig belastend[175]. Ganz abgesehen davon, welche herabsetzende Wirkung diese Etikettierung für den Angeklagten hat, werde der Begriff vom Laien doch vor allem mit dem Hang zu sexuellen Anomalien assoziiert[176].

Weiterhin stößt man sich an der Tatsache, dass der Begriff der Abartigkeit überholten wissenschaftlichen (Entartungs-) Theorien entstammt[177].

Ferner erscheint der Begriff problematisch, weil er Bestandteil der Vorschrift über wehrmachtsärztliche Untersuchungen im Krieg vom 1.4.1944 war. Dort taucht die „schwere seelische Abartigkeit von Krankheitswert" als Fehler Nr. 15.3 innerhalb der Musterungsbestimmungen auf. Die dort aufgeführten Beispiele meinen zwar dasselbe wie die heutigen Schuldfähigkeitsbestimmungen, es lässt sich der Verdacht jedoch nicht leugnen, dass hinter dem Begriff ein spezielles kriminalpolitisches Programm steht und er ein Indiz für eine Ausgrenzung eines bestimmten Bevölkerungsteils darstellt[178].

Besser geeignet ist aufgrund dieser Aspekte der im Alternativentwurf vorgeschlagene Begriff „vergleichbar schwere seelische Störung" bzw. „Persönlichkeitsstörung"[179]. Die Rechtsprechung spricht von „nicht pathologisch bedingten Persönlichkeitsstörungen"[180]. Dies wird als unglücklich empfunden, weil zu Unrecht nicht körperliche Persönlichkeitsstörungen aus dem Bereich des Pathologischen herausgenommen werden[181].

Unter das Merkmal der schweren anderen seelischen Abartigkeit werden Störungen des Gefühls- und Antriebslebens, weniger des Intellekts, verstanden, die den

---

[174] Rasch, NStZ 1982, 177, 178

[175] Rasch aaO; ders., StV 1984, 264, 266; ders., StV 1991, 126

[176] Rasch, StV 1984, 264, 266

[177] Rasch, StV 1984, 264, 266; ders., StV 1991, 126; Venzlaff bezeichnet ihn als diluvial: Venzlaff, NA 1977, 253, 255

[178] nach Güse/Schmacke können „die Bezeichnungen Minderwertigkeit, Abartigkeit und Entartung nichts anderes nahelegen, als die radikale Ausgliederung und schließlich Ausmerzung der so Titulierten", siehe Güse/Schmacke, Psychiatrie zwischen bürgerlicher Revolution und Faschismus Bd. II, S. 312

[179] so auch Rasch, StV 1984, 264, 266; Schreiber, in: Psychiatrische Begutachtung, S. 16

[180] BGH NStZ-RR 1998, 174; BGH NJW 1998, 2753

[181] Schreiber, in: Psychiatrische Begutachtung, S. 16

Täter als andersartig erscheinen lassen[182]. Im juristischen Schrifttum werden vor allem drei große Gruppen genannt: Psychopathien, Neurosen und Triebstörungen[183]. Die Bezeichnung dieser drei Gruppen ist nicht umfassend anerkannt. Sie rührt nicht von einer einheitlichen psychopathologischen oder äthiologischen Systematik her[184], sondern ist vielmehr deskriptiv[185].

2.4.4.1 Psychopathien

Unter Psychopathien werden solche Störungen in Charakter, Willens- und Gefühlsleben verstanden, unter denen der Betroffene selbst wie auch die Gesellschaft leiden[186]. Man orientiert sich sowohl in der Literatur wie auch in der Rechtspraxis an der Typologie von Kurt Schneider, der hyperthymische, depressive, selbstunsichere, fanatische, geltungsbedürftige, stimmungslabile, explosive und gemütsarme Psychopathen unterschied[187]. Diese Einteilung, die ursprünglich von Kurt Schneider als nicht wertend gedacht war, sondern nur als Beschreibung, beinhaltet aber tendenziell eine qualitative Etikettierung[188]. So soll z.B. der Psychopath im Gegensatz zum Psychotiker „weniger durch Intelligenzausfälle, als durch Defekte auf dem Gebiet derjenigen seelisch-sittlichen Eigenschaften charakterisiert, die den Menschen als sittliche und soziale Persönlichkeit betrachten lassen“[189].

Problematisch ist neben dieser abwertenden Tendenz auch, dass die deskriptive Aufführung der psychopathischen Persönlichkeiten die Gefahr in sich birgt, die Vielfalt möglicher Normabweichungen zu vereinfachen[190].

Der Terminus Psychopathie könnte auch deshalb als unglücklich gewählt betrachtet werden, weil die Abgrenzung der Psychopathie zu den Neurosen oft sehr

---

[182] Jakobs AT, S. 531; Lange in LK § 21 Rn. 35

[183] S/S-Lenckner/Perron § 20 Rn. 21f.; Tröndle § 20 Rn. 36f.; SK-Rudolphi § 20 Rn. 14; Roxin AT, S. 766; Jakobs AT, S. 531, 532; Maurach/Zipf AT/1, S. 496

[184] Schreiber, in: Psychiatrische Begutachtung, S. 16

[185] Rasch, Forensische Psychiatrie, S. 262; Foerster, MSchrKrim 72 (1989), 83, 86

[186] Schneider, Klin.Psychopathologie S. 17; ders. in: Die psychopathischen Persönlichkeiten S. 3; LK-Jähnke § 21 Rn. 67; Jakobs AT, S. 531

[187] Schneider, Klin. Psychopathologie, S. 21f.; Witter, in: Hdb. d. forens. Psychiatrie Bd. II, 990ff.; Langelüdekke-Bresser, Gerichtliche Psychiatrie, S. 204ff.; siehe auch Rasch, Forens. Psychiatrie S. 233; LK-Jähnke § 20 Rn. 67

[188] Venzlaff, in: Psychiatrische Begutachtung, S. 219

[189] Maurach/Zipf AT/1 S. 496 mit weiteren Fußnoten zur Etikettierung; siehe auch Lange in LK § 21 Rn. 35

[190] Wegener, Einführung in die forensische Psychologie, S. 101

schwierig ist. Früher sah man Psychopathien als angeborene bzw. anlagebedingte Persönlichkeitsvarianten an[191]. Dieses Abgrenzungskriterium erscheint aber überholt[192], da Psychopathien den ständigen Lern- und Veränderungsprozessen der menschlichen Persönlichkeit unterliegen, d.h. nicht statisch anlagemäßig sind[193]. Außerdem ist fraglich, ob die beiden Diagnosen Psychopathie und Neurose wirklich in dieser Alternativität bestehen[194].

Bezeichnet man z.B. einen Menschen, der in Verhalten und Erleben von einer zugrundegelegten Norm abweicht, als Psychopathen, hat man dabei die Vorstellung vor Augen, es handele sich um eine anlagebedingte Wesensart, die den Betroffenen in einem besonderen Maße charakterisiert und die man bei ihm von Jugendalter an immer wieder in bestimmten Verhaltensmustern angetroffen hat. Wenn man aber den Akzent nicht auf die Wesenszüge legt, die im Erwachsenenalter sichtbar sind, sondern auf deren Entstehungsgeschichte, könnte man denselben Menschen auch als Neurotiker beschreiben und benennen. Von diesem Blickwinkel aus geht es nicht darum, die mehr oder weniger konstante Persönlichkeitseigenart deskriptiv zu erfassen. Es geht vielmehr um ihre Genese. Die Verwendung der Termini psychopathisch bzw. neurotisch ist deshalb oft abhängig von der jeweiligen Lehrmeinung. In der psychiatrischen Literatur wird aus diesem Grund zum Teil die Ansicht vertreten, zwischen umweltbedingten und anlagebedingten Anteilen bei diesen psychischen Störungen nicht differenzieren zu können. Man habe es regelmäßig mit beiden zu tun[195]. Es existiert damit keine klare Abgrenzungsmöglichkeit zwischen dem Begriff der Psychopathie und dem der Neurose, die Übergänge sind vielmehr fließend[196].

Wenn auch ihre Einteilung in Psychopathie und Neurose umstritten ist, so besteht bezüglich der Annahme, dass diese psychischen Störungen der Kategorie der seelischen Abartigkeit zugeordnet werden, im fachwissenschaftlichen Schrifttum weitestgehend Konsens[197]. Fraglich ist demgegenüber, in welchem Umfang Psychopathien bzw. Persönlichkeitsstörungen zur Schuldunfähigkeit führen können. Nach einer großen Strömung in Rechtswissenschaft und forensischer Psychiatrie, der auch die Rechtsprechung weitestgehend folgt, soll Schuldunfähigkeit und da-

---

[191] Wegener, Einführung in die forensische Psychologie, S. 101, 102; Schreiber, in: Psychiatrische Begutachtung, S. 16

[192] so aber SK-Rudolphi § 20 Rn. 15

[193] siehe E 1962, 141; Wegener, Einführung in die forensische Psychiatrie, S. 102

[194] kritisch bzw. ablehnend J.E. Meyer, ZStW 88 (1976), 46, 51

[195] siehe im einzelnen J. E. Meyer, ZStW 88 (1976), 46, 51, 52

[196] so auch LK-Jähnke § 20 Rn. 67; ähnlich Roxin AT, S. 766

[197] siehe auch Foerster, MschrKrim 72 (1989), 83

mit Exkulpation nur unter bestimmten Umständen gegeben sein und damit eine Ausnahme darstellen[198].

Als Argument dafür wird angeführt, dass ursprünglich, d.h. in der differenzierenden Lösung, die Abartigkeit nur ein Element des § 21, d.h. der möglichen Schuldminderung, darstellen sollte. Die Einheitslösung erhielt nur den Vorzug, um dem geringen Prozentsatz gerecht zu werden, in dem hochgradige nicht körperliche Störungen genauso beeinträchtigen können. Grundrichtung sei damit immer noch eine möglichst „sparsame" Anwendung im Rahmen der Exkulpation, nicht aber eine großzügige Exkulpationsmöglichkeit für Psychopathien. Ebenso wenig sollte eine Erweiterung von § 21 stattfinden[199]. Einige Stimmen in der psychiatrischen Literatur wollen deshalb die volle Schuldunfähigkeit nur in Betracht kommen lassen, wenn die vorliegenden Störungen psychoseähnlich sind, d.h. im Grenzbereich zu hirnorganischen Persönlichkeitsveränderungen oder Psychosen liegen[200].

Wie bereits im Rahmen des Schuldbegriffs erörtert, ist dies jedoch weniger als medizinisch denn als kriminalpolitisch motivierter Gedanke anzusehen[201], der aus der Befürchtung resultierte, dass es angesichts der diagnostischen Unschärfe und Weite des Begriffs zu einem Dammbruch kommen würde, welcher die Zerstörung des Schuldprinzips zur Folge haben könnte[202]. Deutlich wird diese normative Betrachtung schon bei Kurt Schneider, bei dem es heißt: „Nur sehr zögernd gehe man an die Anwendung von § 51 II [heute § 21] auf abnorme (psychopathische) Persönlichkeiten heran. Wäre das die Regel, entstünde eine kriminalpolitisch unheilvolle Lage"[203].

Von psychologischer und psychiatrischer Seite wird demgegenüber die Position kritisiert, eine psychopathische Störung sei verglichen mit der psychotischen grundsätzlich von geringerer Intensität. Psychotiker und Neurotiker könnten vielmehr „mindestens genauso schwere Abweichungen aufweisen wie Patienten mit

---

[198] S/S-Lenckner/Perron § 20 Rn. 22, 23; SK-Rudolphi § 20 Rn. 14; BGH NJW 1986, 141; BGH bei Holtz MDR 1979, 105; 1984, 979, 980; zurückhaltender: BGH NStZ 1991, 31, 32

[199] dazu im einzelnen: Lenckner, in: Hdb. d. forens. Psychiatrie Bd. I, S. 119; S/S-Lenckner/Perron § 20 Rn. 20, 22

[200] Witter, in: FS für Lange, S.724, 733; ebenso eng: Langelüdekke-Bresser, Gerichtliche Psychiatrie, S. 215, 216

[201] siehe S. 30

[202] BT Drs. V/4095, S. 10

[203] Schneider, Die Beurteilung der Zurechnungsfähigkeit, S. 27

organisch bedingten oder endogenen Psychosen“[204]. Neurosen und Psychopathien führten z.T. zu schweren Leidenszustände und seien deshalb in sozialer aber auch individueller Auswirkung grundsätzlich nicht weniger schwer als organisch bedingte Störungen[205].

Nachdem der befürchtete Dammbruch nicht eingetreten ist[206], bleibt kein Raum mehr für eine solch „sparsame Anwendung“ der Exkulpation. Angesichts der Weite des Psychopathiebegriffs sowie seiner fehlenden Randschärfe in diagnostischer Hinsicht, z.B. bei der Abgrenzung zur Neurose, fällt es aber schwer, Einordnungskriterien anzuführen. Die Abartigkeit als Oberbegriff ist derart weit gefasst, dass grundsätzlich alle Störungen darunter fallen können, bei denen der psychische Zustand des Täters nachteilig verändert ist. Aufgrund dieser Tatsache hat sich in der Realität die Beurteilung der Schuldfähigkeit bei der Psychopathie auf die zweite, die normative, Ebene verlagert[207]. Anstatt mittels einheitlicher Vorgehensweise eine Störung unter eines der vier psychischen Merkmale zu ordnen und dort zu prüfen, wird nur noch normativ auf der zweiten Stufe, und hier oft intuitiv, entschieden.

Um das Schuldprinzip zu wahren und Rechtssicherheit und –gleichheit gewähren zu können, bedarf es aber einer Orientierung, damit ein vergleichbares und damit verlässliches Vorgehen möglich wird. Kriterien auf der ersten Stufe würden hier eine eventuell willkürliche Zuordnung vermeiden und so auch dem Richter seine Entscheidung erleichtern. Mit Hilfe von feststehenden Anhaltspunkten wäre eine Überprüfung der Entscheidung grundsätzlich möglich. Rechtssicherheit und Rechtsgleichheit wären kein unerreichbares Ziel.

Nach Schreiber bleiben aufgrund der weiten Konturen des Psychopathiebegriffes in der Praxis nur die Kriterien der Schwere bzw. des Grades der Störung und ihr Einfluss auf das Handlungsgefüge[208]. Die neuere Rechtsprechung nähert sich dieser Ansicht, der Grad bzw. die Schwere der Störung sei entscheidend, wenn sie darlegt, mit der Diagnose Psychopathie allein sei noch nichts darüber ausgesagt, dass die Persönlichkeitsstörung auch den Grad einer schweren seelischen Abartigkeit erreicht habe[209]. Ebenso wenig soll die Feststellung einer „gemischten Per-

---

[204] J.E. Meyer, ZStW 88 (1976), 46, 49; Venzlaff, ZStW 88 (1976), 57, 58f.; Wegener, Einführung in die forensische Psychologie, S. 101

[205] J.E. Meyer, ZStW 88 (1976), 46, 49

[206] Schreiber, NStZ 1981, 46, 51 mit Zahlen zur Exkulpation bzw. Dekulpation

[207] Krümpelmann, ZStW 88 (1976), 6, 19; Schreiber, NStZ 1981, 46, 48; ders., in: Psychiatrische Begutachtung, S. 17

[208] Schreiber, NStZ 1981, 46, 48; so auch Rasch, Forensische Psychiatrie, S. 48

[209] BGH NStZ-RR 1998, 106

sönlichkeitsstörung" genügen, vielmehr müsse über die Art und den Schweregrad der Störung auf der Grundlage einer Gesamtbetrachtung der Persönlichkeit des Angeklagten und dessen Entwicklung sowie der Vorgeschichte der Tat, dem unmittelbaren Anlass und der Ausführung der Tat und schließlich des Verhaltens nach der Tat entschieden werden, ob eine Abartigkeit vorliege[210]. Auch die Diagnose allein einer Borderline-Persönlichkeitsstörung genüge nicht. Entscheidend sei, ob das Tatverhalten innerhalb einer psychotisch geprägten Episode liegt und wie groß das Ausmaß der in Intervallen bestehenden Persönlichkeitsstörung sei[211].

Der im Gesetz enthaltene Begriff der „Schwere" der seelischen Abartigkeit ist hier entscheidender Anknüpfungspunkt[212]. Wenn man sich die Entstehungsgeschichte ansieht, wird deutlich, dass das Gesetz davon ausgeht, dass Psychopathie, Neurose und Triebstörung vom Betroffenen in einem solchen Umfang beherrscht werden können, als von der Rechtsordnung soziale Anpassung verlangt wird. Dies soll allein schon deshalb der Fall sein, weil vielfach ein fließender Übergang zu einer normalen psychischen Verfassung existiert, d.h. sich die Störung nur quantitativ davon abhebt[213].

Genauso wie das Adjektiv „tiefgreifend" beim zweiten Merkmal des § 20 ist der Begriff „schwer" nur ein „Gradbegriff, der noch der Ausführung bedarf und als solcher nicht deutlich genug sagt, was im Grunde gemeint ist"[214]. Die Unschärfe des Psychopathie- und Neurosenkonzepts gab Anlass, die Abartigkeit mit dem Attribut „schwer" zu versehen[215]. Sinn erhält dieser Begriff aber erst beim In-Beziehung-Setzen zur ersten Alternative, den krankhaften seelischen Störungen[216]. „Schwer" soll nach den Ergebnissen der Diskussionen zur Strafrechtsreform von 1975 bedeuten, dass die Abweichung vom Normalen bei der letzten Alternative des § 20 so erheblich sein muss, „dass in gleicher Weise von einer Zerstörung des Persönlichkeitsgefüges gesprochen werden kann wie bei echten Psychosen"[217]. Das beinhaltet, dass die Fähigkeit zu sozial sinnvollem Handeln genauso wie bei diesen in Frage gestellt sein muss[218]. Das Attribut „schwer" soll

---

[210] BGH NStZ-RR 1997, 355

[211] BGHSt 2, 385, 387; zum Borderline-Syndrom als schwerer Persönlichkeitsstörung auch: Rasch, StV 1991, 126, 127

[212] vgl. Lenckner, in: Hdb. d. forens. Psychiatrie Bd. I, S.119

[213] LK-Jähnke § 20 Rn. 67; ähnlich Roxin AT, S. 766

[214] Lenckner aaO

[215] Rasch, Forensische Psychiatrie, S. 72

[216] Lenckner aaO

[217] Lenckner aaO

[218] Lenckner aaO

deshalb so zu verstehen sein, dass die Abartigkeit so schwer auf die Einsichts- und Steuerungsfähigkeit einwirken muss, dass sie insofern der krankhaften seelischen Störung gleichwertig ist.

Wie soll aber diese Schwere festgestellt sowie zwischen verschiedenen Schweregraden differenziert werden? Man benötigt Ansätze, die ein einheitliches Vorgehen und damit eine sachliche und objektive Durchdringung des jeweiligen Falles ermöglichen. Eine vage Formulierung wie die „Erschütterung des Persönlichkeitsgefüges“[219] bzw. die „weitgehende Zerstörung des Persönlichkeitsgefüges“[220], kann diesen Anforderungen nicht gerecht werden. Diese Formeln enthalten nicht mehr als einen Hinweis auf das Bestehen quantitativer Unterschiede[221]. Das Kriterium „Erschütterung bzw. Zerstörung des Persönlichkeitsgefüges“ ist zwar eine griffige Formel, aber im Ergebnis wenig ergiebig[222]. In Zweifelsfällen ist wenig aus ihr herzuleiten[223].

2.4.4.2 Neurosen

Die Neurose wird im Gesetzesentwurf von 1962 (E 1962) als abnorme Erlebnisreaktion oder Störung der Erlebnisverarbeitung umschrieben[224]. Definition und Ursache der Neurose umgibt aber ein lebhafter Streit[225]. Insbesondere geben verhaltenstheoretische und psychoanalytische Neuroselehren differierende Erklärungen[226]. Durch den Begriff Neurose wird eine Einheit vorgetäuscht, die weder in der Forensik noch der Struktur nach überhaupt (einheitlich) besteht[227].

Die Neurose wird überwiegend als nur vorübergehende, ausnahmsweise auftretende Verhaltensdisposition bei einem geistig Gesunden angesehen, die lebensgeschichtlich erklärbar ist[228]. Im Gegensatz dazu soll die Psychopathie eine dauer-

---

219 Schwalm, Prot. IV, 635, 638

220 Schwalm aaO

221 Schreiber, in: Psychiatrische Begutachtung, S. 24

222 Saß, Psychopathie, S. 110

223 Schreiber aaO

224 Entwurf 1962 Begründung S. 141; siehe auch Maurach/Zipf AT/1 S. 497

225 dazu: J.E. Meyer, ZStW 88 (1976), 46, 49f.

226 Schreiber, in: Psychiatrische Begutachtung, S. 18

227 Lange in LK § 20 Rn. 44; Wegener, Einführung in die forensische Psychologie, S. 103; Langelüdekke-Bresser, Gerichtliche Psychiatrie, S.199; Venzlaff, in: Psychiatrische Begutachtung, S. 327, 331f

228 Witter, in: Hdb. d. forens. Psychiatrie Bd. II, S. 996; siehe auch Schreiber, in: psychiatrische Begutachtung, S. 18

hafte Störung sein. Wie bereits angesprochen ist der Übergang von der Neurose zur Psychose jedoch fließend[229]. Häufig enthalten die psychischen Anomaliezustände Elemente beider Störungsformen[230].

Die strafrechtliche Relevanz der Neurose ist im Gegensatz zur psychopathischen Persönlichkeitsstörung eher gering[231]. Von Belang sein können beispielsweise Zwangsneurosen, abnorme Persönlichkeitsentwicklungen der mittleren Lebensjahre, sensitive, paranoische und querulative Entwicklungen mit erheblicher kriminologischer Bedeutung[232], Reifungsstörungen, depressive Reaktionen mit erweiterten Suizidhandlungen, neurotische Depressionen, die häufig von schweren psychosomatischen Allgemeinstörungen begleitet sind[233], sowie extreme seelische Verformungen durch frühkindliche Deprivationssituationen[234].

Nach einer führenden Ansicht soll auch bei den Neurosen die Exkulpation nur in Ausnahmefällen zulässig sein[235]. Auch hier steht jedoch wieder das Argument entgegen, dass Neurosen als psychische nicht körperlich bedingte Störungen genauso starke Auswirkungen in individueller und sozialer Hinsicht haben können wie körperlich begründbare Störungen der Psyche[236]. Die Aussage, dass Neurosen nur selten die Vorraussetzungen der §§ 20, 21 erfüllen, Psychosen dagegen mit großer Wahrscheinlichkeit, ist weder theoretisch noch praktisch haltbar[237].

Angesichts der Tatsache, dass sowohl Ätiologie wie auch Abgrenzungskriterien zur Psychopathie sehr umstritten sind, lassen sich kaum einheitliche Diagnosekriterien finden, die eine Einordnung als Neurose und damit eine Zuordnung unter das Merkmal der Abartigkeit für einen ersten Schritt auf der psychischen Stufe ermöglichen. Dies führt in der praktischen Handhabung wieder zu einer Verlagerung der Entscheidung über die Schuldfähigkeit auf die zweite Stufe.

Möglicher Ansatzpunkt für eine Zuordnung zum Merkmal der schweren anderen seelischen Abartigkeit kann nach Schreiber deshalb wieder nur der Grad bzw. die Störung, hier der neurotischen, sein[238], sowie ihr Einfluss auf Einsichts- und Steu-

---

[229] siehe J.E. Meyer, ZStW 88 (1976), 46, 48

[230] LK-Jähnke § 20 Rn. 68; J.E. Meyer, ZStW 88 (1976), 46, 52

[231] Tröndle § 20 Rn. 39; Lange in LK § 20 Rn. 45

[232] J. E. Meyer, ZStW 88 (1976), 46, 50

[233] Rasch, NStZ 1982, 177, 183

[234] Venzlaff, ZStW 88 (1976), 46, 59

[235] SK-Rudolphi § 20 Rn. 16; LK-Jähnke § 20 Rn. 71

[236] J. E. Meyer, ZStW 88 (1976), 46, 49; Venzlaff, ZStW 88 (1976), 57, 59

[237] so auch Wegener, Einführung in die forensische Psychologie, S.103

[238] Schreiber, NStZ 1981, 46, 48

erungsfähigkeit des Täters. Ausmaß, Schwere und Grad der Störung sind aber nur Oberbegriffe, die ihrerseits ausgefüllt werden müssen. Fraglich ist deshalb, wie diese Schwere mit Inhalt ausgefüllt und gemessen werden kann, ohne nur unbestimmten subjektiven Vorstellungen von der Beschaffenheit des Durchschnitts zu unterliegen.

2.4.4.3 Triebstörungen

Als weitere größere Gruppe werden Triebstörungen dem Merkmal der schweren anderen seelischen Abartigkeit zugeordnet. Die Rechtsprechung hatte vor 1975 anhand dieser Störungsgruppe den juristischen Krankheitsbegriff entwickelt, so dass Triebstörungen auch schon damals im Rahmen des § 51 a.F. exkulpierend berücksichtigt werden konnten. Seit das Merkmal der krankhaften seelischen Störung durch die Strafrechtsreform von 1975 eine Beschränkung auf nur somatisch bedingte Krankheiten erfahren hat, fallen die Triebstörungen unter das vierte Merkmal, die schwere andere seelische Abartigkeit. Dabei soll im Bereich der Triebstörungen eine Exkulpierung nur möglich sein, wenn „ der Täter selbst bei Aufbietung aller ihm eigenen Willenskräfte nicht ausreichend zu widerstehen vermag“[239]. Der BGH differenziert dabei zwischen normaler geschlechtlicher Triebhaftigkeit und dem naturwidrigen Trieb. Während bei letzterer, für die als Beispiele Pädophilie und Homosexualität angeführt werden können, bereits ein durchschnittlich starker Trieb ausreichen soll, wird bei normaler Sexualität gefordert, dass der Trieb unüberwindbar stark ist[240].

Weil aber auch ein „normal“ ausgerichteter Trieb von durchschnittlicher Stärke die Persönlichkeit des Täters verändern kann, wenn er nicht befriedigt wird, ist diese Differenzierung des BGH abzulehnen[241]. Es kann nicht auf die Richtung des Triebs ankommen, sondern nur auf seine Ausprägung[242]. Auch Pädophilie kann eine seelische Abartigkeit darstellen, wenn sie den Täter in seiner Persönlichkeit so sehr verändert hat, dass sein Hemmungsvermögen bezüglich seines Sexualverhaltens erheblich herabgesetzt ist[243]. Ein besonders „naturwidriger“ Trieb stellt aber nicht schon per se eine Abartigkeit dar; es kommt vielmehr darauf an, ob die

---

[239] vgl. BGHSt 14, 30, 32; BGH JR 1983, 69 m.Anm. Blau; BGH StV 1993, 240; BGH StV 1994, 75; siehe auch Tröndle § 20 Rn. 42; SK-Rudolphi § 20 Rn. 17;

[240] BGHSt 14, 30, 32; 23, 176, 190; BGH JR 1990, 119

[241] Jakobs AT, S. 532, 533; SK-Rudolphi § 20 Rn. 17; kritisch auch: S/S-Lenckner/Perron § 20 Rn. 23

[242] Jakobs aaO

[243] BGH NJW 1998, 2753; BGH NStZ 1999, 126; vgl auch BGH NStZ 1999, 610

Triebstörung die Persönlichkeit des Täters so verändert hat, dass sein Hemmungsvermögen erheblich herabgesetzt ist[244], d.h. auf die Ausprägung des Triebes.

Fraglich ist damit auch bei dieser Art von Störungen, welches Ausmaß der psychischen Beeinträchtigung erforderlich ist, um eine Exkulpation oder Dekulpation zu ermöglichen.

Teile der juristischen Literatur wollen Krümpelmann[245] folgen und sehen die Exkulpationsmöglichkeit an der Stelle, wo die Triebstörung Suchtcharakter erreicht[246]. Dabei können sich die Verfechter dieser Ansicht auf einzelne Formulierungen des BGH berufen, bei denen sich dieser auf den Suchtbegriff von Hans Giese stützt[247]. Giese sieht in Anlehnung an den Suchtbegriff von v. Gelbsattel keinen statischen Psychopathiebegriff vor, sondern vielmehr ein triebdynamisches Modell[248]. Danach ist Sucht ein Vorgang, bei dem die typischen Kriterien die Steigerung der Häufigkeit der „Sexualbetätigung bei gleichzeitiger Abnahme der Satisfaktion, die Hinwendung zur Promiskuität und Anonymität, Stereotypie und Zwangsstrukturen in den Praktiken, sowie periodisch dranghafte Unruhe und körperlich vegetative Begleiterscheinungen sind“[249].

Kritisiert wird daran, dass auch der Suchtbegriff zuwenig konturiert ist, um als Kriterium zur näheren Abgrenzung passend zu erscheinen[250]. Nach Schreiber gibt dieser Begriff wenigstens Anhaltspunkte für die Überwältigung des Täters durch den Trieb bzw. für die Einschätzung der verbliebenen Handlungsmöglichkeiten[251].

All dies sind Versuche, die im Gesetz angeführte Schwere auf dem speziellen Gebiet der Triebstörungen inhaltlich auszufüllen. Es ist fraglich, ob sie ausreichen, um objektive, nachvollziehbare Entscheidungen des Richters zu ermöglichen. Zumindest ist festzustellen, dass bisher keine Einigkeit über solche die Schwere ausfüllenden Kriterien auf dem Gebiet der Triebstörungen herrscht. Genauso wie bei Psychopathie und Neurose ist hier entscheidend, dass das Ausmaß der Störung in einem feststehenden einheitlichen Verfahren feststellbar ist. Dem Richter müssen Kriterien an die Hand gegeben werden, die bereits auf der ersten Stufe der

---

244 BGH NJW 1998, 2753; Tröndle § 20 Rn. 42

245 Krümpelmann, ZStW 88 (1976), 6, 21

246 S/S-Lenckner/Perron § 20 Rn. 23; SK-Rudolphi § 20 Rn. 17; LK-Jähnke § 20 Rn. 65

247 BGHSt 23, 176, 193; vgl. auch BGH JR 1990, 119

248 Giese, Psychopathologie der Sexualität, S. 455f.

249 Giese aaO.; Krümpelmann, ZStW 88 (1976), 6, 21

250 kritisch: J. E. Meyer, ZStW 88 (1976), 46, 51; Wegener, Einführung in die forensische Psychiatrie, S.105

251 Schreiber, in: Psychiatrische Begutachtung, S. 20

Schuldfähigkeitsbestimmungen eine Entscheidung über die Zuordnung zur schweren anderen seelischen Abartigkeit ermöglichen.

2.4.5 Internationale Klassifikationssysteme

Im Rahmen der Schuldfähigkeitsbeurteilung werden in neuerer Zeit immer wieder die diagnostischen Klassifikationssysteme genannt. Neben DSM-IV[252] (4th Revision of the Diagnostic and statistical manual of mental disorders), das von der American Psychiatric Association (APA) entwickelt wurde, und von einem mehrachsigen System ausgeht[253], ist es vor allem der Diagnoseschlüssel ICD-10[254] (10th Revision of the International Classification of Diseases), der in der psychiatrischen Praxis und zum Teil auch in der Forensik verwendet wird. Dieser wurde von der WHO entwickelt und ordnet anhand operationaler Kriterien Störungsbilder zu[255]. Dabei werden „die zu beobachtenden Zustandsbilder deskriptiv anhand einer Symptomliste zugeordnet"[256].

ICD-10 verzichtet auf Ausdrücke wie Krankheit oder Erkrankung und geht stattdessen vom Grundbegriff der Störung aus. Abgesehen von Störungen mit organischen Ursachen und Intoxikationen wird bei diesem System auf eine ursachenabhängige Zuordnung verzichtet; die Symptome werden nur aufgelistet und unter bestimmten Oberbegriffen zusammengefasst. ICD-10 stellt damit ein System sorgfältig ausgearbeiteter Definitionen von psychiatrischen Diagnosen dar. Sinn soll sein, die Diagnose transparenter und objektiver zu gestalten.

Zusätzlich zum Diagnoseschema wurde ein Glossar entwickelt, so dass ICD-10 ein über eine statische Bedeutung hinausgehendes Klassifikationsschema darstellen kann[257]. Es wird dabei der Anspruch erhoben, nicht nur ein Klassifikationssystem zu sein, sondern auch ein diagnostisches Lehrbuch, ein klinisches Manual und ein Forschungsinstrument[258].

Fraglich ist aber, ob diese differentialdiagnostischen Systeme über die klinische Psychiatrie hinausgehend auch ihre Anwendung in der Forensik und hier im Rahmen der Schuldfähigkeitsbegutachtung finden können.

---

252 APA, DSM-IV

253 Dilling/Dittmann, NA 1990, 259, 262,

254 DIMDI, ICD-10

255 siehe zu beiden Systemen: Nedopil, Forensische Psychiatrie, S. 81 f.

256 Rasch, Forensische Psychiatrie, S. 48; Nedopil aaO

257 Witter, Unterschiedliche Perspektiven in der allgemeinen und in der forensischen Psychiatrie, S. 37, dort noch auf ICD-9 bezogen

258 Dilling /Dittmann, NA 1990, 259, 261, Rasch, Forensische Psychiatrie, S. 46

In der gerichtlichen Praxis lässt sich der Rückgriff auf das Manual immer wieder beobachten – nicht selten hat der Richter ein solches neben sich liegen, in der Annahme, damit könne eine Zuordnung vorgenommen werden.

Es ist jedoch problematisch, ob diese Klassifikation nach ICD-10 überhaupt bei der Entscheidung über die Schuldfähigkeit anwendbar ist und einen unmittelbaren Rückschluss auf das Vorliegen eines der Merkmale der §§ 20 und 21 zulässt.

Unmittelbar hat der Diagnoseschlüssel nichts mit den gesetzlichen Merkmalen der ersten Stufe der Schuldfähigkeitsbeurteilung zu tun[259]. Es wird aber für möglich gehalten, die psychiatrischen Diagnosen aus ICD-10 jeweils als Gruppe unter die Überschriften der psychischen Merkmale der §§ 20, 21 zu ordnen[260]. Wichtig ist nur, dabei im Auge zu behalten, dass „eine Berufung auf eine Diagnose aus dem ICD-10 für die Entscheidung über die Zuordnung zu den Merkmalen (...) und damit über die Schuldfähigkeit (nicht genügt)"[261].

Ein Beispiel für die Problematik in dem Verhältnis von ICD-10 zum Merkmal der seelischen Abartigkeit ist, dass in jüngerer Zeit immer mehr Schuldunfähigkeitsgutachten zur Spielsucht (Nr. 312.2 des ICD-Codes) erstattet worden sind[262]. Diese stellt eine wohl nicht ohne weiteres unter einen der vier Anknüpfungspunkte des § 20 subsumierbare „Triebanomalie" dar[263]. Die Tatsache, dass in § 20 enumerativ nur vier Merkmale genannt werden, könnte zu der Ansicht verleiten, „einer derart extensiven Ex- und Dekulpation, hier insbesondere bei Beschaffungsdelikten zur Finanzierung der Spielleidenschaft, sei ein Riegel vorgeschoben worden"[264]. Stattdessen lässt sich aber immer wieder feststellen, dass die schwere andere seelische Abartigkeit wegen der Weite und unklaren Formulierung des Begriffs eigentlich alle im weitesten Sinne in Betracht kommenden „mental disorders" umfassen kann[265].

In der Literatur wird zwar davor gewarnt, Kleptomanie, Pyromanie und Spielsucht als diagnostische Einheiten zu behandeln, „deren Feststellung unmittelbare Konsequenzen für die psychiatrisch-psychologische Beurteilung auslöst"[266]. Zur An-

---

[259] Schreiber, in: Psychiatrische Begutachtung, S. 10

[260] so der Versuch von Rasch, Forensische Psychiatrie, S. 52 ff.

[261] Schreiber, in: Psychiatrische Begutachtung, S. 10; so auch Maatz, in: Psychiatrie und Justiz, S. 20, 22

[262] Meyer, MschrKrim 71 (1988), 213

[263] Meyer, MschrKrim 71 (1988), 213, 225

[264] Blau, MschrKrim 72 (1989), 71, 74

[265] Blau aaO

[266] Rasch, zitiert bei Blau aaO

nahme solcher scheinbar medizinisch abgesicherter „diagnostischer Einheiten" verleiten aber Klassifikationen wie ICD und DSM. Insbesondere der Versuch von Rasch, den ICD-10 für psychische Störungen unter Zuordnung zu den Merkmalen der §§ 20, 21 abzudrucken[267] kann den Irrtum hervorrufen, der Schlüssel könnte „wie ein Katalog für die Schuldfähigkeitsbegutachtung verwendet werden"[268].

Die Systeme wurden ursprünglich entwickelt, um die diversen Terminologien und Konzepte der verschiedenen psychiatrischen Schulen auf einheitliche Begrifflichkeiten zu bringen[269]. Sie dienen in erster Linie der Definition und Registrierung. Ziel ist es, sich in der Theorie länder- und schulenübergreifend einfacher, da einheitlich, verständigen zu können. Ihrer Natur her sind die internationalen Klassifikationssysteme damit medizinischer Art. Eine darüber hinausgehende rechtliche Bedeutung bzw. Verbindlichkeit im Rahmen der Schuldfähigkeitsbegutachtung, und damit auch bei der Feststellung der schweren seelischen Abartigkeit, können sie nach Meinung der Rechtsprechung nicht haben[270]. Die Aufnahme eines bestimmten Krankheitsbildes in den Katalog entbindet den Sachverständigen und das Gericht daher nicht davon, konkrete Feststellungen zu Art und Ausmaß der vorhandenen Störung zu treffen und ihre Auswirkungen auf die Tat darzulegen[271].

Auch in der Literatur wird eine solche Verbindlichkeit zum Teil abgelehnt[272]. Danach sollen Begriffsbildungsziele und Denkstile beider Wissenschaften zu unterschiedlich sein, als dass sie oberflächlich kommunikativ eingeebnet werden könnten. Selbst die Kritiker dieser Ansicht geben zu, dass das gerade in der Forensik wichtige ganzheitliche Bild der Psychopathologie bei ICD verloren gehe. ICD und DSM „zerhackten" diese gebotene Ganzheitsbetrachtung in „nur noch wenig zusammenhängende Einzelstücke"[273]. Man warnt vor einer unkritischen Transformation der Merkmalssyndrome von ICD in das Koordinationssystem der juristischen Theorie und Praxis[274]. Dabei wird insbesondere von einem unkritischen Gebrauch abgeraten, bei dem Diagnosen nach bloßer Abprüfung einer Checkliste

---

267 Rasch, Forensische Psychiatrie, S. 52ff.

268 Schreiber, in: Psychiatrische Begutachtung, S. 11

269 Dilling/Dittmann, NA 1990, 259, 260

270 vgl. BGH NStZ 1991, 428; BGH NStZ 1997, 383; keine Verbindlichkeit, aber eine gewisse Bedeutung: BGH StV 1992, 316

271 BGH NStZ 1997, 383

272 Blau, MschrKrim 72 (1989), 71, 74; a.A.: Witter, der die Systeme als „wissenschaftlich-psychopathologischen Beitrag zur Lösung der Problematik der Schuldfähigkeitsbeurteilung" einsetzen will, Witter, Der psychiatrische Sachverständige im Strafrecht, S. 13

273 Witter, Der psychiatrische Sachverständige im Strafrecht, S. 59

274 siehe dazu Blau, MSchrKrim 72 (1989), 71, 74, der sich mit seiner Aussage auf Witter und Rasch bezieht

erstellt werden. Hier bestehe die Gefahr, es könne „in der forensischen Situation zur Posse geraten, wenn psychologiebeflissene Juristen begännen, den Sachverständigen wie in einem Quiz auf das Vorliegen dieser oder jener Symptome abzufragen, die der Proband nach dem im Diagnoseschlüssel enthaltenen Item-Katalog haben müsse"[275].

Eine rechtliche Bedeutung wird von den Verfassern der differentialdiagnostischen Systeme aber auch gar nicht beansprucht. So wird im Vorwort der deutschen Autoren explizit darauf hingewiesen, dass durch die Aufnahme bestimmter Störungen in das Manual eine rechtliche Verbindlichkeit weder gegeben noch beabsichtigt sei, vielmehr Zweck ist, klare Beschreibungen diagnostischer Kriterien zu geben[276]. Damit kann eine Klassifikation als psychische Störung im Sinne des Manuals allein nicht ausreichend sein, um z.B. eine diagnostizierte Persönlichkeitsstörung unter das Merkmal der schweren anderen seelischen Abartigkeit fallen zu lassen[277].

Für die Tatsache, dass die in ICD-10 anzutreffenden Diagnosen nur geringe Verbindlichkeit haben, soll allein schon sprechen, „dass der in psychoanalytischer Tradition für eine wichtige Störungsgruppe eingesetzte Neurosebegriff nur in dem einem der beiden international gebräuchlichen Diagnosesysteme (ICD) erscheint, während ihn das andere (DSM) in seiner gegenwärtigen Fassung (DSM-IV) unberücksichtigt lassen kann"[278].

Von der Rechtsprechung und auch Literatur wird andererseits zum Teil zugestanden, dass dieser Klassifikation dennoch gewisse Bedeutung zukommt[279]. Der Diagnoseschlüssel könne Ausgangsbasis für die in einem ersten Schritt vorzunehmende Diagnose bei der ersten Stufe der §§ 20, 21 sein[280]. Dann soll es aber erforderlich sein, „sich von Entstehung, Verlauf und Prognose des in Frage stehenden Zustandes ein Bild zu machen, um den Einfluss dieses Zustandes auf das in Frage stehende Verhalten prüfen zu können"[281]. Grund für diese zugestandene Bedeutung ist, dass beide Klassifikationssysteme die Definition von Persönlich-

---

[275] Rasch, Forensische Psychiatrie, S. 46, 47

[276] Saß u.a. in: DSM-IV Diagnostische Kriterien, Deutsche Bearbeitung, S. 3

[277] so im Ergebnis auch BGH StV 1992, 316; BGH NStZ 2000, 585; siehe auch BGH NStZ 1999, 395

[278] Janzarik, Grundlagen der Schuldfähigkeitsprüfung, S. 42

[279] BGHStV 1992, 316; BGH NStZ 2001, 83, 84; Saß, Psychopathie, S. 116, der die „kategorielle Voraussetzung einer relevanten Persönlichkeitsstörung" umso eher erfüllt sieht „je mehr psychopathologische Symptome aus dem Bereich der Persönlichkeitsstörung vorliegen"

[280] Schreiber, in: Psychiatrische Begutachtung, S. 11

[281] Rasch, Forensische Psychiatrie, S. 48

keitsstörungen enthalten, die strukturell und inhaltlich weitgehend mit den klassischen Psychopathiedefinitionen Kurt Schneiders übereinstimmen[282]. Dabei spricht ICD-9, Vorläufer von ICD-10, von „Personen mit tief eingewurzelten Fehlverhalten und Abnormität, die dazu führt, dass der Betroffene oder andere darunter leiden und sich nachteilige Folgen für das Individuum oder die Gesellschaft ergeben“[283].

Nach Ansicht des BGH[284] weist die von einem Sachverständigen erfolgte Zuordnung eines Befundes zu einer in der ICD-10 anhand des Merkmalkatalogs definierten Persönlichkeitsstörung auf eine nicht geringfügige Beeinträchtigung hin. In diesem Fall müsse der Richter besonders sorgfältig im Rahmen einer Gesamtbetrachtung[285] prüfen, welchen Schweregrad die psychische Störung im Einzelfall hat.

Damit bleibt es dabei, dass die Differentialdiagnose allein, sei es nach ICD-10 oder DSM-IV, nicht ausreichend ist für die Klassifizierung eines Befundes als schwere seelische Abartigkeit[286]. In der Literatur wird darauf hingewiesen, dass „gerade außerhalb des Bereichs der Psychosen die psychiatrische Diagnose noch keine Beurteilung der Schuldfähigkeit ermöglicht“[287]. Es wird gefordert, dass innerhalb jedes Subtyps zusätzlich individuell zwischen leichten und schweren Formen z.B. von Persönlichkeitsstörungen unterschieden wird[288]. Die Diagnosen, die an DSM-IV oder ICD-10 angelehnt sind, können für die bei der Schuldfähigkeitsbeurteilung relevante Diagnose einer Störung nur ein erster Schritt sein[289]. Denn selbst wenn man die Übernahme der medizinischen Klassifikationssysteme in die juristische Wertungsebene bejahen würde, würde immer noch das Problem bestehen, dass hiermit höchstens die Qualifikation einer Störung ausgemacht ist. In welchem Umfang diese vorliegt, vermögen diese Systeme nicht festzustellen; dazu sind sie, wie angesprochen, ja auch gar nicht konzipiert. In der Praxis kommt es aber gerade auf die Ausprägung, die Schwere der Störung und damit der Abartigkeit an. ICD-10 und DSM-IV liefern keine Kriterien, welche die Transformati-

---

282 BGH StV 1992, 316

283 Saß, Psychopathie, S. 21

284 BGH NStZ 1991, 428; BGH StV 1992, 316; BGH StV 1998, 342; BGH NStZ 2001, 83, 84

285 BGH NStZ-RR 1997, 355; NStZ-RR 1998, 1062

286 so auch Foerster, NStZ 2000, 192

287 siehe dazu Übersicht bei Kröber, NA 1995, 532, 539

288 Kröber aaO; Schreiber, in: Psychiatrische Begutachtung, S. 18

289 Schreiber, in: Psychiatrische Begutachtung, S. 11; siehe dazu auch Nedopil, der ein mehraxiales System befürwortet, bei dem ICD-10 oder DSM-IV die Ausgangsbasis ist: Nedopil, Forensische Psychiatrie, S. 83f.

on von den medizinisch festgestellten psychischen Störungen zum rechtlichen Begriff der Abartigkeit erlauben.

Zusammenfassend lässt sich feststellen, dass die internationalen Klassifikationssysteme möglicherweise zu größerer Objektivität und Transparenz bei der Beurteilung führen. Ein Maßstab, der den Begriff der schweren seelischen Abartigkeit in seiner ganzen Bedeutung ausfüllen kann und ein einheitliches Vorgehen ermöglicht, wird damit aber nicht gegeben. ICD-10 kann in der Forensik damit nur ein Indiz sein und „bei der Verständigung mit dem Psychiater als Basis dienen, über welche Störungsbilder und Krankheiten man spricht“[290].

2.5 Die normativen Voraussetzungen der §§ 20, 21

Von der Feststellung eines der psychischen Merkmale der § 20, 21, wie z.B. der schweren anderen seelischen Abartigkeit, auf der ersten Ebene der Schuldfähigkeitsprüfung ist die zweite, normative Ebene deutlich zu differenzieren.

Auf dieser zweiten Stufe der §§ 20, 21, ist zu prüfen, ob der Täter zum Tatzeitpunkt aufgrund der auf der ersten Stufe genannten Anomalien unfähig war, das Unrecht seiner Tat einzusehen oder nach dieser Einsicht zu handeln. Es ist damit ein ursächlicher Zusammenhang zwischen beiden Ebenen erforderlich[291]. Die Einsichts- und Steuerungsfähigkeit ist nicht gleichzusetzen mit der Fähigkeit zu vorsätzlichem bzw. zweckrationalem Handeln[292]; sie ist nicht identisch mit der Fähigkeit, äußere Geschehensabläufe nach Erfahrungsregeln zu steuern. Letztere kann auch bei einem Kind oder Geisteskranken vorhanden sein[293].

Da Einsichts- und Steuerungsfähigkeit im Gesetz alternativ genannt sind, genügt es, wenn die eine ausgeschlossen war. Pauschal auf beide Alternativen gleichzeitig kann eine Anwendung der §§ 20, 21 dagegen nicht gestützt werden[294]. Zu beachten ist aber, dass Einsichts- und Steuerungsfähigkeit psychisch gesehen meist so miteinander verwoben sind, dass eine Trennung nicht möglich erscheint[295].

---

[290] Schreiber, in: Psychiatrische Begutachtung, S. 11

[291] vgl. BGH NStZ 91, 527; siehe auch BGH StV 1986, 14, 15; LK-Jähnke § 20 Rn. 35 m.w.N.; S/S-Lenckner/Perron § 20 Rn. 25

[292] BGHSt 1, 384; BGH MDR 1953, 596; Hülle JZ 1952, 296, 297; SK-Rudolphi § 20 Rn. 19

[293] SK-Rudolphi § 20 Rn. 19

[294] BGHSt 21, 27, 28; BGH NStZ 1982, 200, 201; Schreiber, in: Psychiatrische Begutachtung, S. 20; S/S-Lenckner/Perron § 20 Rn. 25

[295] Schwarz/Wille NJW 1971, 164

In einem ersten Schritt auf der zweiten Stufe der Schuldfähigkeitsbestimmungen wird geprüft, ob dem Täter die Einsichtsfähigkeit fehlte.

An dieser Stelle ergibt sich die Frage, wie sich eine solche Prüfung, bzw. der § 20 an sich, zu den Regelungen über den Verbotsirrtum in § 17 verhält. Diese lassen bei Unvermeidbarkeit des Irrtums nämlich bereits ohne die Bindung an spezielle psychische Merkmale einen Schuldausschluss zu. Aus diesem Grund wird § 20 zum Teil als Unterfall des unvermeidbaren Verbotsirrtums angesehen, der im Rahmen der Exkulpation kaum eine Rolle spielt[296]. Bei näherer Betrachtung wird jedoch deutlich, dass § 20 trotz dieses Aspektes eine wichtige Bedeutung behält und eine Vereinheitlichung der gesetzlichen Regeln kaum Sinn macht[297]. Erstens nennt er bestimmte naheliegende Ausschlussgründe für die Einsichtsfähigkeit[298]. Außerdem können nur unter den psychischen Voraussetzungen der §§ 20, 21 Maßregeln nach den §§ 63, 64 und 69 I angeordnet werden, nicht aber bei einem bloßen Verbotsirrtum. § 20 ist damit eine eigenständige, qualitativ andere Norm.

Die Steuerungsfähigkeit ist nur dann zu prüfen, wenn die Einsichtsfähigkeit bejaht wurde[299]. Bei ihr geht es um die Frage, ob der Täter in der Lage war, Anreize zur Tat und die ihr entgegenstehenden Hemmungen gegeneinander abzuwägen und danach einen Willensentschluss zu normgemäßen Verhalten zu bilden[300]. Ob über diese „Fähigkeit" des Täters zur Einsicht und Steuerung überhaupt wissenschaftliche Aussagen zu treffen sind, ist vielfach umstritten.

Die Agnostiker verneinen diese Möglichkeit. Sie berufen sich auf den Psychiater Kurt Schneider, der eine Aussage über die Einsichts- und Steuerungsfähigkeit, insbesondere über letztere, für unmöglich hielt[301]. Dieser Richtung, nämlich dass kein Sachverständiger beantworten könne, ob ein Täter anders hätte handeln können, folgte bis in jüngere Zeit eine breite Richtung in der Literatur[302]. Die Gnostiker vertreten dagegen die Meinung, dass eine Aussage über die Einsichts- und

---

[296] Dreher GA 1957, 97, 98; BGH MDR 1968, 854, 855; Lenckner, in: Hdb. d. forens. Psychiatrie Bd. I, S. 108; Maurach/Zipf AT/1, S. 497; S/S-Lenckner/Perron § 20 Rn. 4, 27

[297] Jakobs AT, S. 534

[298] Jescheck/Weigend AT, S. 441

[299] Tröndle § 20 Rn. 3; SK-Rudolphi § 20 Rn. 21

[300] RGSt 57, 76, 77; 63, 46, 48; 67, 149, 150; S/S-Lenckner/Perron § 20 Rn. 29; SK-Rudolphi § 20 Rn. 21

[301] Schneider, Die Beurteilung der Zurechnungsfähigkeit, S. 23

[302] Nachweise bei Schreiber, in: Psychiatrische Begutachtung, S. 20;: Witter, in: Hdb. d. forens. Psychiatrie Bd. I, S.998ff.; Witter, in: FS für Lange, S. 724, 729; Langelüdekke-Bresser, Gerichtliche Psychiatrie, S. 269; Leferenz, ZStW 88 (1976), 40, 41

Steuerungsfähigkeit möglich sei, indem man sich auf psychologische und psychiatrische Erfahrungen darüber stütze[303].

Die agnostische Richtung ist insofern berechtigt, als sie sich auf die Willensfreiheit als Voraussetzung von Schuld und Schuldfähigkeit stützt, d.h. die indeterministische Position[304]. Wie angesprochen, ist die Frage nach der Willensfreiheit mit wissenschaftlichen Mitteln nicht zu lösen[305]. Die Anhänger der gnostischen Position nehmen für sich aber auch gar nicht in Anspruch, etwas über den Grad der indeterministisch verstandenen Willensfreiheit aussagen zu können. Sie behaupten nicht, „Einschränkungen der Willensfreiheit bis hin zu ihrem Ausschluss wissenschaftlich bestimmen zu können"[306].

Nach dem oben entwickelten Schuldbegriff, dem heute die überwiegende Ansicht folgt, geht es gar nicht um die Frage nach dem Grad der Willensfreiheit, sondern um eine Motivierbarkeit nach Rechtsnormen. Geprüft wird, ob diese Norm hinsichtlich des psychischen Zustands des Täters überhaupt Eingang in den Motivationsprozess haben konnte[307].

Unter strafrechtlicher Schuld wird „auf der wissenschaftlichen allein zugänglichen Basis der Erfahrung das Zurückbleiben hinter dem Maß an Verhalten, das vom Bürger unter normalen Bedingungen erwartet wird" verstanden[308]. Bei einem so definierten Schuldbegriff und dem Verständnis von Schuldfähigkeit ist der Agnostizismusstreit überflüssig und nicht gerechtfertigt[309]. Es geht um die „empirisch fassbaren Voraussetzungen der Einsichtsfähigkeit, die Bedingungen der Möglichkeit des Ausschlusses oder der erheblichen Verminderung der für den Regelfall vorausgesetzten potentiell-dispositionellen Einsicht und Steuerung im Hinblick auf eine bestimmte Tat"[310].

Psychologie und Psychiatrie sind unterhalb der unlösbaren Alternative Indeterminismus-Determinismus mittels Analysierung der Täterpersönlichkeit, der Handlungsdetermination und Motivation, der biographischen Entwicklung und der

---

303 Erhardt, in: Schuld, Verantwortung, Strafe, S. 254, 255; v. Bayer, NA 1957, 337f.; Undeutsch, in: Lehrbuch der gerichtlichen Medizin, S. 130; Venzlaff, in: Psychiatrie der Gegenwart Bd. III, 903f.; Wegener, Einführung in die forensische Psychologie, S. 107

304 Schreiber, in: Psychiatrische Begutachtung, S. 20

305 siehe S. 20

306 siehe Witter, in: FS für Leferenz, S. 441, 444; Schreiber aaO

307 Krümpelmann, ZStW 88 (1976), 6, 12

308 Schreiber, in: Psychiatrische Begutachtung, S. 20

309 dazu im einzelnen Schreiber, in: Psychiatrische Begutachtung, S. 20, 21

310 siehe dazu Schreiber aaO

situativen Gegebenheiten durchaus in der Lage, Aussagen über den „Grad der Einschränkung der so verstandenen Selbstverfügung“ zu machen[311]. Indem man die psychische Verfassung des Täters mit solchen Krankheitsbildern vergleicht, die aus der klinischen Erfahrung bekannt sind, kann man Einengung sowie Verlust sozialer Handlungskompetenz ungefähr, d.h. in Annäherung abschätzen[312]. Dass dabei „ein gewisser Beurteilungsspielraum, eine Unsicherheitszone, bleibt, ist vielen psychologischen und ärztlichen Diagnosen gemein“[313]. Ob und wie bestimmte Anomalien auf die Einsichts- und Steuerungsfähigkeit eingewirkt haben, ist damit keine unbeantwortbare Frage, sondern lässt sich im Einzelfall klären[314].

Die Einsichts- oder Steuerungsfähigkeit muss sich jeweils auf die konkrete Tat beziehen[315], da es generelle Schuldunfähigkeit nicht gibt[316]. Beide Fähigkeiten können dadurch beispielsweise hinsichtlich eines Delikts bejaht, hinsichtlich eines anderen aber verneint werden[317]. Sowohl eine partielle Schuldunfähigkeit eines sonst grundsätzlich voll Schuldfähigen für bestimmte Delikte, als auch die partielle Schuldfähigkeit, d.h. ausnahmsweise Verantwortlichkeit des Geisteskranken für bestimmte Taten ist möglich[318]. Nicht möglich ist dagegen ein Schluss von der Einsichts- auf die Steuerungsfähigkeit[319].

Zu beachten ist an dieser Stelle, dass diese zweite Stufe der Schuldfähigkeitsprüfung losgelöst ist von der ersten. Ihr Verhältnis ist nur insofern bedingt, als, nur, wenn die erste Stufe bejaht wird, auch die zweite zu prüfen ist. Damit hat die zweite Ebene keinen Einfluss auf eine Zuordnung zum Merkmal der schweren anderen seelischen Abartigkeit. Es wird im folgenden deshalb eine Beschränkung auf die Prüfung und Untersuchung der ersten Stufe vorgenommen.

---

311 Venzlaff, in: Psychiatrie der Gegenwart Bd. III, S. 905, 906

312 Rasch, StV 1984, 264, 267; Mende, in: FS für Bockelmann, S. 311, 321; seit neuem auch LK-Jähnke § 20 Rn. 17f.

313 Wegener, Einführung in die forensische Psychologie, S. 105

314 vgl. Schreiber, in: Psychiatrische Begutachtung, S. 21

315 S/S-Lenckner/Perron § 20 Rn. 31; SK-Rudolphi § 20 Rn. 22

316 siehe dazu: Lenckner, in: Hdb. d. forens. Psychiatrie Bd. I, S. 107

317 vgl. BGHSt 14, 114, 116; BGH StV 1984, 419, 420; BGH NStZ 1990, 231; Tröndle § 20 Rn. 2; LK-Jähnke § 20 Rn. 35; SK-Rudolphi § 20 Rn. 22; Jescheck/Weigend S. 441; Jakobs AT, S. 535

318 S/S-Lenckner/Perron § 20 Rn. 31; Schreiber, in: Psychiatrische Begutachtung, S. 22

319 S/S-Lenckner/Perron § 20 Rn. 30

2.6 Die Abgrenzung der verminderten Schuldfähigkeit in § 21 zu den Regelungen des § 20

§ 51 des Reichsstrafgesetzbuchs von 1871 enthielt zunächst keine Regelung über eine verminderte Schuldfähigkeit. Eine solche Vorschrift wurde, wie bereits dargestellt, erst durch das Gewohnheitsverbrechergesetz vom 24.11.1933 eingefügt. Anlass für die Eingliederung in das StGB war die Erkenntnis, dass die psychischen Merkmale des § 20 auch in abgeschwächter Art und Weise auftreten können. Einsichts- oder Steuerungsfähigkeit sollten in einem solchen Fall zwar nicht ausgeschlossen, wohl aber in einer Weise vermindert sein, dass es der Täter dadurch schwerer habe, sich den Normen entsprechend zu verhalten[320].

Die verminderte Schuldfähigkeit ist somit ihrem Charakter nach eine besondere Form der Schuldfähigkeit[321] und nicht etwa eine eigene, dritte Kategorie zwischen voller Schuldfähigkeit und Schuldunfähigkeit („Halbzurechnungsfähigkeit"[322]). Der Täter ist bei der verminderten Schuldfähigkeit nicht schuldlos im vollen Wortsinn, denn er hatte grundsätzlich die Fähigkeit, das Unrecht der Tat einzusehen und danach zu handeln. Es gibt damit verschiedene Stufen oder Grade der Schuldfähigkeit[323].

Zwar sind in § 21 schuldmindernde Gründe enthalten, die sich im Bereich der Strafzumessung auswirken können. Dies stellt aber keinen Grund dar, § 21, wie es Teile der Literatur tun, als qualitativ anders von § 20 abzugrenzen und ihn als bloße Strafzumessungsregel anzusehen[324]. § 21 ist genauso wie § 20 aufgebaut, er enthält dieselben normativen und psychischen Merkmale. Auch bei § 21 müssen auf der ersten, psychischen Stufe bestimmte Defekte festgestellt werden. Dieses sind dieselben wie im Rahmen der Prüfung des § 20[325]. Ein Unterschied besteht nur im Schweregrad dieser Störungen, der im Einzelfall festgestellt werden muss. Die psychischen und normativen Merkmale werden auch bei § 21 quantitativ verstanden, wobei bei § 20 die höchste Steigerungsform schuldmindernder Merkmale besteht[326]. Das bedeutet aber nicht, dass bestimmte Störungen wie Psychosen nie

---

[320] LK-Jähnke § 21 Rn. 1; S/S-Lenckner/Perron § 21 Rn. 1; Lenckner, in: Hdb. d. forens. Psychiatrie Bd. I, S. 122; Jescheck/Weigend AT, S. 443

[321] Lenckner, in: Hdb. d. forens. Psychiatrie Bd. I, S. 122; LK-Jähnke § 21 Rn. 1; ähnlich S/S-Lenckner/Perron § 21 Rn. 1

[322] S/S-Lenckner/Perron § 21 Rn. 1

[323] Bruns, Strafzumessungsrecht, S. 511

[324] so aber: Göppinger in: FS für Leferenz S. 411, 420; Maurach/Zipf AT/1 S. 505; Schöch, MschrKrim 66 (1983), 333, 339

[325] SK-Rudolphi § 21 Rn.2; S/S-Lenckner/Perron § 21 Rn. 3; LK-Jähnke § 21 Rn. 2

[326] Schöch, MschrKrim 66 (1983), 333, 339

zu § 21 führen, sondern automatisch § 20 zugeordnet werden, wie es Anhänger des psychiatrischen Krankheitsbegriffs ausführen.

Der Unterschied zu § 20 liegt außerdem darin, dass § 20 auf der zweiten Stufe eine Beseitigung der Einsichts- oder Steuerungsfähigkeit verlangt, im Rahmen von § 21 jedoch eine erhebliche Beeinträchtigung derselben ausreicht[327]. Nach dem oben entwickelten sozialen Schuldbegriff geht es um ein vergleichendes Schuldurteil. Gefragt wird nach dem „Zurückbleiben hinter dem Maß an Rechtsgesinnung und Willenskraft, das von einem durchschnittlichen Menschen erwartet wird"[328]. Weil der „Grad der Abweichung des Täters vom durchschnittlich Normalen"[329] festgestellt werden muss, kann man sich im Rahmen der Schuldfähigkeitsprüfung nicht mit einem qualitativen Gesamturteil begnügen[330]. Man muss vielmehr für die §§ 20 und 21 zu den individuellen Graden einer Abweichung Stellung nehmen[331].

Eine Parallele zu § 20 kann darin gesehen werden, dass auch bei § 21 ein Spannungsfeld zu § 17 besteht[332]. Während § 21 die Schuld nur mindert, wenn Einsichts- oder Steuerungsfähigkeit erheblich beeinträchtigt sind, ist beim Verbotsirrtum im Rahmen des § 17 jeder Rechtsirrtum beachtlich[333] bzw. kommt es auf den Grad der Minderung nicht an[334]. Würde man § 17 als Spezialfall für alle biologisch bedingten Verbotsirrtümer auffassen, behandelte man den geistig Beeinträchtigten strenger als den, dessen Zustand normalpsychologisch ist[335]. Da eine solche Behandlung nicht eingängig ist, bleiben die harmonisierenden Alternativen, entweder die „Erheblichkeit" aus § 21 in § 17 hinein zu interpretieren[336], oder dem täterfreundlichen § 17 den Vorrang zu geben, so dass jeder Grad verminderter Einsichtsfähigkeit zur Strafmilderung nach §§ 17, 49 führt[337]. § 21 bleibt aber, wie auch § 20, in Verhältnis zu § 17 eine eigenständige, qualitativ

---

327 Schreiber, in: Psychiatrische Begutachtung, S. 23

328 Schreiber aaO

329 Schreiber, NA 1977, 242, 246

330 Schreiber, in: Psychiatrische Begutachtung, S. 23

331 Schöch, MschrKrim 66 (1983), 333, 340

332 siehe dazu LK-Jähnke § 21 Rn. 4; S/S-Lenckner/Perron § 21 Rn. 6/7; SK-Rudolphi § 21 Rn. 4; Maurach/Zipf AT/1, S. 507

333 LK-Jähnke § 21 Rn. 4

334 S/S-Lenckner/Perron § 21 Rn. 6/7

335 S/S-Lenckner/Perron aaO

336 siehe dazu: Schreiber, in: Psychiatrische Begutachtung, S. 24

337 so die überwiegende Ansicht: S/S-Lenckner/Perron § 21 Rn. 6/7; Maurach/Zipf AT/1 S. 507; Roxin AT, S. 773; LK-Jähnke § 21 Rn. 4 hält dies für ein Scheinproblem

andere Regelung, weil nur beim Vorliegen seiner Voraussetzungen, nicht aber bei § 17, eine Maßregel in Betracht kommt.

Im Verhältnis zu § 20 stellt die verminderte Schuldfähigkeit keine eigene Kategorie dar, sondern steht auf einer Skala der Intensität zwischen voller Schuldfähigkeit und Schuldunfähigkeit. Sie muss zu beiden Seiten abgegrenzt werden. Bei den Kriterien für die Einschätzung der Erheblichkeit, bzw. des Schweregrades der Störung, ist genau wie bei § 20 auf die Auswirkungen auf die Handlungsfähigkeit des Täters und auf die Intensität der Störung abzustellen[338].

Zum Teil wird versucht, diesen Grad abstrakt zu umschreiben, indem man unterscheidet, dass bei § 21 das Persönlichkeitsgefüge erschüttert, bei § 20 komplett zerstört sein muss[339]. Eine andere Ansicht zieht die Strafempfänglichkeit des Täters als Abgrenzungskriterium heran; diese soll Indiz sein für die Stärke der Störung[340]. Beide Positionen können zwar indizielle Wirkung haben[341], eine klare Abgrenzung lässt sich durch sie jedoch nicht vornehmen. Insbesondere die erste Position ist dafür zu vage umschrieben.

Die Intensität einer Störung bzw. die durch sie bedingte Beeinflussung der Einsichts- oder Steuerungsfähigkeit kann wohl nicht völlig exakt angegeben werden, ebenso wenig wie eine Grenze zur völligen Schuldunfähigkeit[342]. Wie weitestgehend bei den anderen Humanwissenschaften auch, sind fast nur Wahrscheinlichkeitsaussagen möglich.

Bei § 20 wie auch im Rahmen des § 21 werden damit Kriterien benötigt, um nicht erst auf der zweiten Stufe entscheiden zu müssen. Wie dargestellt, können die internationalen Klassifikationssysteme ICD-10 und DSM-IV die psychischen Störungen durch ihr Beschreiben nur erkennen, nicht jedoch in ihrem Ausmaß voneinander abgrenzen. Sie sind kein tauglicher Maßstab.

Es ist deshalb nach anderen, weitergehenden Kriterien zu suchen, um rechtlich differenzieren und so dem Schuldprinzip gerecht werden zu können.

---

[338] Schreiber aaO; vgl. auch: S/S-Lenckner/Perron § 21 Rn. 5; LK-Jähnke § 21 Rn. 8 jeweils mit weiteren Nachweisen

[339] OLG Hamm NJW 1977, 1498, 1499; Schwalm Prot. IV, 635, 638; kritisch: Lenckner, in: Hdb. d. forens. Psychiatrie Bd. I, S. 125, 126; LK-Jähnke § 21 Rn. 8, die dies als zu allgemeine Formel betrachten, die wenig herzuleiten vermag

[340] Witter, in: FS für Lange, S. 724, 728; ablehnend: Schreiber, in: Psychiatrische Begutachtung, S. 24

[341] siehe dazu S/S-Lenckner/Perron § 21 Rn. 5

[342] Lenckner, in: Hdb. d. forens. Psychiatrie Bd. I, S. 125

2.7 Gegenstand der Untersuchung

Wegen seiner vagen Formulierung herrscht große Unklarheit bezüglich des Inhalts und Umfangs des Merkmals der schweren seelischen Abartigkeit. Bei der Feststellung der Intensität bzw. des Grades der psychischen Störung fehlt ein einheitlicher Maßstab für eine Zuordnung. In der gegenwärtigen Praxis hängt die Entscheidung über eine Zuordnung zu diesem Merkmal von der individuellen Ansicht des einzelnen Richters bzw. durch die indizielle Wirkung seiner Ergebnisse auch von der des Sachverständigen, ab. Rechtssicherheit und Rechtsgleichheit gebieten aber, bei der Beurteilung nachvollziehbare, einheitliche Kriterien zu verwenden.

Wenn die Diagnoseschemen, wie ICD-10 und DSM-IV, nicht ausschlaggebend sein können, stellt sich die Frage, ob es darüber hinaus in der psychiatrischen Wissenschaft Ansätze gibt, die das gesetzliche Merkmal der schweren seelischen Abartigkeit so umschreiben bzw. mit Inhalt füllen, dass eine Feststellung bereits auf der ersten Stufe möglich erscheint und eine Abgrenzung von § 20 zu § 21 und § 21 zur vollen Schuldfähigkeit nachvollziehbar wird. Gesucht wird also ein psychiatrischer Ansatz für die Schweregradeinschätzung der seelischen Abartigkeit, da es erforderlich erscheint, „die im Gesetz ganz generell in kompromisshaften Formeln festgelegten Grenzen für die Anforderungen an den „normalen anderen" zu konkretisieren"[343].

2.8 Gang der Untersuchung

Im folgenden sollen zunächst die einzelnen psychiatrischen Ansätze vorgestellt und erläutert werden. Im Anschluss an die Darstellung erfolgt separat für jeden Ansatz die Bewertung. Nach einer generellen Gegenüberstellung der einzelnen Ansätze ist zu prüfen, ob einer oder mehrere Ansätze den juristischen Anforderungen genügen. Im Rahmen der Diskussion sind außerdem die sich aus der Bewertung ergebenden problematischen Aspekte zu erörtern. Hier müssen auch weitergehende psychiatrische bzw. interdisziplinäre Gesichtspunkte angesprochen und näher untersucht werden, um sich mit der zu untersuchenden Fragestellung umfassend auseinander zu setzen.

Die sich daraus ergebenen Feststellungen, Ansichten und Ergebnisse sind dann wieder auf die Ausgangsfragestellung, die juristische Problematik, zu beziehen und zu reflektieren.

---

[343] Schreiber, NA 1977, 242, 246

3. Darstellung und Bewertung der verschiedenen Ansätze

3.1 Das Kriterium des Krankheitswertes

3.1.1 Darstellung

Das Kriterium des Krankheitswertes wird in der juristischen Kommentarliteratur zur Unterscheidung der exkulpierungsrelevanten Fälle herangezogen[344]. Man orientiert sich dabei an der älteren Rechtsprechung[345] sowie an den Protokollen im Rahmen der Diskussion um das Strafrechtsreformgesetz.

In der ursprünglichen Konzeption des Entwurfs 1962 sollten Psychopathien, Triebstörungen und Neurosen, wenn sie nicht mit einer krankhaften seelischen Störung oder Schwachsinn verbunden waren, regelmäßig nicht einmal im Bereich der verminderten Schuldfähigkeit Beachtung finden können. Nach der Begründung zu § 25 E 1962 (verminderte Schuldfähigkeit) sollten jedoch solche Ausnahmefälle, jedenfalls bei § 21, Berücksichtigung finden, bei denen durch die seelische Abartigkeit der Kern der Persönlichkeit so wesentlich beeinträchtigt ist, dass ihr ein Krankheitswert zukommt. Damit sollte die Schwere der seelischen Abartigkeit durch einen Vergleich zur Psychose, der psychischen Störung im klassischen Sinn, messbar werden. Der Krankheitswert wurde in E 1962 und bei den Reformberatungen zum StrRG als allgemeiner Maßstab im Sinne der vergleichbaren Auswirkung auf das Persönlichkeitsgefüge herangezogen[346].

3.1.2 Stellungnahme

Es ist zweifelhaft, ob der Grad einer nicht körperlich bedingten Störung durch das Kriterium des Krankheitswertes festgestellt werden kann. Die Krankheit selbst müsste dann als Gradmesser einen einigermaßen festen Skalenpunkt geben. Tatsächlich ist sie aber „vom leichten bis zum schwersten Fall nach Gesichtspunkten graduierbar, die mit dem Schweregrad von psychischen Anomalien nichts zu tun haben“[347]. Psychische Krankheiten im engeren Sinne können nämlich sowohl im Verlauf als auch im Querschnitt die verschiedensten Schweregrade zeigen. Ein

---

[344] S/S-Lenckner/Perron § 20 Rn. 22; Tröndle § 20 Rn. 37; vgl. auch BGHSt 7, 35, 36

[345] BGHSt 10, 57, 60; aber auch noch BGH NStZ 1989, 430

[346] Entwurf 1962, Begründung S. 141

[347] Krümpelmann, ZStW 88 (1976), 6, 29; vgl. LK-Jähnke § 20 Rn. 27, 33; Schreiber, in: Psychiatrische Begutachtung, S. 18

Berufen auf den Wert der Krankheit, als einziges Kriterium, kann ohne nähere Erklärung nicht ausreichen[348].

Ein Vergleich kann nur hinsichtlich der Auswirkung, d.h. der Schwere derselben auf das Handlungsgefüge bzw. die Beeinträchtigung normgemäßen Handelns des Täters gezogen werden. Dies bringt „die vom Alternativentwurf vorgeschlagene Formel „vergleichbar schwere seelische Störung“ zum Ausdruck, die bei der Gesetzesanwendung statt des missdeutbaren Begriffs „Krankheitswert“ zugrunde gelegt werden sollte“[349].

In der Literatur wird hier z.T. eine strengere Trennung befürwortet. Die Auswirkungen einer Störung dürften bei der Abgrenzung der biologischen, bzw. psychischen, Merkmale der ersten Stufe nach der Gesetzessystematik, d.h. der strikten Teilung in zwei Stufen, eigentlich keine Rolle spielen[350].

Kritisch kann außerdem angeführt werden, dass bei der Verwendung des Begriffs Krankheitswert als Kriterium für die Feststellung des vierten Merkmals der Irrtum entstehen kann, man habe sich bei der Prüfung der Exkulpation von persönlichkeitsgestörten bzw. triebgestörten Tätern an der somatischen Begrifflichkeit der Krankheit zu orientieren[351]. Die schwere seelische Abartigkeit ist aber gerade als zusätzliche Kategorie geschaffen worden, um dem juristischen Krankheitsbegriff, und damit solchen Störungen, die nicht körperlich bedingt sind, gerecht zu werden.

Der Krankheitswert ist aus diesen Gründen als Instrument der Schweregradbestimmung unbrauchbar[352]. Wohl auch aus diesem Grund vermeidet die neuere Rechtsprechung inzwischen überwiegend diesen missverständlichen Begriff. Sie spricht vielmehr von „Störungen, die in ihrem Gewicht den krankhaften seelischen Störungen entsprechen und Symptome aufweisen, die in ihrer Gesamtheit das Leben des Täters vergleichbar schwer und mit ähnlichen – auch sozialen – Folgen stören, belasten oder einengen[353]. Dabei wird aber nicht eindeutig beantwortet, welche Symptome, belastenden Wirkungen und sozialen Folgen eine krankhafte seelische Störung hat, wenn eine erhebliche Verminderung oder der

---

348 Saß, Forensia 1985, 33, 34; ders., Psychopathie, S. 110; Krümpelmann, ZStW 88 (1976), 6, 29

349 Schreiber aaO

350 Jescheck AT, S. 441

351 kritisch dazu auch Wegener, Einführung in die forensische Psychologie, S. 102; siehe auch: BGHSt 35, 76, 79; BGH NStZ 1989, 430; 1992, 380, 1993, 181

352 so auch Schreiber, in: Psychiatrische Begutachtung, S. 18; Krümpelmann, ZStW 88 (1976), 6, 29

353 BGH NStZ-RR 1998, 174; BGH NStZ 1999, 612; BGH StV 2002, 17, 18; wieder auf den Krankheitwert bezugnehmend jedoch: BGH NStZ 2001, 243, 244

Verlust der Schuldfähigkeit angenommen wird[354]. Auch dieser neu formulierte Maßstab liefert somit keine Kriterien, um den Begriff „schwer" auszufüllen.

Da auch der Krankheitswert weder ein sinnvolles noch ein zulässiges Kriterium sein kann, muss der Blick auf weitere, psychiatrische Ansätze gelenkt werden.

3.2 Der Ansatz von Rasch

3.2.1 Darstellung

Mit der praktischen Verlagerung der Entscheidung der Schuldfähigkeit auf die zweite Stufe möchte sich der Psychiater Wilfried Rasch nicht abfinden. Seiner Meinung nach ist eine solche Beurteilungspraxis, die in ihrer Tendenz auf „alle Orientierungspunkte außerhalb des Bezugssystems Tat verzichtet", unbrauchbar[355]. Als Grund für die Unbrauchbarkeit führt er an, dass durch ein solches Vorgehen ein Einbringen der wissenschaftlichen Psychologie und Psychopathologie unmöglich wäre und dann nur noch eine sogenannte „Quasi-Psychologie" übrigbleibe, die auf die Analyse des Tatverhaltens zugespitzt ist und in „absurde Beliebigkeit" geführt werden könne[356]. Eine sinnvolle Zusammenarbeit zwischen Juristen und psychologisch-psychiatrischen Sachverständigen könne erst durch die Nennung bestimmter psychischer Merkmale gewährleistet werden, auf die sich bekannte Krankheiten oder Syndrome beziehen lassen. Durch diese Merkmale soll der Verlagerung der Beurteilung der Schuldfähigkeit auf die zweite, normative, Ebene entgegengewirkt werden. Die Psychopathie, als Untergliederung der schweren anderen seelischen Abartigkeit, soll hierdurch bereits auf der ersten Stufe konkretisierbar sein[357].

Die in der Forensik entscheidende Frage, wann eine psychische Veränderung vorliegt, die als schwere seelische Abartigkeit angesehen werden kann, müsse nach dem Zweck und der geschichtlichen Entwicklung der Maßstäbe der vier gesetzlichen Kategorien beantwortet werden: Anknüpfungspunkt soll die Diagnose von Krankheit bzw. die Krankheit sein[358]. Argumentativ wird dieser Standpunkt damit belegt, dass bei der Entwicklung der neuen Schuldfähigkeitsbestimmungen dem

---

[354] Theune, ZStW 114 (2002), 300, 312; ders. zur Frage, wie uneinheitlich die Rechtsprechung zur Frage ist, welche Störungen überhaupt heranzuziehen sind: NStZ-RR 2002, 225,226

[355] Rasch, NStZ 1982, 177, 182

[356] Rasch aaO

[357] Schreiber, in: Psychiatrische Begutachtung, S. 17

[358] Rasch, StV 1991, 126, 131

Krankheitsbegriff eine zentrale Stellung eingeräumt wurde[359]. Anlehnend an Erhardt[360] soll dies zu Recht geschehen sein, weil sonst das ganze Konzept der Schuldfähigkeitsbegutachtung zerfließe[361].

Zur Lösung der Problematik des weit formulierten vierten Merkmals hat Rasch den strukturell-sozialen Krankheitsbegriff entwickelt. Er geht davon aus, was durchaus im Einklang mit der herrschenden psychiatrischen Meinung steht[362], dass sich psychische Krankheit durch eine bestimmte strukturelle Verbindung einzelner Symptome zu einem gestalthaften Krankheitsbild auszeichnet (strukturelle Definition)[363]. Entscheidend soll sein, „wieweit das Verhalten durch eine typisierende Überformung geprägt ist und durch Dominanz einer spezifischen Symptomatik krankheitsartige Struktur gewonnen hat"[364]. Dabei bedeutet Krankheit, „dass das Verhalten, das Erleben und das Erleiden einer Persönlichkeit von überindividuellen, ebenso krankheitseigenen, Gesetzmäßigkeiten bestimmt wird"[365]. Außerdem sollen psychiatrische Krankheiten dadurch gekennzeichnet sein, „dass sie Auswirkungen auf das soziale Verhalten und die sozialen Beziehungen des Erkrankten haben" (soziale Definition)[366]. Diese zweite Dimension hat Anlass zu unnötigen Missverständnissen gegeben[367]. Sie will keineswegs Aussagen zu (sozialen) Krankheitsursachen machen. Rasch selber führt aus, dass der Hinweis auf die soziale Dimension des Krankseins nicht mit dem „mitunter recht allgemein gehaltenen Gerede von der Verursachung psychischer Krankheit durch die gesellschaftlichen Bedingungen" zu verwechseln ist[368]. Vielmehr sind damit die Folgen der Erkrankung für das Sozialverhalten gemeint. „Dass psychische Krankheit grundsätzlich auch in einer sozialen Dimension definierbar ist, lässt sich am Beispiel des Unterschieds zwischen Manie und Hypomanie zeigen: Die Symptome sind dieselben (strukturelle Dimension), verloren gegangen ist beim Manischen im Gegensatz zum Hypomanischen die Dialogfähigkeit, der Patient ist monologisch vereinsamt"[369].

---

359 Rasch, NStZ 1982, 177, 182

360 Ehrhardt, in: Schuld,Verantwortung, Strafe, S. 227, 240

361 Rasch aaO

362 so Kröber, NA 1995, 532, 536

363 Rasch, StV 1991, 126, 131

364 Rasch, StV 1984, 264, 267

365 Rasch, NStZ 1982, 177, 182

366 Rasch, StV 1991, 126, 131

367 Kröber, NA 1995, 532, 536

368 Rasch aaO

369 Kröber, NA 1995, 532, 536

Der strukturell-soziale Krankheitsbegriff soll unabhängig von Kenntnissen und Vorstellungen sein, die man von der Genese krankhafter oder abnormer psychischer Zustände hat, weil diese Genese bei vielen psychischen Erkrankungen unklar oder strittig ist. Es sei „in Hinblick auf den bestehenden psychologischen Wissenschaftspluralismus verfehlt, die Rechtswissenschaft auf eine bestimmte Schulmeinung zu verpflichten“[370].

Zu prüfen sind bei einem Vorgehen nach dem strukturell-sozialen Krankheitsbegriff damit die im folgenden genannten Punkte. Zuerst muss untersucht werden, „wieweit der zu beurteilende Zustand in seinen psychischen Dimensionen die Struktur von Krankheit hat“[371]. Danach stellt sich die Frage, ob er auch in seinen sozialen Auswirkungen psychischen Störungen gleichwertig ist[372], d.h. die allgemeine soziale Kompetenz der Persönlichkeit beeinträchtigt[373]. Bei der Beeinträchtigung der sozialen Kompetenz kommt es entscheidend auf die Kriterien „Verminderung sozialer Handlungskompetenz“ und das „Herausfallen aus den gewohnten sozialen Bezügen“ an[374]. Weitere Symptome, die bei der Beurteilung der sozialen Kompetenz relevant werden können, sind Arbeitsunfähigkeit, Einengung der Lebensführung, welche unabhängig vom Delikt feststellbar ist[375], Abbruch oder Verlust von Kontakten, Stereotypisierung des Verhaltens, verzerrte Realitätsbeurteilung, Festgelegtheit auf bestimmte Verhaltensmuster sowie die Häufung sozialer Konflikte auch außerhalb strafrechtlicher Belange[376].

Dieses Krankheitsmodell soll weit genug sein, um mühelos auf alle vier Merkmale, die krankhafte seelische Störung, die Bewusstseinsstörung, den Schwachsinn und die schwere andere seelische Abartigkeit angewandt zu werden[377]. Die Feststellung von Krankheit und ihren forensischen Konsequenzen ergebe sich dabei aus einer ganzheitlichen Diagnose, einer strukturellen Verbindung der einzelnen Symptome zu einem gestalthaften Krankheitsbild[378]. Konkret gemeint soll damit sein, was vorher als Umprägung bzw. Überformung bezeichnet wurde: die Kenn-

---

[370] Rasch aaO

[371] Rasch aaO

[372] Rasch aaO

[373] Nedopil, Forensische Psychiatrie, S. 83

[374] Rasch, NStZ 1982, 177, 182

[375] Nedopil, Forensische Psychiatrie, S. 83

[376] siehe dazu im einzelnen Rasch, StV 1991, 126, 131

[377] Rasch, Forensische Psychiatrie, S. 51; zustimmend auch Nedopil aaO

[378] Rasch aaO

zeichnung der Persönlichkeit „durch einen spezifischen Verband von Symptomen, der das gesamte Leben des Betroffenen beeinflusst“[379].

Der Vorteil eines solchen strukturell-sozialen Krankheitsbegriffs soll einerseits in seiner Überprüfbarkeit durch den psychologischen Laien liegen. Juristen müssten nicht befürchten, „durch Hinweis auf eine unüberprüfbare Theorie oder eine geheimnisvolle Mitwirkung des Unbewussten völlig in das Schlepptau des am geschicktesten argumentierenden Gutachters zu geraten“[380]. Auf diese Weise werde auch am besten den möglichen Wandlungen und Fortschritten der an der Rechtsprechung beteiligten Wissenschaften Rechnung getragen. Der Richter müsse seine Entscheidung über das Vorliegen von Kranksein nicht in gläubiger Abhängigkeit vom Sachverständigen treffen[381]. Außerdem ist anzuführen, dass dieses Konzept von Krankheit unabhängig von den Vorstellungen, die man über die Genese des Zustands hat, sein soll. Man müsse nicht mehr befürchten, die Rechtsprechung könnte unter dem Druck von Schulmeinungen in eine bestimmte Richtung gedrängt werden[382].

3.2.2 Stellungnahme

Zuzustimmen ist Rasch bei seinem strukturell-sozialen Krankheitsbegriff in seiner Zielsetzung, die Abartigkeit, insbesondere bei der Psychopathie, bereits auf der ersten Stufe zu konkretisieren, hier, indem auf Merkmale zurück gegriffen wird, die auf bekannte Syndrome bzw. Krankheiten bezogen werden können. Das Ziel, der „absurden Beliebigkeit“[383] entgegenzuwirken, welche zu befürchten ist, wenn die Entscheidung über die Schuldfähigkeit ausschließlich auf der zweiten Stufe getroffen wird, entspricht grundsätzlich den von juristischer Seite gestellten Anforderungen.

Zweifelhaft ist allerdings, ob die generellen Kriterien, wie die Einengung der Lebensführung, der Verlust von sozialen Kontakten, die Stereotypisierung des Verhaltens, überhaupt auf der ersten Stufe der Schuldfähigkeitsbeurteilung eine Rolle spielen dürfen. Folgt man der vom Gesetz verfolgten Zweiteilung, können erst auf der zweiten Ebene die Auswirkungen der psychischen Anormalität auf die Einsichts- und Steuerungsfähigkeit entscheidend sein. Der Verlust von sozialen Kontakten und die Einengung der Lebensführung sind solche Kriterien, die sich auf

---

[379] Rasch, Forensische Psychiatrie, S. 51

[380] Rasch aaO

[381] Rasch, NStZ 1982, 177, 182

[382] Rasch aaO

[383] Rasch aaO

die Auswirkungen einer psychischen Störung beziehen, nicht aber auf die Störung und damit ihre Schwere selbst. Zwar kann man die beiden Aspekte Schwere und Auswirkung bei der praktischen Beurteilung nicht völlig voneinander trennen[384]. Würde man aber Kriterien, die eigentlich erst auf der zweiten Ebene entscheidend sind, schon auf der ersten Stufe zur Hand nehmen, würde gerade das ursprüngliche Ziel, schon auf der ersten Stufe eine separate Entscheidung über die Zuordnung zu treffen, nicht erreicht. Tatsächlich käme es wieder zu einer Verschiebung der Entscheidung auf die zweite Ebene, nur unter der Vorgabe, die erste Stufe zu prüfen. Ein solches Vorgehen ist nicht nur dogmatisch unsauber, sondern auch wenig hilfreich, um Struktur in die Beurteilung zu bringen.

Mit den Typen, die Rasch für das Merkmal der Abartigkeit für in Betracht kommend hält, wie die querulatorische Entwicklung[385], die sexuelle Perversion, die Medikamenten- oder Drogensucht, neurotische Depressionen sowie Persönlichkeitsabnormitäten[386], werden zwar die Fallgruppen bezeichnet, die im wesentlichen im Rahmen der Abartigkeit in Betracht kommen. Man gewinnt dadurch aber noch keine hinreichend präzisen Krankheitsdiagnosen für die Frage der Schuldfähigkeit[387].

In der Literatur wird darauf hingewiesen, „dass die genannten Besonderheiten sozialen Verhaltens keinerlei Spezifität für die Erkennung umschriebener seelischer Störungen oder gar psychischer Erkrankungen besitzen, vielmehr (handele) es sich um eine lose Zusammenstellung von sozialen Begleit- und Folgeerscheinungen bei seelischen Belastungen oder allgemeinen zwischenmenschlichen Konfliktsituationen“[388].

Durch seine Kriterien und Vorgehensweise bestätigt Rasch indirekt aber, dass die Bedeutung einer (alleinigen) Diagnose bei der Schuldfähigkeitsbeurteilung in den Hintergrund rückt[389]. Die Intensität der Störung, ihre Auswirkungen auf die Handlungssituation und ihre Relevanz für die Tat sind im Gegensatz dazu entscheidende Faktoren, die über eine Diagnose hinaus zu berücksichtigen sind, will man die Abartigkeit (bzw. die Psychopathie) bereits auf der ersten Stufe konkretisieren[390].

---

[384] vgl. Schreiber, in: Psychiatrische Begutachtung, S. 22

[385] siehe dazu Rasch, NStZ 1982, 177, 182

[386] Rasch, NStZ 1982, 177, 182, 183

[387] Schreiber, in: Psychiatrische Begutachtung, S.17

[388] Saß, in: FS für Schewe, S. 266, 271

[389] so auch J.E. Meyer, ZStW 88 (1976), 46; Krümpelmann, ZStW 88 (1976), 6, 18; Schreiber, in: Psychiatrische Begutachtung, S. 17

[390] siehe Schreiber aaO

In der Literatur wird kritisch angemerkt, Rasch konzentriere sich mit seiner Aussage, der entscheidende Grund psychischen Krankseins bestehe in der Verminderung sozialer Handlungskompetenz und im Herausfallen aus den gewohnten sozialen Bezügen, zu einseitig auf mögliche Folgen der psychischen Erkrankung im Sozialverhalten. Rasch vernachlässige dabei die Orientierung an klar fassbaren psychopathologischen Phänomenen[391].

Am strukturell-sozialen Krankheitsbegriff erscheint außerdem die „Umfunktionierung" charakterologischer, sozialpsychologischer und pädagogischer Probleme zur Krankheit problematisch, weil mit dem Krankheitsbegriff wiederum das bereits überstrapazierte Krankheitsparadigma, jetzt soziogen ausgeweitet, als Wertmaßstab angelegt werden soll[392].

Zweifelhaft ist in der Tat, ob ein bereits so ausgeweiteter Begriff einen konkreten Maßstab für die Entscheidung auf der ersten Stufe der Schuldfähigkeit liefern kann. Dabei fällt insbesondere ins Gewicht, dass die Kriterien, die ihn untergliedern sollen, wie der Verlust von sozialen Kontakten und die Einengung der Lebensführung, sehr generell formuliert sind. Gefragt wird beim Ansatz von Rasch danach, ob bei den entsprechenden Störungen (Neurosen, Persönlichkeitsstörungen und psychopathologische Entwicklungen) die „krankhaften Symptome" führend geworden sind. Dann sei in der Regel „wegen einer schweren anderen seelischen Abartigkeit von einer Einschränkung der Steuerungsmöglichkeit nach § 21" auszugehen[393]. Dabei soll „das Wesen der eingetretenen Veränderung nicht in einem Mehr oder Weniger bestimmter Eigenarten oder Verhaltensmerkmale, sondern in einer sprunghaften qualitativen Veränderung der psychischen Gesamtverfassung liegen"[394]. § 20 und § 21 sollen zwar durchaus nach ihrem Schweregrad voneinander abgegrenzt werden, weil sich auch für Rasch die Beurteilung der Schuldfähigkeit nach „dem Grad, in dem eine Persönlichkeit krankheitsartig geprägt und festgelegt ist" richtet[395]. Wie anhand der aufgestellten Kriterien eine Graduierung vorgenommen werden kann, wenn jedenfalls nicht durch ein Mehr oder Weniger bestimmter Eigenarten, bleibt allerdings offen[396]. Volle Schuldunfähigkeit soll zum Beispiel ins Auge gefasst werden, wenn eine psychopathologi-

---

[391] Saß, Psychopathie, S. 109

[392] Saß aaO

[393] Rasch, StV 1991, 126, 131

[394] Rasch aaO

[395] Rasch, NStZ 1982, 177, 183

[396] z.T. wird darauf hingewiesen, bei der Diagnostik charakterlicher Abnormitäten empfehle es sich, das Ausmaß der Abweichung durch standardisierte psychologische Tests zu bestimmen: Rasch, StV 1991, 126, 131

sche Entwicklung länger andauert und die Persönlichkeit schwer deformiert ist[397]. Wie die Schwere dieser Persönlichkeitsdeformierung festgestellt wird, woran sie zu messen ist, wird aber nicht beantwortet.

Mit dem strukturell-sozialen Krankheitsbegriff soll gegen die „gläubige Abhängigkeit des Richters vom Sachverständigen" vorgegangen werden. Es werden Kriterien formuliert, die auch von psychischen Laien geprüft und entschieden werden können. Aus ihnen wird aber nicht ersichtlich, wie die Schwere einer Störung konkretisiert werden kann. Es wird kein Maßstab geschaffen, mit dem eine Schweregradeinschätzung vorgenommen werden könnte. Dem von juristischer Seite geforderten Ziel, das Merkmal bzw. den Rechtsbegriff der schweren anderen seelischen Abartigkeit inhaltlich auszufüllen, kann durch den Ansatz von Rasch nicht näher gekommen werden.

3.3 Der Ansatz von Witter

3.3.1 Darstellung

Bei Witter wird die Abartigkeit als „mehr oder weniger andauernde abnorme Verhaltensbereitschaft, die aus dem Zusammenwirken abnormer Persönlichkeitsdispositionen und belastender Umweltbedingungen entsteht" definiert[398]. Es wird dabei der grundsätzlichen Unterscheidung von Kurt Schneider zwischen krankhaften und nicht krankhaften Abnormitäten als Angelpunkt der nosologischen Systematik gefolgt[399].

Im Gegensatz zu einer Ansicht in der Literatur, welche die Summe der Merkmale in § 20 für einen Exklusivkatalog hält, und keine „anderen aus kriminologischer und humanitärer Sicht möglicherweise auch für eine Ex- oder Dekulpation in Betracht kommenden Befindlichkeiten des Täters dabei berücksichtigen will (sondern nur bei der Strafzumessung)[400], geht Witter von einem sehr weiten vierten Merkmal aus. Gerade die so vage formulierte schwere seelische Abartigkeit lasse dem Richter einen großen Interpretationsspielraum, um diese Befindlichkeiten zu berücksichtigen[401]. Grund für die ungesicherten, da nicht auf wissenschaftlichen Erkenntnissen beruhenden, Ergebnisse und Entscheidungen bei der Schuldfähigkeitsbeurteilung sei die Tatsache, dass oft die Voraussetzung fehle, dass sowohl

---

[397] Rasch aaO

[398] Witter, in: Der psychiatrische Sachverständige, S. 69, 70

[399] Witter, Grundriss, S. 141; siehe dazu auch J.E. Meyer, ZStW 88 (1976), 46, 47

[400] Blau/Franke, Jura 1982, 393, 397

[401] Witter, Der psychiatrische Sachverständige, S. 63

Sachverständiger wie auch Richter eine ausreichende Kenntnis der Rechtsbegriffe in § 20 vorweisen können. Folge davon sei, dass sich der Richter auf die Kenntnis des Sachverständigen verlässt. Dieser behandele die Merkmalssubsumtion dagegen „wie eine psychologisch-psychiatrische terminologische Frage, die er mit den geläufigen Etikettierungen aus seinem Fach (glaube), beantworten zu können“[402]. Zum Problem werde, dass auf diese Weise „die gesamte Problematik der genetischen und nosologischen Zweifelsfragen der allgemeinen Psychiatrie so in die forensische Begutachtung hineingetragen (werde), dort aber nicht (hingehöre)“[403].

Rechtssicherheit und Rechtsgleichheit sollen die Aufstellung von grundlegenden Positionen erfordern, die durch sachbezogene Überzeugungskraft und Klarheit als Richtlinie dienen. Auf diese Weise könne der Begutachtung „in juristisch und psychiatrisch vertretbaren Grenzen eine gewisse Verbindlichkeit“ gegeben werden[404]. Der Ansatz von Witter will hierzu eine psychopathologische Problemlösung anbieten. Zu diesem Zweck wurde ein Referenzsystem für die forensische Psychiatrie entwickelt[405]. Dabei wird der zweistufigen Gesetzessystematik gefolgt und konsequent bei der Merkmalssubsumtion auf der ersten Stufe angesetzt.

Innerhalb dieses Systems werden klassische forensische Diagnosen und solche nach der ICD mit den Rechtsbegriffen des § 20 und damit auch mit der schweren seelischen Abartigkeit in Beziehung gesetzt. Zwar sei grundsätzlich einer “aus der nosologischen Psychiatrie gewachsene(n) syndromatisch systematisierende(n) ganzheitliche(n) Betrachtung der psychopathologischen Strukturveränderung“ zu folgen[406]. Um dem Bedürfnis der gegenwärtigen Psychiatrie nachzukommen, mit einer stark vereinfachten und vergröberten psychopathologischen Methode Feststellungen zu treffen, wie z.B. anhand des Diagnoseschlüssels ICD, müsse aber ein Kompromiss vorgenommen werden[407].

ICD, und erst recht DSM III, zerhackten zwar „die Gestalt des auf zweihundertjährige psychiatrische Erfahrung gestützten ganzheitlichen Bildes der Psychopathologie“[408]. Damit solle die internationale Verständigung gesichert werden, die bei der Schuldfähigkeitsbegutachtung zu vernachlässigen sei. Trotz dieses Zerhackens müsse die forensische Psychiatrie jedoch ihre Begriffe und Sprachregelungen der allgemeinen Psychiatrie entnehmen. Nur so könne eine über eine müh-

---

[402] dazu im einzelnen: Witter, Der psychiatrische Sachverständige, S. 61

[403] Witter aaO

[404] Witter, Der psychiatrische Sachverständige, S. 74

[405] Witter, Der psychiatrische Sachverständige, S. 62

[406] Witter, Der psychiatrische Sachverständige, S. 59

[407] vgl. Witter aaO

[408] Witter aaO

same Bearbeitung des Einzelfalls hinausgehende gültige Basis zur juristisch-psychiatrischen Verständigung geschaffen werden[409]. Beim vorliegenden Ansatz wird deshalb die Definition der ICD als Richtungsweiser angewendet. Im Referenzsystem wird die traditionelle Krankheitslehre mit dem mehr psychopathologisch-syndromatisch begründeten System der ICD verbunden und beides den in Frage kommenden Rechtsbegriffen zugeordnet[410].

Es wird angemerkt, bei der ersten Stufe der deutschen Schuldfähigkeitsprüfung sei charakteristisch, dass sie im internationalem Rechtsvergleich niedrig angesetzt ist. Grund dafür solle sein, dass die Merkmale in § 20 nicht nur Exkulpation, sondern auch Dekulpation erlauben sollen. Trotz dieser Niedrigkeit soll aber bereits auf der ersten Stufe eine Entscheidung möglich sein, wenn man die Merkmalssubsumtion nach der ICD verwende[411].

Die klassischen psychiatrischen Diagnosen sollen beim Ansatz von Witter zunächst nur die Richtung für die Merkmalssubsumtion angeben[412]. In einem zweiten Schritt soll die Abartigkeit dann als schwer eingestuft werden, „wenn die psychische Normabweichung ein psychopathologisches Ausmaß erreiche“[413]. Gemeint ist damit offenbar ein sozialpathologisches Ausmaß[414]. Ob nämlich die Störung im Einzelfall auch zur Zuordnung zu einem Merkmal berechtige, könne „der normativ denkende Richter nur entscheiden, wenn der Sachverständige die sozialen Auswirkungen des diagnostischen psychischen Zustands erläutert. Die an den Diagnosen anknüpfenden erfahrungswissenschaftlichen Erkenntnisse zur eigenständigen Lebensgestaltung und Sozialanpassung im allgemeinen und über Einschränkung des Realitätsbezuges auch im besonderen, müssen zunächst abstrakt dargelegt und dann mit konkreten Tatsachen aus der Verhaltensanalyse, insbesondere der Biographie des Täters, belegt werden“[415].

Die Schwere der Störung soll damit entscheidend durch die biographisch ermittelten Schwierigkeiten bestimmt sein[416]. Diese Schwierigkeiten seien, unabhängig von der zur Diskussion stehenden Straftat, leicht biographisch aufzeigbar und machten die Schwere der Abartigkeit evident. Das möglicherweise erreichte psychopathologische Ausmaß der psychischen Normabweichung sei damit sozialpsy-

---

[409] Witter aaO

[410] Witter, Der psychiatrische Sachverständige, S. 62

[411] siehe dazu im einzelnen: Witter, Der psychiatrische Sachverständige, S. 63

[412] Witter aaO

[413] Witter, Der psychiatrische Sachverständige, S. 41

[414] Kröber, NA 1995, 532, 533

[415] Witter, Der psychiatrische Sachverständige, S. 63

[416] Witter, Der psychiatrische Sachverständige, S. 66

chologisch zu interpretieren[417]. Es wird auf eine „sozial orientierte Betrachtung der Schuldfähigkeit" ausgewichen, weil es in der psychiatrischen Nosologie keine Handhabung für nichtkrankhafte Abnormitäten gebe[418]. Witter nimmt hierbei die Chance wahr, die Erkenntnisse von Raschs strukturell-sozialen Krankheitsbegriff mit einzubeziehen und auf dessen ebenfalls sozialpsychologisch orientierte Kriterien zurückzugreifen[419].

Auf der zweiten Stufe der Schuldfähigkeitsprüfung, bei der Steuerungsfähigkeit, soll danach gefragt werden, ob psychotische oder psychoseähnliche Phänomene auftreten. In diesem Fall sei zu exkulpieren[420]. Ansatzpunkt ist somit ein Vergleich mit den klassischen psychischen Störungen und den dort auftretenden Phänomenen.

3.3.2 Stellungnahme

Konsequent der Gesetzessystematik folgend, geht Witter bei der Schuldfähigkeitsprüfung zweistufig vor. Er differenziert dabei auf der ersten Stufe systematisch richtig zwischen der grundsätzlichen Einordnung einer Störung als Abartigkeit und der entscheidenden darauf folgenden Frage nach ihrer Schwere.

Angesichts des Abstellens auf die sozialorientierte Betrachtung und der Bezugnahme auf Rasch kann aber die Kritik, die schon beim strukturell-sozialen Krankheitsbegriff geäußert wurde, auch beim vorliegenden Ansatz herangezogen werden. Die ursprünglich von Rasch aufgestellten Kriterien enthalten keine Graduierungsmöglichkeit für die Schwere einer Störung und gehören zudem ihrem Charakter nach erst auf die zweite Stufe der Schuldfähigkeitsprüfung.

Insbesondere taucht beim hier untersuchten Ansatz das Problem auf, ob nicht Kriminalität, insbesondere Rückfallkriminalität, immer eine schwere seelische Abartigkeit darstellt[421]. Wenn man den Vorgaben von Witter folgt, ist dieses Problem jedoch bereits entschieden und damit die Diskussion zur Zirkulation geworden: Rückfalldelinquenz ist, wenn sie auf die gleichen psychopathologischen Sachverhalte rückführbar ist, nach dem vorliegenden Ansatz identisch mit der schweren seelischen Abartigkeit[422].

---

[417] so auch Witter selbst: Witter aaO

[418] Witter, Grundriss, S. 146

[419] Witter, Der psychiatrische Sachverständige, S. 48f.

[420] Witter, Der psychiatrische Sachverständige, S. 65

[421] siehe dazu Kröber, NA 1995, 532, 534

[422] Kröber aaO

Wenn aber nur der unbescholtene, bisher sozial gut integrierte Täter nicht schwer abartig ist, dann ist die erste Stufe der Schuldfähigkeitsentscheidung, bei der gerade angesetzt bzw. die ausfüllt werden soll, nahezu eliminiert. Tatsächlich wird das ganze Gewicht auf die Steuerungsfähigkeit, d.h. auf die zweite Stufe, gelegt. Nach dem grundsätzlich zu begrüßenden, weil systematisch auf der ersten Stufe anknüpfenden Ansatz findet man nun bei Witter selbst die Aussage, „durch die Weite und Unbestimmtheit der juristisch-psychologischen Begriffsbildung könne die Merkmalssubsumtion (d.h. die erste Stufe) fast beliebig ausgedehnt werden. Die Entscheidung über die forensische Relevanz dieser Begriffe sei ganz auf die zweite Stufe verlagert“[423].

Auch auf dieser zweiten Ebene sind einige Punkte kritisch zu betrachten. Die für diese Ebene vorgeschlagene psychopathologische Problemlösung soll als Hauptkriterium die Einschränkung des Realitätsbezuges haben[424]. Damit soll ein Phänomen gemeint sein, „das in unterschiedlicher Qualität als Ausdruck der Entordnung des psychischen Lebens sowohl bei psychotischen als auch bei nichtpsychotischen und bei psychoseähnlichen oder psychoseartigen Störungen anzutreffen sei und zu einer psychopathologischen Veränderung der Determinationsstruktur führe“[425]. Zu exkulpieren sei danach, wo im Bereich der schweren anderen seelischen Abartigkeit psychotische oder psychoseähnliche Phänomene aufträten[426].

Als eine solche psychoseähnliche Einschränkung des Realitätsbezuges könne man eine Erschütterung des Persönlichkeitsgefüges betrachten, bei der dann der Richter die Steuerungsfähigkeit zu beurteilen habe, d.h., „ob durch die Willensanpassung noch ein Andershandelnkönnen zugemutet werden konnte“[427]. Hier erscheint wieder der Terminus „Erschütterung bzw. Zerstörung des Persönlichkeitsgefüges“, der den Beratungen über die Gesetzesreform von 1975 entnommen ist. Wie bereits festgestellt[428], kann das Kriterium „Erschütterung des Persönlichkeitsgefüges“ bei der Suche nach einem nachprüfbaren objektiven Vorgehen aber kein entscheidender, höchstens richtungsweisender, Maßstab sein, ist es doch zu allgemein formuliert, als dass sowohl Sachverständiger als auch Richter konkrete Kriterien für die Beurteilung hätten.

---

[423] Witter, Der psychiatrische Sachverständige, S. 69

[424] Witter, Der psychiatrische Sachverständige, S. 58, 68

[425] Kröber, NA 1995, 532, 534

[426] Witter, Der psychiatrische Sachverständige, S. 65; siehe dazu Kröber aaO

[427] siehe dazu Kröber, NA 1995, 532, 534

[428] siehe S. 46

An dieser Stelle setzt auch die Kritik in der Literatur an[429], die schon die Verwendung der Begriffe psychotisch und psychoseähnlich in diesem Zusammenhang für zu unklare Formulierungen hält[430]. Ganz abgesehen davon, dass der Begriff „psychoseähnlich" mit nicht überzeugenden Fallbeispielen erläutert werde, werde der Begriff offenbar für recht disparate Inhalte verwendet, ohne sich hinreichend zu rechtfertigen. Die unterstellte psychoseartige Einschränkung des Realitätsbezuges vermöge diese Qualifikation der Symptome kaum zu tragen[431].

Neben dieser begrifflichen Unklarheit wird auch Kritik wegen der ausschließlichen Alternativität, d.h. der Begrenzung der schweren seelischen Abartigkeit auf psychotische oder psychoseähnliche Erscheinungsbilder, laut[432]. Witter will eine volle Exkulpation hier nur in Betracht ziehen, wenn es sich um psychoseähnliche bzw. psychotische Störungen handelt, d.h. „solche, die im Grenz- oder Übergangsbereich zu den Psychosen oder psychotischen und hirnorganischen Persönlichkeitsveränderungen liegen"[433]. Dazu wird kritisch angemerkt, dass diese strikte Begrenzung kriminalpolitisch motiviert sei. Grund für diese Begrenzung sei die Befürchtung eines Dammbruchs, d.h. zuweitgehende De- oder Exkulpation, die angesichts der Weite und diagnostischen Unschärfe dieses Begriffs bestehe[434]. Witter merkt jedoch an, er kenne die von psychologischer und psychiatrischer Sicht erhobene Kritik, dass eine psychopathologische Störung im Vergleich zur psychotischen nicht grundsätzlich von geringerer Intensität sei, dass Psychopathien und Neurosen zu genauso schweren Abweichungen führen können wie exo- und endogene Psychosen[435].

Dieser Kritik setzt er entgegen, dass der grundsätzliche qualitative (psychopathologische) Unterschied zwischen der Persönlichkeitsstörung und der Psychose, der seiner Meinung nach[436] in der Psychiatrie weltweit anerkannt ist und in der ICD definitorisch festgehalten ist, beachtet werden müsse. Man habe sich der Lehre von Kurt Schneider angeschlossen, der schon 1950 den qualitativen Unterschied

---

[429] Kröber aaO

[430] Kröber, NA 1995, 532, 538

[431] Kröber, NA 1995, 532, 534

[432] Schreiber, in: Psychiatrische Begutachtung, S. 16

[433] Witter, in: FS für Lange, S. 724, 733; ebenso eng: Langelüddeke-Bresser, Gerichtliche Psychiatrie, S. 215

[434] Schreiber, in: Psychiatrische Begutachtung, S. 16

[435] Wegener, Einführung in die forensische Psychologie, S. 103; Venzlaff, ZStW 88 (1976), 57, 58f.; J.E. Meyer, ZStW 88 (1976), 46, 49; ähnlich auch Müller-Suur Archiv für Psychiatrie 194 (1956), 368f.; zum Ganzen: Witter, Der psychiatrische Sachverständige, S. 48

[436] Witter aaO

zwischen den klassischen Geisteskrankheiten und den „Spielarten des menschlichen Seins“ formulierte. Deshalb sollten Psychosen in der Regel eher exkulpieren können als Persönlichkeitsstörungen.

Das ist zwar zunächst kein Widerspruch zur angebrachten Kritik, denn hiernach könnten also auch Persönlichkeitsstörungen exkulpierend wirken. Mit seiner dann ausdrücklichen Beschränkung auf psychoseähnliche Störungen zur Exkulpation vernachlässigt Witter dann aber den Gedanken, der möglicherweise ebenso schweren Auswirkung von Persönlichkeitsstörungen[437].

Logisch konsequent ist es[438], wenn dem Gedanken, dass Persönlichkeitsstörungen, Neurosen und ähnliche Störungen sich genauso auswirken können, auch die Handhabung folgt, dass grundsätzlich auch in diesen Fällen eine Exkulpation möglich sein muss. Nur so kann dem Schuldprinzip Rechnung getragen werden. Indem Witter der Differenzierung von Schneider insbesondere bei der Exkulpation folgt, lässt er außerdem die neue Gesetzesfassung außer acht, bei der das vierte gesetzliche Merkmal der §§ 20, 21 gerade für diese ursprünglich als „Spielarten des menschlichen Seins“ bezeichneten Persönlichkeitsstörungen geschaffen wurde.

Auf Kritik auf der zweiten Stufe der Schuldfähigkeitsprüfung stößt somit neben der Problematik der nicht klar abgrenzbaren Begriffe wie „psychoseähnlich“ vor allem die strikte Begrenzung auf nur psychoseähnliche Störungen für die Exkulpation. Da die Ausgangsfragestellung aber nach einer Konkretisierung der ersten Stufe der Schuldfähigkeitsbeurteilung, und hier beim Merkmal der schweren seelischen Abartigkeit, sucht, ist das Hauptaugenmerk auf die Handhabung der ersten Stufe bei diesem Ansatz zu richten.

Die entscheidende Transfermöglichkeit von der psychiatrischen Diagnose zum Rechtsbegriff der schweren anderen seelischen Abartigkeit, die Konkretisierung der Schwere, wird auch bei diesem Ansatz nicht zufriedenstellend geschaffen. Auch Witter selbst erwähnt, dass die Entscheidung ihr eigentliches Gewicht auf der zweiten Stufe habe.

Witter ist in dem beizupflichten, Merkmalskataloge aufzustellen bzw. die Weiterentwicklung dieses Ansatzes voranzutreiben, um „der psychologisch-psychiatrische Begutachtung im Rahmen des geltenden Rechts mehr Objektivität und Rationalität“[439] zu verschaffen. Nur so können eine bessere juristische Überprüfbarkeit sowie die Verbindlichkeit gutachterlicher Aussagen bzw. letztendlich

---

[437] in: Der psychiatrische Sachverständige, S. 65 klingt allerdings an, dass Witter von dieser engen Ansicht abrückt; näher ausgeführt wird dies indessen nicht.

[438] so i. E. auch Venzlaff, ZStW 88 (1976), 57, 59

[439] Witter, Der psychiatrische Sachverständige, S. 77

auch juristischer Entscheidungen zur Schuldfähigkeit – und damit Rechtssicherheit und Rechtsgleichheit– erreicht werden. Der Ansatz von Witter kann aber noch nicht zur Lösung dieser Misere beitragen.

3.4 Der Ansatz von Saß

3.4.1 Darstellung

Wie Rasch wendet sich auch Saß gegen die Verlagerung des Schwerpunkts der Begutachtung von der unsicher gewordenen diagnostischen ersten auf die zweite Ebene. Mit seinem psychopathologischen Referenzsystem möchte er eine Methode schaffen, die zu einer einheitlicheren Begutachtungspraxis führt. Voraussetzung dafür ist seiner Meinung nach eine bereits verlässliche Klassifizierung auf der ersten Ebene der Schuldfähigkeitsbeurteilung[440]. Persönlichkeitsstörungen stellten „Verfassungen dar, die auf der einen Seite nahtlos in die geläufigen Verhältnisse des Alltagslebens übergehen, auf der anderen Seite in bestimmte psychiatrische Krankheiten. Die Überlegungen zu typologischen, kategorialen und dimensionalen Modellen“ hätten „gezeigt, welche Schwierigkeiten beim Versuch der Abgrenzung bestimmter Persönlichkeitsanomalien auftreten. (...) Klar umrissene, signifikante Symptome, die sich eindeutig vom gesunden Seelenleben unterscheiden“, fehlten „bei den Persönlichkeitsstörungen“. Es gebe „keine psychopathologische Erscheinungsform, die nicht als Verdichtung und Verdünnung wohl bekannter normaler menschlicher Eigenschaften vorkommt“. In der Realität seien die verschiedenen Persönlichkeitszüge verschiedener Persönlichkeitstypen üblicherweise durchmischt. In solchen Fällen und in den Randbereichen „nur leicht und sehr schwer gestörter Persönlichkeiten (nehme) die diagnostische Übereinstimmung unter Beobachtern drastisch ab“[441].

Die kritisierte Verlagerung der Entscheidung bei der Schuldfähigkeitsprüfung von der ersten auf die zweite Ebene, d.h. die Relativierung der zweistufigen Methode[442], wird bei Saß mit einer anderen Situation der allgemeinen Psychiatrie in den vorangegangenen Jahren verglichen[443]. Damals wurde aufgrund der Probleme um eine zuverlässige Diagnostik der Schluss gezogen, auf Diagnosen in der Psychiatrie weitgehend zu verzichten und sich statt dessen auf die Therapie der Auswirkungen psychischer Störungen im sozialen Bereich zu konzentrieren. Hier sieht

---

[440] Saß, Forensia 1985, 33, 37

[441] siehe im einzelnen: Saß, Psychopathie, S. 18

[442] Saß, Forensia 1985, 33, 36 bzw. Krümpelmann, ZStW 88 (1976), 6, 19

[443] Saß aaO

Saß eine Parallele zu den forensischen Tendenzen, nämlich „auf eine diagnostisch saubere Bestimmung der seelischen Zustände, die schuldfähigkeitsrelevant sein können, zu verzichten, um sich sogleich auf einer psychologischen Ebene der Einschätzung der Einsichts- und Steuerungsfähigkeit zuzuwenden, die vor allem unter einem sozialen Aspekt erfolgt", weil man noch keine Handhabung gefunden habe[444].

In der allgemeinen Psychiatrie habe sich im Laufe der Entwicklung herausgestellt, dass die Abkehr von der Diagnose ein Irrtum war[445]. Die seitdem umfangreiche Reliabilitäts- und Validierungsforschung habe ihren Grundstein in der Erkenntnis, dass Voraussetzung für die Lösung der Probleme, die mit Behandlung, Verlauf und Prognose, Einschätzung der Behinderung in Zusammenhang stehen, die möglichst genaue Klassifizierung der seelischen Störungen sei. Korrespondierend dazu erscheint Saß eine einheitlichere Beurteilungspraxis in der Forensik nur dann möglich, wenn bereits auf der ersten Stufe, nämlich der diagnostischen, eine verlässlichere Klassifizierung der psychischen Phänomene, die für eine beeinträchtigte Schuldfähigkeit in Betracht kommen, geschaffen wird[446].

Mit der Aufstellung eines psychopathologischen Referenzsystems soll das Ziel erreicht werden, „vergleichbare Maßstäbe für die Erfassung und die Schweregradbestimmung der verschiedenen forensisch relevanten psychischen Störungen zu verwenden"[447]. Es wird vorgeschlagen, die zu untersuchenden psychischen Auffälligkeiten in Struktur und Ausprägung mit den psychopathologischen Erscheinungen der klassischen geistig-seelischen Erkrankungen zu vergleichen. Die Grundlage für die Einschätzung der psychischen Anormalität liege dabei „in den empirisch gesicherten Kenntnissen von körperlich begründbaren und endogenen Psychosen, die als „krankhafte seelische Störung" die Kernkategorie und Höhenmarke der Schuldfähigkeitsparagraphen ausmachen"[448]. Durch das psychopathologische Referenzsystem sollen die psychischen Auffälligkeiten der letzten drei Merkmale mit der krankhaften seelischen Störung bzw. den psychischen Veränderungen, die darunter gefasst werden, verbunden und in Beziehung gesetzt werden. Fundament des psychopathologischen Referenzsystems ist damit ein Vergleich der psychisch abnormen Zustände mit den klassischen geistig-seelischen Störungen. Dabei stützt sich das psychopathologische Referenzsystem „in erster Linie

---

[444] Saß aaO

[445] Kendell, Die Diagnose in der Psychiatrie, S. 5, 6

[446] Saß, Forensia 1985, 33, 37

[447] Saß aaO

[448] siehe dazu Krümpelmann, ZStW 88 (1976), 6, 9

auf die deskriptiv-phänomenologische Erfassung der abnormen seelischen Erscheinungen und die Analyse ihrer Auswirkungen auf das Verhalten"[449].

Saß wendet sich hierbei bewusst von der abstrakten und so generellen Begrifflichkeit des Krankheitswertes oder der Krankhaftigkeit ab[450] und stellt statt dieser strittigen Formulierung auf eine „Analyse der Desintegration psychischer Funktionen" ab[451]. Für diese sollen in jeder Kategorie des § 20 spezielle Kriterien zu entwickeln sein. Damit sei man einerseits nicht streng an das somatische (und nicht einhellig vorherrschende) Krankheitskonzept gebunden. Auf der anderen Seite vermeide man aber auch eine rein soziale Betrachtungsweise oder rein subjektive psychodynamische Erwägungen, indem der Vergleich stark an die klinische Empirie, d.h. schon gewonnene Erkenntnisse angelehnt werde.

Ein rein soziologischer Ansatz wird von Saß kritisiert. Er befürchtet, dass diese „diffuse, durch vielfältige soziale Einflussbereiche ausgeweitete Beurteilung (zu) oft zu der vermeintlichen Wohltat der Zuerkennung der §§ 20, 21 führt, zu einer möglicherweise nicht indizierten Unterbringung, die für alle Teile nicht erstrebenswert ist"[452]. Aus diesem Grund wird eine klare Systematik und Gewichtung bei der Schuldfähigkeitsbeurteilung angestrebt. Da auch die möglichen Auswirkungen auf das soziale Verhalten nicht ganz abgetan werden sollen, soll ein integrierender Ansatz erforderlich sein. Dabei sollen sowohl interaktionale, soziale, motivationale und andere Aspekte verbunden werden, wobei der psychopathologischen Ebene eine besondere Sonderstellung eingeräumt wird. Als Argument führt Saß die Rechtstradition an, nach der ausschlaggebender Bezugspunkt für die Schuldfähigkeitsbegutachtung die Zustände krankhaften Seelenlebens sind[453]. Das Einbeziehen z.B. auch der Persönlichkeitsanomalien in das an den krankhaften seelischen Störungen ausgerichtete Referenzsystem erscheine möglich, weil sich zahlreiche psychopathologische Verhaltensstile oder Phänomene in ganz ähnlicher Art bei Psychopathien und Pseudopsychopathien, bei Neurosen, bei Schizophrenien, affektpsychotischen Bildern und den dazugehörigen Residuen, sowie als Folgezustände von Suchten und Extremsituationen finden ließen. Durch die Kenntnis dieser klinischen Bilder und ihrer Auswirkungen auf das Sozialverhalten werde ein Orientierungsrahmen zur Verfügung gestellt, der eine „differenzierte

---

449 Saß, in: FS für Schewe, S. 266, 272

450 Saß, Forensia 1985, 33, 37

451 Saß aaO

452 Saß, Forensia 1985, 33, 36

453 Auch Autoren wie Venzlaff und Rasch, die sozialpsychologisch orientiert sind, erkennen an, dass die Ausrichtung an einem psychopathologischen Gesamtzusammenhang bzw. an klinischem Erfahrungsgut für eine Fundierung der Forensik unerlässlich ist; siehe dazu Saß, Forensia 1985, 33, 37

Beurteilung der unterschiedlichen Persönlichkeitsstörungen ohne bekannte Ursache" erlaube[454].

Für die Prüfung der Zuordnung zur schweren anderen seelischen Abartigkeit auf der ersten Stufe wird folgendes Vorgehen empfohlen. Zunächst werden verschiede Grundtypen psychischer Phänomene unterschieden. Da Saß, wie auch die Rechtsprechung und ein großer Teil der Literatur, die internationalen Klassifikationssysteme „nicht ohne weiteres als diagnostische Eintrittspforte in die §§ 20, 21" sieht[455], bildet er über die Klassifikation hinaus sechs umfassendere Grundtypen. Bei ihrer Aufstellung werden diverse Klassifikationssysteme integriert, wie z.B. DSM-III und auch die Typologie von Kurt Schneider.

Grundtypen seien die emotional instabilen, die antisozialen, die subaffektiven, die schizoiden, die zwanghaften und die asthenischen Persönlichkeiten. Dabei lasse sich jede Grundform auch noch in Subtypen untergliedern, wie z.B. der emotional instabile Typus in die histrionische Form, die narzisstische und das Borderline-Syndrom. Die Zuordnung zur Kategorie der schweren anderen seelischen Abartigkeit hänge dann als entscheidender Faktor vom jeweiligen Schweregrad der Auffälligkeit ab.

Saß zufolge lässt sich diese Schweregradeinschätzung, d.h. die Entscheidung, ob es sich auf der ersten Stufe um eine schwere andere seelische Abartigkeit handelt, nicht durch spezielle Untersuchungsinstrumente normieren[456]. Vielmehr verbleibe dem „klinisch wie forensisch erfahrenen Gutachter" ein gewisser Beurteilungsspielraum. Diesen müsse er mit seinen „Kenntnissen von psychischen Anormalitäten unterschiedlichster Art und Intensität darlegen". Um hier nicht in rein subjektive Beurteilung zu verfallen, soll dem psychopathologischen Referenzsystem folgend „die diagnostische Bewertung durch einen geregelten Syndromvergleich zwischen den neurotisch-psychopathischen Persönlichkeitsstörungen und den klassischen geistig-seelischen Erkrankungen möglichst fest in der klinischen Empirie verankert werden"[457].

Gesucht werden muss demnach bei dem jeweils festgestellten Grundtyp nach Symptomen, die bei hirnorganischen Psychosyndromen, Psychosen oder chronischer Abhängigkeit beobachtet werden. Diese werden als Indikatoren für das Ausmaß psychopathologischer Auffälligkeiten auch bei Persönlichkeitsstörungen ge-

---

[454] Saß, Psychopathie, S. 113

[455] Saß, Psychopathie, S. 116

[456] Saß aaO

[457] siehe dazu Saß aaO

wertet[458]. Wie und in welcher Weise dies vor sich geht, obliegt wohl dem Beurteilungsspielraum des Gutachters.

Die Entscheidung auf der ersten Ebene soll sich in erster Linie an der psychopathologischen Persönlichkeitsdiagnostik orientieren, wobei diese über ein symptomologisch-syndromatologisches Referenzsystem mit den übrigen Störungen in Form eines Vergleiches verknüpft ist[459]. Mit diesem Vorgehen will Saß grundsätzlich alle neurotisch-psychopathischen Menschen, sowie den allgemeinen Grundsätzen nach auch den Triebtäter erfassen[460].

Auf der zweiten Ebene der Schuldfähigkeitsbeurteilung, der Einsichts- und Steuerungsfähigkeit, nennt Saß wesentliche Kriterien, die denen von Rasch ähneln, wie z.B. das Herausfallen aus den gewohnten sozialen Bezügen, die Stereotypisierung des Verhaltens, die Häufung sozialer Konflikte außerhalb des Delinquenzbereichs auf der einen Seite und Tatvorbereitungen, ein komplexer Handlungsablauf in Etappen und die Fähigkeit zu warten. Diese sollen je nach Vorliegen bzw. Nichtvorliegen entweder für oder gegen eine erhebliche Beeinträchtigung der Schuldfähigkeit sprechen. Da sich, wie oben eingegrenzt, die vorliegende Untersuchung nur mit Ansätzen für die Entscheidung auf der ersten Stufe befassen soll, ist dieses hier nur der Vollständigkeit halber zu erwähnen und ist im weiteren eher zu vernachlässigen.

3.4.2 Stellungnahme

Der Jurist wird die Position Saß', bereits auf der ersten Stufe der Schuldfähigkeitsbeurteilung Entscheidungen treffen zu wollen, d.h. die Abartigkeit durch bestimmte, diagnostische Kriterien auszufüllen, zunächst begrüßen. Im Gegensatz zu den Ansätzen, die hauptsächlich auf das Sozialverhalten der Täter abstellen, wie z.B. der strukturell-soziale Krankheitsbegriff von Rasch, und oft nur generelle Kriterien anführen, verfolgt Saß eine feste Verankerung der Beurteilung in der klinischen Empirie. Von Vorteil soll daran vor allem die grundsätzliche Nachvollziehbarkeit eines Vergleichs sein, der sich auf relativ feststehende Erkenntnisse stütze, der aber trotzdem nicht auf den rein somatischen Krankheitsbegriff (so wie z.B. der Ansatz der Krankheitswertigkeit) beschränkt sei.

---

458 Beispiele dafür, welche Symptome als Anhaltspunkte gelten können bei Saß, in : FS für Schewe, S. 266, 276f.

459 Saß, Psychopathie, S. 117

460 hierbei können aber noch zusätzliche Beurteilungskriterien erforderlich sein, vgl. Saß aaO

Fraglich ist allerdings, ob damit dem Richter als entscheidungsfindender Person tatsächlich ein konkreter Maßstab in die Hand gegeben wird, der eine nachvollziehbare und abgrenzbare Entscheidung ermöglicht.

Saß selbst verweist auf den großen Beurteilungsspielraum, der dem Sachverständigen bzw. dem Richter immer noch zur Verfügung steht[461]. Auch räumt er ein, dass sich „keineswegs beim gegenwärtigen Kenntnisstand feste Beurteilungsregeln für die forensische Begutachtung aufstellen lassen“[462]. Dies gelte vor allem bei der schweren anderen seelischen Abartigkeit und der tiefgreifenden Bewusstseinsstörung, die seiner Meinung nach in besonderer Weise einen klinisch wie forensisch erfahrenen Gutachter erfordern.

Der grundsätzlich richtige Ansatz, durch einen Vergleich mit feststehenden Erkenntnissen der klinischen Empirie das Vorgehen durchschaubar und nachvollziehbar zu machen und damit in Form eines Maßstabs den Beurteilungsspielraum auszufüllen, wird dadurch geschmälert, dass an dem Punkt, an dem dieser symptomologische Vergleich vorgenommen werden soll, zwar allgemein gehaltene Vergleichsbeispiele genannt werden[463], eine Zuordnung, die den Schweregrad bestimmen könnte, indes nicht vorgenommen wird. Da die letztendliche rechtliche Bewertung und Entscheidung dem Richter obliegt, kann es nicht genügen, auf nicht näher skalierte Vergleichsmerkmale hinzuweisen oder auf eine Person oder einen Sachverständigen zu setzen, der „große Erfahrung in Klinik und Forensik mit sich bringt“[464]. Der Richter verfügt in der Regel eben gerade nicht über einen solchen Erfahrungsschatz und benötigt Maßstäbe, um eine selbständige Entscheidung treffen zu können. Nachvollziehbar für den Richter, der mit Hilfe der Ausführungen des Sachverständigen über die Schwere der psychischen Phänomene entscheiden muss, wäre dieser Versuch erst, wenn auch dem Richter ein Katalog, eine Subskala, in die Hand gegeben werden würde.

So aber wird ihm auch bei Anwendung eines psychopathologischen Referenzsystems nur wieder übrigbleiben, auf die „vermeintlich rechtliche“ Bewertung des Sachverständigen zu schielen und sich diesem „anzuschließen“ bzw. blind zu folgen[465]. Der alleinige Verweis auf Symptome, die bei den geistig-seelischen Erkrankungen vorkommen und die dann als Indikator für die Schwere der Abartigkeit bzw. der psychischen Anormalität verwendet werden sollen, gewährt aufgrund der mangelnden Erfahrung der meisten Richter keine Möglichkeit, den

---

[461] Saß, Psychopathie, S. 116

[462] Saß, Psychopathie, S. 125

[463] siehe Saß, in: FS für Schewe, S. 266, 276f.

[464] Saß, Psychopathie, S. 116

[465] siehe dazu Wolfslast, JA 1981, 464, 465

Begriff der schweren anderen seelischen Abartigkeit (diagnostisch) so auszufüllen, dass der Richter eine nachvollziehbare und abgrenzbare, vor allem eigenständige Entscheidung treffen kann. Es fehlen feststehende Kriterien, die im Rahmen einer Entscheidung Rechtssicherheit und Rechtsgleichheit gewähren könnten.

Das psychopathische Referenzsystem von Saß stellt somit keinen ausreichenden Ansatz dar, um das vierte Merkmal greifbarer zu gestalten.

3.5 Der Ansatz von Janzarik

3.5.1 Darstellung

Auch Janzarik hat sich mit den Voraussetzungen der Schuldfähigkeit beschäftigt. Dabei gilt sein besonderes Augenmerk der psychopathologischen Klärung der Begriffe Einsicht und Steuerung. Die allgemeinen psychiatrischen Diagnosen könnten in der Forensik, d.h. der Schuldfähigkeitsbegutachtung, wenig aussagen, weil sie „wandelbare Konventionen mit Abweichungen von System zu System und von Auflage zu Auflage der diagnostischen Manuale [DSM, ICD]" darstellen[466].

So richte sich die Präferenz für das eine oder andere System eben auch nur nach der „Machtkonstellation im psychiatrischen Wissenschaftsbetrieb"[467]. Diese Diagnosen, und damit sind nicht nur die klassischen, sondern insbesondere die nach den differentialdiagnostischen Manualen gestellten gemeint, könnten hinsichtlich der vier in § 20 genannten Rechtsbegriffe nur eine Vorauswahl treffen. Mehr zu leisten seien sie nicht in der Lage, brauchten sie aber auch nicht[468]. Argument für diese höchstens indizhafte Funktion sei die Tatsache, dass die psychiatrischen Diagnosen mehrheitlich gesehen keine bzw. wenn, dann eher eine negative Affinität zu kriminellem Verhalten hätten.

Wenn man dem folgt, müssen für die Abgrenzung der Merkmale aus § 20, hier namentlich der schweren seelischen Abartigkeit, andere bzw. darüber hinausgehende Kriterien zur Hand genommen werden, um den so vage formulierten Rechtsbegriff ausfüllen zu können. Janzarik wählt dafür einen „strukturdynamischen Ansatz"[469].

---

[466] Janzarik, NA 1993, 427, 428

[467] Janzarik aaO

[468] genauso die Verfasser selbst: Saß u.a., DSM IV Diagnostische Kriterien, Deutsche Bearbeitung, S. 3

[469] Janzarik, NA 1993, 427

Sein Gedankengang setzt bei einem Vergleich von kriminologisch relevanten Persönlichkeitsstörungen mit solchen an, die keine bzw. negative Affinität zu kriminellen Verhalten haben. Dabei werde deutlich, dass bei diesen beiden Gruppen „die dynamischen und die strukturellen Anteile, jedenfalls soweit sie sich trennen lassen, ein unterschiedliches Profil haben bzw. jeweils unterschiedlich stark ausgeprägt sind in ihrem Verhältnis zueinander“[470].

An dieser Stelle erscheint es hilfreich, sich zunächst einmal vor Augen zu führen, was unter Dynamik und Struktur in diesem psychiatrischen Sinne zu verstehen ist. Unter erstere fasst Janzarik Aspekte wie Impulsivität, Aggressivität, Reizbarkeit, Hyperaktivität schon in der Vorpubertät, frühe sexuelle Aktivität mit häufigen Partnerwechsel, sowie fehlende Empathie[471]. Dagegen sollen Unbeständigkeit, Arbeitsscheu, Unzuverlässigkeit, eine verantwortungslose, sich über mitmenschliche Bindung, soziale und rechtliche Normen hinwegsetzende Lebensführung sowie ein Mangel an vorausschauender Planung Kriterien sein, die dem strukturellen Aspekt zuzuordnen sind.

Beim strukturdynamischen Ansatz sollen die verschiedenen Grundtypen von Persönlichkeitsstörungen weiterentwickelt werden, indem man in den verschiedenen Gruppen nach strukturellen und dynamischen Besonderheiten sucht[472]. Durch den Vergleich zwischen nicht kriminologisch relevanten und relevanten Persönlichkeitsstörungen würden besondere Anteile von Dynamik und Struktur einer bestimmten Persönlichkeitsstörung feststellbar. Bei der sogenannten antisozialen Persönlichkeit z.B. sollen sich dynamische und strukturelle Auffälligkeiten in etwa die Waage halten, mit Betonung des dynamischen Aspekts[473]. “Stark zu einer ungesteuerten Dynamik hin verschoben“[474] sei das Gleichgewicht bei den intermittierenden explosiven Störungen (den explosiven Psychopathen Kurt Schneiders). Auch bei der Persönlichkeitsstörung der emotional instabilen Gruppe, den Borderline- und den histrionischen Persönlichkeiten seien die dynamischen Auffälligkeiten am deutlichsten, während in der paranoid-schizoiden Gruppe das Gewicht auf strukturellen Besonderheiten, emotionaler Kälte und Empathiemangel liege[475].

Das Risiko der Delinquenz werde bei seelischen Abweichungen in dem Maße erhöht, „in dem ein Missverhältnis zwischen einer instabilen und impulsiven Dy-

---

470 Janzarik, NA 1993, 427, 429

471 Janzarik aaO

472 Janzarik aaO

473 Janzarik aaO

474 Janzarik aaO

475 Janzarik aaO

namik und einer defizienten, in psychoanalytischer Terminologie ich-schwach gemachten Struktur" vorliegt[476]. Dabei soll dies nicht nur für Persönlichkeitsstörungen gelten, sondern auch für einige sexuelle Deviationen, „in denen ein durch Bejahung verfestigtes suchtähnliches Triebverhalten einer Desaktualisierung widerstrebt" [477].

In einem ersten Schritt bei der Zuordnung zur schweren anderen seelischen Abartigkeit werden somit zunächst im Bereich der Persönlichkeitsstörungen bzw. sexuellen Devianzen verschiedene Grundtypen gebildet, die sich von normalen Verhaltensweisen abgrenzen lassen. Für diese Grundtypenbildung soll das entscheidende Kriterium sein, wie sich strukturelle und dynamische Anteile im Verhältnis zueinander befinden. Grundlage sind dabei die Persönlichkeitstypen von Kurt Schneider[478].

Wenn sich durch diese strukturdynamische Herangehensweise die verschiedenen Typen von Persönlichkeitsstörungen bzw. von sexuellen Devianzen von normalpsychologischen Vorgängen abgrenzen lassen, könnte damit aber zunächst nur die Abartigkeit an sich festgestellt werden. Entscheidender Punkt, wäre dann der nächste Schritt, nämlich das Ausmaß dieser Störung oder Abartigkeit einzuschätzen.

Nach dem hier dargestellten strukturdynamischen Ansatz muss auch die Schwere der Abartigkeit vom „strukturellen Befund" her bestimmt werden, d.h. den Deformierungen und Defizienzen des individuellen Wertgefüges[479]. Grund dafür sei, dass „nur hier und nicht in den konturlosen Phänomenen des dynamischen Bereichs Invarianz und Identität aufzufinden sind"[480]. Diese Position wendet sich insofern gegen Saß[481], als dieser als schwere seelische Abartigkeit vor allem solche Zustände benennt, „die mit deutlichen dynamischen Auslenkungen oder Verschiebungen einhergehen, während charakterliche Abweichungen oder Verformungen der seelischen Struktur nur in Ausnahmefällen eine Rolle spielen, etwa bei wahnähnlichen querulatorischen Fehlentwicklungen"[482].

Die Einschränkung, dass die Abartigkeit auch schwer sein müsse, damit man überhaupt zur Prüfung der Einsichts- und Steuerungsfähigkeit auf der zweiten

---

476 Janzarik, NA 1993, 427, 432

477 Janzarik aaO

478 siehe dazu: Schneider, Klinische Psychopathologie, S. 21f.

479 Janzarik, NA 1993, 427, 432

480 Janzarik, NA 1993, 427, 432

481 Saß, Psychopathie, S. 115

482 siehe dazu Kröber, NA 1995, 532, 538

Stufe komme, verweise jedoch auf einen „Ermessensspielraum, der bei der Abgrenzung von Verhaltensvarianten auf die psychiatrischen Feststellungen gilt“[483].

In jüngster Zeit[484] hat Janzarik zur Ausfüllung dieses Ermessensspielraumes auf das von Saß vorgeschlagene psychopathologische Referenzsystem verwiesen.

3.5.2 Stellungnahme

Es fragt sich, ob ein solches von Janzarik entwickeltes Strukturmodell diesen Ermessensspielraum untergliedern oder ausfüllen und so dem Richter einen Orientierungsrahmen geben kann. Welche Struktur muss vorliegen, um das letzte Merkmal der §§ 20, 21 auf der ersten Stufe der Schuldfähigkeitsprüfung feststellen zu können?

Ansatzpunkt ist auch bei Janzarik, dass die psychiatrischen Diagnosen allein für eine Zuordnung nicht ausreichen. Als Konsequenz daraus werden Grundtypen von Persönlichkeiten gebildet, die auf denen von Kurt Schneider aufbauen und die je nach ihrem Verhältnis von Dynamik und Struktur von normalen Verhaltensweisen abgegrenzt werden sollen.

Auch die Schwere einer so als Abartigkeit eingeordneten Störung soll sich vom strukturellen Befund her bestimmen lassen, von Deformationen des individuellen Wertgefüges. Wie diese Deformierungen aussehen sollen und wie innerhalb dieses Kriteriums verschiedene Grade einer Schwere erkennbar sein sollen, geht aus den Ausführungen von Janzarik jedoch nicht hervor. Konkrete Kriterien, die den Richter bei seiner Entscheidung unterstützen können, fehlen. Insbesondere ist eine normative Grenzziehung innerhalb des strukturellen Befundes, der als Kriterium die Schwere abgrenzen soll, nicht ersichtlich.

So weist Janzarik selbst darauf hin, dass Fragen der konkreten Begutachtung sich mit seinen Hinweisen nicht beantworten lassen[485]. Das Strukturmodell könne „nur einen ordnenden Rahmen entwerfen, in dem der Einzelfall seinen Platz findet, es kann Wege andeuten, die einen Zugriff versprechen“, die individuelle Lösung lasse sich aber nicht normieren[486]. Auf einer „letzten Stufe der Annäherung“ seien vielmehr sowohl Kennerschaft und die normativ wertende Entscheidung erforderlich[487].

---

[483] Janzarik, NA 1993, 427, 429

[484] Janzarik NA 2000, 181, 184

[485] Janzarik, NA 1993, 427, 433

[486] Janzarik aaO

[487] Janzarik aaO

Die Konkretisierung der Schwere wird somit auch bei diesem Ansatz trotz des späteren Hinweises auf Saß im Dunkeln gelassen. Dies mag wohl auch daran liegen, dass das Hauptaugenmerk von Janzarik auf die psychopathologische Klärung der Begriffe Einsicht und Steuerung gerichtet ist, die erst auf der zweiten Stufe der Schuldfähigkeitsprüfung eine Rolle spielen. Der Schwerpunkt der Prüfung ist deshalb wohl auch bei Janzarik auf dieser zweiten Stufe zu suchen.

In der Literatur wird dennoch der bei diesem Ansatz geforderte große Ermessensspielraum begrüßt, weil er, im Sinne vom psychopathologischen Referenzsystem von Saß, auch auf klinische Erfahrung der Einsichts- und Steuerungsfähigkeit von Psychotikern zurückgreift. Dieser Gedanke kann bei der vorliegenden Untersuchung aber keine Rolle spielen, weil dies nur die zweite Stufe betreffen würde; Gegenstand der Untersuchung ist aber nur die erste.

So ist das Modell des strukturdynamischen Ansatzes ein weiterer Versuch, die schwere seelische Abartigkeit, das vierte gesetzliche Merkmal in § 20, näher zu konkretisieren, diesen Rechtsbegriff mit psychopathologischen Erkenntnissen (bzw. psychiatrischen Inhalten im weitesten Sinne) zu verknüpfen und eine Transformation von psychiatrischen Begutachtungsergebnissen zu einer juristischen Entscheidungsgrundlage zu ermöglichen.

Eine Hilfestellung für den Richter bei seiner konkreten Entscheidung, was die Schwere der seelischen Abartigkeit nun ausmachen soll, ist damit aber nicht geschaffen worden. Auch Janzarik ist zu sehr der psychiatrischen Seite verhaftet, als dass er die Schwere so mit Inhalt ausfüllen könnte, dass der Richter für eine Graduierung bei der Abartigkeit Anhaltspunkte hat, und dadurch bei seiner Entscheidung nicht nur auf seinen Lebens- und Erfahrungshorizont bzw. die subjektive Einschätzung oder auf die lediglich übernommenen laienhaften rechtlichen Wertung des zu diesem Thema befragten Sachverständigen zurückgreifen muss.

3.6 Der strukturale Ansatz von Luthe

3.6.1 Darstellung

Luthe schlägt einen strukturalen Ansatz für die Schuldfähigkeitsbegutachtung vor. Basis dafür ist sein Standpunkt, dass die erforderliche Transformation der deskriptiven Begriffe und Ergebnisse der Psychopathologie in das System der Rechtsbegriffe, wie die schwere andere seelische Abartigkeit, „solange zum Scheitern verurteilt ist, solange den psychopathologischen Begriffen der Ordnungsgesichtspunkt fehlt, der nur aus ihnen selbst abgeleitet werden kann“[488]. Bei der Schuldfähig-

[488] Luthe, in: FS für Schewe, S. 239, 241

keitsbeurteilung müsse systematisch vorgegangen werden, maßgebliche Merkmale müssten systeminhärent sein[489]. Rechtssicherheit und Rechtsgleichheit könnten nur verwirklicht werden, wenn man zu einem „überprüfbaren Urteil aufgrund rationaler Kriterien“ komme[490], wenn „die subjektive Willkür des Gutachters gegen Null strebt, wenn sie schon nicht ganz abzuschalten ist“[491]. Das Problem sei, dass man „gegenüber dem konkreten Phänomen der (klassischen) Geisteskrankheit in seiner vollen Ausprägung im forensischen Zusammenhang meist spontan geneigt ist, der psychopathologischen Anmutung zu vertrauen, weil es ausreicht, intuitiv zu erfassen, um unmittelbar zu wissen, dass man einen Geisteskranken nicht für sein Tun verantwortlich machen kann“[492]. Aufgrund der phänomenologischen Vielgestaltigkeit in der Praxis könnten aber „diese Intuition und ihr Fehlen bei weitem nicht ausreichen, um die erforderliche Sicherheit des Urteilens zu gewährleisten“[493].

Das Mittel, um Rechtsgleichheit zu erreichen solle sein, „dass alle Gutachter gleiche Grundsätze anwenden und diese für die Gerichte gleich praktikabel sind“[494]. Dadurch könnte die heutige Praxis vermieden werden, dass „in manchen Fällen allein die Anwendung des wissenschaftlichen Fachjargons die Ursache dafür ist, dass die Überschreitung der Kompetenz einfach hingenommen wird“[495]. Die Auskunft, dass das Gericht nicht umhin komme, dem Sachverständigen zu vertrauen, sei bezeichnend[496].

Zur Handhabung dieses Problems schlägt Luthe eine strukturale Betrachtungsweise vor. Es handelt sich dabei um eine Methode, bei welcher der Psychiater „durch Untersuchung der Strukturierungsprinzipien des Bewusstseins, nämlich der Differenzierung (Akkommodation, Adaption) und Integrierung (Assimilation) zu einer Syndromlehre gelangen (soll), die als ein in sich geschlossenes System von tatsächlichen Erkenntnissen die Gesamtheit der psychopathologischen Erscheinungen nach ihrem phänomenologischen Stellenwert ordnet“[497]. Auf dem Boden einer solchen strukturalen Betrachtungsweise soll der Beobachter jederzeit, „wegen des systematischen Charakters der zu beobachtenden Phänomene, (wissen), an

---

489 Luthe, in: FS für Schewe, S. 239, 242

490 Luthe, Verantwortlichkeit, Persönlichkeit und Erleben, S. 19

491 Luthe, Die zweifelhafte Schuldfähigkeit, S. 18, 19

492 Luthe, Die strukturale Psychopthologie, S. 38

493 Luthe aaO

494 Luthe, Die zweifelhafte Schuldfähigkeit, S. 19

495 Luthe, Verantwortlichkeit, Persönlichkeit und Erleben, S. 19

496 Luthe aaO

497 Luthe, Forensische Psychopathologie, Vorwort S. VIII

welchen Stellen er suchen“ und hinschauen müsse. Das sich daraus ergebende forensisch-psychiatrische Wissen könne in ein Koordinatensystem eingetragen werden. Aus der Kenntnis der überhaupt gegebenen Möglichkeiten der Strukturveränderung solle sich dann die sichere Rangordnung des einzelnen Phänomens und daraus die rechtliche Konsequenz ergeben[498].

Luthes System differenziert zwischen der Art des Strukturmangels (Abbau und/oder Zerfall) und dessen Ausmaß (schwach, mittel, stark) auf die biographische Relevanz des Einzelfalles[499]. Beim letzten Aspekt solle auch danach zu fragen sein, ob die Störung den Lebenslauf umgreife (dann handele es sich um eine Psychopathie oder Psychose) oder ob dieser die Störung umgreife (dann handele es sich um Schwachsinn oder Demenz)[500].

Dabei wird von der Voraussetzungen ausgegangen, „dass Psychisches einer allgemeinen Gesetzmäßigkeit folgt und damit logisch formal zu erfassen ist, also eine Struktur hat, d.h. konstruktivistisch definiertes Phänomen eines der empirisch-logischen Überprüfung zugänglichen Bewusstseins ist, dass also jede psychische Erkrankung als Abänderung dieser Struktur in Erscheinung tritt“[501].

Strukturabbau bzw. Strukturverlust des Bewusstseins sollen als abstrakte Kriterien herangezogen werden. Krankhafter Strukturverlust zeige sich als pathologische Abwandlung von Bedeutung und Gegenstand im Thema des Erlebens[502]. Dabei gebe es „genauso wie es zwei Entstehungsweisen der Struktur gibt, zwei Formen des Strukturverlusts“. Struktur gehe verloren, „indem Bedeutung sich aus den Formen, in denen wir sind, zurückzieht. Dies kann empirisch entweder als Verlust der (gewollten) Einheit des Erlebens oder als Verlust von dessen (gewusster) Vielfalt in Erfahrung gebracht werden“[503]. In den Ausführungen wird versucht, dies anhand von Beispielen zu zeigen, Erläuterungen dieser Abstraktionen zu geben. So hänge eine „krankhafte Strukturabweichung, bei der als Bindungslosigkeit zum Ausdruck kommenden Integrationsschwäche des Psychopathen, seine „volitive Funktionsstörung“, mit der Gemütslosigkeit zusammen“[504].

Das strukturale System wurde für die gesamte Psychopathologie entwickelt. Es differenziert psychische Störungen nicht nach ihrer Entstehung, d.h. unterscheidet

---

[498] im einzelnen Luthe, Forensische Psychopathologie, S. 92

[499] siehe dazu Luthe, Die zweifelhafte Schuldfähigkeit, S.97f.

[500] Luthe, Forensische Psychopathologie, S. 197

[501] Luthe, Forensische Psychopathologie, S. 91

[502] vgl. Luthe, Forensische Psychopathologie, S. 85

[503] Luthe, Die zweifelhafte Schuldfähigkeit, S. 97

[504] Luthe, zitiert bei Saß, Psychopathie, S. 109

nicht körperlich bedingte psychische Störungen wie Psychosen von denen ohne körperliche Ursache wie z.B. den Neurosen. Vielmehr ordnet es die jeweilige Störung in den Gesamtkontext ein. Entscheidendes Kriterium soll dabei der Mangel bzw. der Verlust von Bewusstseinsstruktur sein.

Aus den so festgestellten Strukturveränderungen solle sich dann die Widerlegung der im Schuldstrafrecht sonst unterstellten Verantwortungsfähigkeit ergeben[505]. Der Vorteil eines solchen formalen Maßstabs sei, dass die psychopathologischen Phänomene in ein nicht nur äußerliches sondern logisches Ordnungsschema gebracht werden könnten[506].

Ausschlaggebend sei somit allein die Strukturabweichung als solche, welche sich, ohne jeden Bezug auf einen Normbegriff, seinswissenschaftlich rational bestimmen lasse[507] Damit soll sich das, „was juristisch unter Schuldunfähigkeit zu verstehen ist, immer – gleichgültig welches seine spezifische Ursache ist – als Fehlen dieser beiden Aspekte einer Fähigkeit" darstellen. Der Strukturverlust sei „gemeinsamer psychopathologischer Nenner für alle denkbaren seelischen Störungen, auch für die schwere andere seelische Abartigkeit"[508].

3.6.2 Stellungnahme

Luthe verfolgt den Standpunkt, dass „allgemein verbindliche Aussagen im Rahmen der Schuldfähigkeitsbeurteilung nur auf den Nachweis der formalen Gesetzlichkeiten der Psychopathologie gestützt werden können", dass „nur ein Nachweis dieser formalen Kriterien den wissenschaftlichen Ausschluss der Verantwortungsfähigkeit begründen kann"[509]. Ziel sei es, „die herrschende Gutachtenpraxis, bei der Psychologen und Psychiater mit ihren persönlichen, subjektiven Wertungen über die Schuldfähigkeitsbeurteilung entscheiden und diese Entscheidung mit vor- oder scheinwissenschaftlichen Begründungen als verbindlich erklären, durch eine wirklich sachverständige Tätigkeit zu ersetzen"[510]. Er erkennt damit den grundsätzlichen Gedanken an, dass die Aspekte der Rechtssicherheit und Rechtsgleich-

---

505 Luthe, Forensische Psychopathologie, S. 203

506 Luthe, Verantwortlichkeit, Persönlichkeit und Erleben, S. 56

507 Luthe aaO

508 im einzelnen Luthe, Forensische Psychopathologie, S. 243

509 Luthe, Verantwortlichkeit, Persönlichkeit und Erleben, S. 74

510 Luthe, Die strukturale Psychopathologie, Vorwort S. VII

heit im Rahmen der Schuldfähigkeitsbeurteilung eines überprüfbaren Urteils aufgrund rationaler Kriterien bedürfen[511].

Es fragt sich, ob sein strukturaler Ansatz geeignet ist, diesen Forderungen nachzukommen.

Luthe hat seinen strukturalen Ansatz für alle seelischen Störungen aufgestellt. Auch für die Beurteilung der schweren anderen seelischen Abartigkeit als gesetzliches Merkmal sollen rationale Kriterien geschaffen werden. Fraglich ist, ob seine Differenzierung zwischen „psychiatrischem Wissen und juristischem Werten“[512] dabei hilfreich ist bzw. ob sein Vorgehen überhaupt mit der Gesetzessystematik bei der Schuldfähigkeitsprüfung vereinbar ist.

So soll seiner Meinung nach differenziert werden zwischen einer feststellenden Exkulpation durch den Sachverständigen, die nachweist, dass Schuld auszuschließen ist und der wertenden In-, De- und Exkulpation des Juristen, bei der das Maß der Schuld zu- oder aberkannt wird[513]. Die nach einem eventuellen Ausschluss der Schuldfähigkeit zu beantwortende Frage, „ob die grundsätzlich vorhandene Schuldfähigkeit unbeeinträchtigt, unerheblich gemindert oder aber erheblich vermindert ist“, falle „in die Kompetenz rechtlich-normativer Betrachtungen (des Richters)“[514].

Es ist Luthe dahingehend zuzustimmen, dass die Entscheidung über die Schuldfähigkeit letztlich in die richterliche Zuständigkeit fällt[515]. Es obliegt dem Sachverständigen auch nicht, positiv die Schuldfähigkeit festzustellen, er muss „lediglich auf bestimmte Ausschlussgrade hin untersuchen“[516]. Für verfehlt wird in der Literatur aber die These gehalten, dass ärztliche und juristische Beurteilung säuberlich voneinander getrennt werden könnten[517]. Eine Beschränkung des Psychiaters auf das sogenannte biologische Stockwerk oder gar auf körperlich fassbare bzw. postulierte Störungen entspringe zwar der Redlichkeit des Wissenschaftlers, der die Grenzen seiner Fachkompetenz nicht überschreiten will. Sie entspreche aber nicht dem gegenwärtigen Erkenntnisstand von den Bedingungskonstellationen psychischen Gestörtseins[518]. Die „normative Abstinenz des Psychiaters“ habe „weitrei-

[511] siehe Luthe, Verantwortlichkeit, Persönlichkeit und Erleben, S. 19

[512] Nachwort Witter in: Luthe, Verantwortlichkeit, Persönlichkeit und Erleben, S. 74

[513] Witter aaO.

[514] Witter aaO

[515] Siehe Fn 4; zustimmend auch Schreiber, NA 1977, 242, 246

[516] Schreiber aaO

[517] siehe dazu Schreiber aaO

[518] Schreiber aaO

chende normative Konsequenzen, nämlich den Ausschluss der Exkulpation bei vielen psychischen Störungen"[519]. Sie selbst sei damit alles andere als wertfrei[520].

Bei der geforderten Trennung zwischen psychiatrischem Wissen und juristischem Werten wird außerdem übersehen, dass Konsequenz aus der letztendlichen Kompetenz des Richters nicht ein Rückzug des Sachverständigen in „rein psychiatrisches Wissen" sein darf. Die Weite des Begriffs der schweren anderen seelischen Abartigkeit, als gesetzliches Merkmal der ersten Stufe der Schuldfähigkeitsprüfung, führt den Richter an Punkte, wo Schwierigkeiten nur im Zusammenhang mit dem psychiatrischen Sachverständigen zu lösen sind. Gerade die Grenzfälle, die Fälle zwischen voller Schuldfähigkeit und § 21 bzw. § 21 und § 20, machen dem Richter seine Entscheidung so schwer, gerade hier benötigt er irgendwelche Kriterien, die auch normative Komponenten haben müssen, auf welche er seine Entscheidung stützen kann.

Es wird dem Richter schwer fallen, seine „rechtlich-normativen" Betrachtungen vorzunehmen, wenn ihm, dem psychiatrischen Laien, jegliche rationalen bzw. wissenschaftlichen Kriterien fehlen, die eine Entscheidung im Nachhinein überprüfbar machen würden. Nur mittels solcher Kriterien könnten überhaupt Rechtssicherheit und Rechtsgleichheit gewährleistet werden. Eine strikte Trennung von psychiatrischem Wissen und juristischem Werten kann das Problem der fehlenden inhaltlichen Ausgestaltung des vierten Merkmals in §§ 20, 21 nicht beseitigen, im Gegenteil, das Trennen verhindert die erforderliche Transformation der gutachterlichen Ergebnisse in den juristischen Sektor.

Luthe tritt mit seiner strukturalen Methode an, um die Schuldfähigkeitsbeurteilung nachvollziehbar zu machen, indem rationale und einheitliche Kriterien verwendet werden. Insbesondere solle die Systematik eingehalten werden. Die Ausdrücke „schwer" (bei der seelischen Abartigkeit) bzw. „tief" (bei der Bewusstseinsstörung) wiesen darauf hin, dass Störungen und Abartigkeiten gemeint sind, die sich quantitativ und nicht qualitativ von der Norm unterscheiden. Quantitativ solle es speziell um die Schwere der seelischen Abartigkeiten und um die Erheblichkeit des Strukturverlusts hinsichtlich der Einsichts- und Steuerungsfähigkeit gehen[521].

Die entscheidende Frage, wie denn die Schwere der Abartigkeit bzw. die Abstufungen der psychischen, nicht körperlich bedingten Störungen festgestellt werden können, beantwortet Luthe aber nicht. Seiner Meinung nach ist „unter Intensität einer Störung offensichtlich das Maß der Entfernung von einer Norm, die jeder

---

[519] Schreiber aaO

[520] Schreiber aaO

[521] Luthe, Die zweifelhafte Schuldfähigkeit, S. 99f.

selbstverständlich in sich trägt, zu verstehen"[522]. Da es aber „schon unter Psychiatern äußerst problematisch" sei, „sich bezüglich dieser Norm zu verständigen, geschweige denn zu einigen", wird bei der strukturalen Methode diesem Problem ausgewichen. Man solle das Wegfallen dieser Problematik bei dem Ansatz begrüßen. Der strukturale Ansatz solle dem Psychiater „einen eindeutigen Maßstab bieten, der ihn hinsichtlich grundsätzlicher Entscheidungen von der Notwendigkeit freistellt, sich an irgendwelche Normen gebunden zu fühlen, die ihn in Abhängigkeit von den herrschenden Wertvorstellungen der Gesellschaft bringen und für Kritik anfällig machen"[523].

Daraus folgt wohl auch, dass bei diesem Ansatz im Rahmen der strukturellen Betrachtungsweise keine Maßstäbe zur Intensität der Störung aufgestellt werden, keine separat für die erste, hier entscheidende Stufe rationale Kriterien zur Verfügung gestellt werden. So sucht man vergeblich nach einem Hinweis darauf, ob es Abstufungen, und wenn ja, welche, dabei geben soll, wo mögliche Grenzlinien bei Differenzierung und Integration verlaufen und was die konkreten Kriterien für eine Strukturveränderung sein sollen.

Im übrigen stellt sich die Frage, ob die vom Gesetz vorgeschriebene Zweistufigkeit bei Luthe berücksichtigt wurde. Weil die vier in §§ 20, 21 genannten Alternativen nur eine „katalogisierend-vorsortierende Bedeutung" hätten, sollen erst die Merkmale der zweiten Stufe, Einsichts- und Steuerungsfähigkeit, über die Rechtsfolgen entscheiden können[524]. Ein eventueller Strukturverlust wird bei Luthe dann auch auf dieser entscheidenden Ebene erörtert. So solle der Nachweis des Strukturverlusts des Erlebens „auf direkte und direkt überprüfbare Weise die abgestufte Widerlegung von Einsichts- und Steuerungsfähigkeit" darstellen[525]. Damit wird die geforderte Differenzierung zwischen den beiden Stufen der Schulfähigkeitsprüfung aufgehoben.

Die erforderliche Bewertung wird auf der zweiten Stufe aber genauso schwierig wenn nicht schwieriger, weil dort, bei der hauptsächlich normativen Entscheidung, ohne konkrete Kriterien der Ermessensspielraum noch weiter ist.

Ausgangsforderung war, dem Richter, einem Laien auf dem Gebiet der Psychiatrie, Kriterien für seine Entscheidung im Rahmen von §§ 20, 21 an die Hand zu geben, die nachprüfbar und vor allem nachvollziehbar sind. Der Verweis auf fehlende Schuldfähigkeit bei Strukturveränderung des Bewusstseins ist auch mit sei-

[522] Luthe, Verantwortlichkeit, Persönlichkeit und Erleben, S. 18

[523] Luthe, Verantwortlichkeit, Persönlichkeit und Erleben, S. 56

[524] Luthe, Forensische Psychopathologie, S. 242

[525] Luthe aaO

nen Erläuterungen zu unkonkret, als dass der Richter tatsächlich eine Orientierung bei der konkreten Entscheidung hätte.

So ist Luthe in all seinen Forderungen bezüglich benötigter Rechtssicherheit und Rechtsgleichheit und auch in den aufgedeckten Kritikpunkten an der herrschenden Beurteilungspraxis zuzustimmen. Sein Ansatz vermag diese Problematik jedoch nicht hinreichend bzw. wie von ihm selber in Anspruch genommen zu klären, sondern reiht sich in die Liste derjenigen Versuche ein, die eine Entscheidung nur verschieben und das auch noch mit kaum konkreten Kriterien auf der dann entscheidenden zweiten Stufe.

3.7 Der Ansatz von Foerster

3.7.1 Darstellung

Foerster hat den Versuch gemacht, dem Problem der Weite und Konturenlosigkeit der schweren seelischen Abartigkeit durch die Verwendung einer Schwereskala beizukommen. Dafür wurde untersucht, ob der von Schepank entwickelte Beeinträchtigungsschwere-Score[526] (im folgenden als BSS zitiert) zur forensisch-psychiatrischen Beurteilung der schweren anderen seelischen Abartigkeit nach §§ 20, 21 eingesetzt werden kann[527].

Zu berücksichtigen sei dabei, dass „eine quantifizierende Darstellung psychopathologischer Phänomene nicht für sich alleine und isoliert stehen und auch nicht für sich alleine genügen kann, sondern darüber hinaus eine individualisierend vorgehende freie Deskription erforderlich ist“[528]. „Die diagnostische Beurteilung bzw. Beschreibung eines Probanden“ stelle „immer den ersten Schritt bei jeder gutachterlichen Tätigkeit dar“[529]. Der erste Schritt erfolge dabei „stets in einem kategorialen Bezugssystem mit der Entscheidung darüber, ob es sich bei einer vorliegenden Störung um eine körperlich begründbare psychische Erkrankung, um eine endogene Psychose, um eine Neurose bzw. Persönlichkeitsstörung oder um eine abnorme psychische Entwicklung handelt“[530].

Weiteres Argument für den Standpunkt, die quantifizierende Darstellung dürfe nicht isoliert stehen, sei, dass „jede Quantifizierung eine Reduktion der Phänome-

---

[526] Schepank, Z. Psychosom. Med. Psychoanal. 1982, 104, 110ff

[527] Foerster, MschrKrim 74 (1991), 49

[528] Foerster, NStZ 1988, 444, 445

[529] Foerster, in: FS für Schewe, S. 189, 190

[530] Foerster, MschrKrim 72 (1989), 83

ne bedeutet, aber auch bedeuten muss, um überhaupt Erfassbarkeit zu ermöglichen, wobei dies prinzipiell für alle psychopathologischen, psychodynamischen und interaktionalen Phänomene gilt"[531].

Der BSS von Schepank basiert auf dem Neurosenschwere-Score, der von Foerster in früheren Untersuchungen eingesetzt wurde[532]. Dieses „Quantifizierungsinstrument"[533] geht von einer stufenlosen Kontinuität zwischen Gesundheit und psychogener Störung aus. Das Ausmaß der psychischen Gestörtheit von Patienten soll dabei durch den BSS quantifiziert werden, indem „die psychogene Beeinträchtigung eines Menschen als Punktwert auf einer Skala dokumentiert" wird[534]. Hierbei sollen die psychogenen Krankheitssymptome danach beurteilt werden, „inwieweit der betreffende Mensch durch ihre Auswirkungen konkret beeinträchtigt ist bzw. war"[535]. Als verschiedene Subkategorien werden der körperliche Leidens- und/oder Beeinträchtigungsgrad, der psychische Leidens- und/oder Beeinträchtigungsgrad sowie die Auswirkungen auf die sozialkommunikativen Bezüge erfasst Diese Symptomatik werde „im zeitlichen Längsschnitt beurteilt, d.h. es wird kumulativ die im Laufe des Lebens auftretende Symptomatik erfasst"[536]. Mit dieser Längsschnittdiagnostik soll es möglich sein, Trait-Variable[537] zu erfassen und nicht State-Variable[538] der Untersuchungssituation. Dieses sei für die Begutachtungssituation entscheidend wichtig. Bei der Zusammenfassung der drei Subkategorien der BSS soll sich ein Punktwert zwischen 0 und 20 ergeben. Dabei stelle sich die Frage, ab welchem Punktwert man von einer „schweren" Störung sprechen könne[539].

Einen Hinweis darauf fand Schepank, indem er Patienten, die eine psychotherapeutische Ambulanz aufsuchten und/oder stationär behandelt wurden, also relativ schwer gestörte und häufig chronisch kranke Menschen, diesbezüglich untersuchte[540]. Dabei ergab sich, dass ein Wert von 10 bis 11 Punkten im BSS eine schwere Störung ausmachen sollte. Foerster fand bei seiner Untersuchung neurotischer

---

[531] Foerster, MschrKrim 72 (1989), 83, 85

[532] Foerster, Neurotische Rentenbewerber, S. 54f.

[533] Foerster/Heck, MschrKrim 74 (1991), 49, 50

[534] siehe dazu im einzelnen Foerster, MschrKrim 72 (1989), 83, 85

[535] Foerster aaO

[536] Foerster aaO

[537] = den Gesamtverlauf betreffend

[538] = den gegenwärtigen Status betreffend

[539] Foerster aaO

[540] Schepank, Z. Psychosom. Med. Psychoanal. 28 (1982), 104, 108ff.

Rentenbewerber bei forensisch-psychiatrischen Fragestellungen einen ähnlichen Punktwert[541]. Im strafrechtlichen Kontext wurde dieser Frage im Rahmen einer retrospektiven Studie nachgegangen, bei der 100 forensisch-psychiatrische Gutachten analysiert wurden[542]. Ausgewählt wurden solche, bei denen eine Persönlichkeitsstörung, Persönlichkeitsfehlentwicklung, Neurose oder Triebabweichung diagnostiziert wurde. Die Anwendung des BSS erfolgte hierbei „ohne vorherige Kenntnis des Gutachtenabschnitts Zusammenfassung und Beurteilung“[543].

Es wurde festgestellt, „dass Probanden, die der Merkmalskategorie „schwere andere seelische Abartigkeit“ zugeordnet worden waren, im BSS signifikant höhere Punktwerte erhielten, als Probanden, die dieser Kategorie nicht zugeordnet waren. Dabei wurde der Cut-off Wert, der zwischen beiden Gruppen statistisch signifikant trennt, bei fünf Punkten gefunden. Bei einem Punktwert von =<5 war das Vorliegen der schweren anderen seelischen Abartigkeit wahrscheinlicher als das Nichtvorliegen“. Eindeutig wurde die Zuordnung erst ab 7 Punkten; andererseits wurden auch Probanden mit Punktwerten unter 7 der schweren seelischen Abartigkeit zugeordnet[544]. Das Ergebnis soll so interpretiert werden, „dass der BSS ein zusätzlicher Anhaltspunkt zur Schweregradbestimmung sein kann, dass aber mit seiner Verwendung nicht der Anspruch erhoben werden darf, ein völlig trennscharfes, möglicherweise sogar einzig quantifizierendes Moment in der Hand zu haben. Der BSS misst nämlich die kumulative psychogene Beeinträchtigung. Bei der forensisch-psychiatrischen Beurteilung geht es aber um die Beurteilung des psychischen bzw. psychopathologischen Zustandes zum Tatzeitpunkt“[545].

Mit der Verwendung des BSS könne somit „lediglich die Basis für die Erfassung einer schweren psychogenen Störung gelegt werden. Alle übrigen Aspekte, insbesondere das Vorliegen oder Nichtvorliegen konstellativer Faktoren (seien) selbstverständlich zu berücksichtigen“[546].

3.7.2 Stellungnahme

Die quantifizierende Darstellung durch die BSS setzt systematisch richtig bei der ersten Stufe der Schuldfähigkeitsprüfung, hier beim Merkmal der schweren ande-

---

[541] Foerster, Neurotische Rentenbewerber, S. 54f.

[542] Heck, Die psychiatrische Beurteilung der sog. schweren anderen seelischen Abartigkeit

[543] Heck, Die psychiatrische Beurteilung der sog. schweren anderen seelischen Abartigkeit, S. 26

[544] vgl. Foerster/Heck, MSchrKrim 74 (1991), 49, 52; Heck, Die psychiatrische Beurteilund der sog. schweren anderen seelischen Abartigkeit, S. 96

[545] Foerster/Heck, MSchrKrim 74 (1991), 49, 52

[546] Foerster, in: FS für Schewe, S. 189, 193

ren seelischen Abartigkeit, an. Die Frage nach der Einsichts- und Steuerungsfähigkeit wird davon deutlich differenziert.

Vom Verfasser selbst wurde jedoch nach einer retrospektiven Überprüfung des Ansatzes festgestellt, dass die Verwendung der BSS nur ein zusätzliches, nicht das entscheidende Kriterium zur Quantifizierung der Schwere bei der schweren anderen seelischen Abartigkeit sein könne.

Der Ansatz von Foerster, der als einer der wenigen systematisch nicht nur zwischen den zwei Stufen der Schuldfähigkeitsprüfung unterscheidet, sondern auch differenziert, dass eine Störung erst kategorial zur Abartigkeit zugeordnet werden muss, bevor eine Schweregradeinschätzung vorzunehmen ist, kann damit leider nur erster Anhaltspunkt bei der Schweregradbeurteilung sein. Diese Schwere auszufüllen, vermag er dagegen nicht.

Aus diesem Grund wird auch in der Literatur auf den Ansatz von Foerster zurückhaltend eingegangen. Es solle „zunehmend leiser auf zukünftige Erfolge einer psychopathologischen Quantifizierung" gesetzt werden, „weil unklar bleibt, welche psychopathologischen Phänomene in welcher Quantität, Zusammenstellung und Intensität (generell und im Einzelfall) eine schwere andere seelische Abartigkeit konstituieren"[547]. Für Schreiber haben die „Quantifizierungsbemühungen im Ergebnis wenig weiter geführt"[548]. Es habe sich gezeigt, „dass primär qualitative Unterscheidungen auch für quantitative Entscheidungen im Bereich §§ 20, 21 erforderlich sind"[549].

Der BSS kann in seiner gegenwärtigen Fassung eine schwere psychogene Beeinträchtigung nur im Längsschnitt, und damit im gesamten Leben feststellen, aber noch keine Aussagen zum Zustand des Angeklagten zum Tatzeitpunkt machen. Um diesen Anforderungen zu genügen, müssten weitere Aspekte mit einbezogen werden[550]. Der von der Systematik her richtige Ansatz kann das Merkmal der schweren anderen seelischen Abartigkeit damit nicht ausreichend ausfüllen.

---

[547] Kröber, NA 1995, 532, 533

[548] Schreiber, in: Psychiatrische Begutachtung, S.23

[549] Schreiber aaO

[550] vgl. Foerster/Heck, MSchrKrim 74 (1991), 49, 52

3.8 Der Ansatz von Nedopil

3.8.1 Darstellung

Auch Nedopil hat sich mit der Frage auseinandergesetzt, wie die Schuldfähigkeitsbegutachtung objektivierter bzw. standardisierter und damit nachvollziehbarer gestaltet werden kann. Dafür entwickelte er das Forensisch Psychiatrische Dokumentationssystem (im folgenden als FPDS zitiert).

Basis des FPDS ist das klinisch bewährte AMDP-System. Dieses wurde von der Arbeitsgemeinschaft für Methodik und Dokumentation in der Psychiatrie (AMDP), entwickelt und herausgegeben, wobei die jeweiligen, in langjähriger Erfahrung entwickelten Dokumentationssysteme zum AMDP-System zusammengefasst wurden. Das System besteht aus fünf Belegbögen, bei denen, nach einer eingehenden Exploration, zutreffende Daten angekreuzt werden müssen. Dabei fragen die ersten drei Bögen nach der Anamnese (1: soziographische Daten; 2: life events; 3: bisherige Krankheitsgeschichte), der vierte Bogen nach dem psychischen und der fünfte nach dem somatischen Befund. Bei der Bearbeitung der Bögen ist in logischer Reihenfolge vorzugehen, d.h., erst muss die grundsätzliche Beurteilbarkeit, dann das eventuelle Vorhandensein und zuletzt erst eine Quantifizierung beantwortet werden[551]. Im Rahmen der Entwicklung des FPDS wurde das AMDP-System um die Beschreibung des bisherigen Verfahrensganges, eine Erfassung der Primärpersönlichkeit, Daten zur Kriminalanamnese und Tatumstände erweitert[552]. Diese Ergänzungen des AMDP-Systems wurden dabei in einem Manual operationalisiert, wobei versucht wurde, eine ähnliche Form wie das AMDP-Manual einzuhalten[553].

Das FDPS sollte der exakten und standardisierten Erfassung kriminologischer, psychopathologischer, sozialpsychologischer und biographischer Daten dienen. Darüber hinaus wird bei dem System aber auch der Anspruch erhoben, über ein „multiaxiales Zuordnungsmodell" mit den vorhandenen Daten eine klare Aussage zum Vorliegen von voller, verminderter oder aufgehobener Schuldfähigkeit zu machen.

Weil die klinische Diagnose kein Faktor sei, der für sich genommen Aufschluss bei der Schuldfähigkeitsbeurteilung geben kann, müsse man die Konsequenz ziehen, weitere Faktoren in einem Konzept zu berücksichtigen[554]. Beim Versuch, die verschiedenen Faktoren zu berücksichtigen, ergab sich ein solches „multiaxiales

[551] siehe hierzu AMDP, Das AMDP-System

[552] Nedopil/Graßl, Forensia 1988, 139

[553] Nedopil/Graßl aaO

[554] Nedopil/Graßl aaO

Modell". Dieses scheine am ehesten geeignet, die gutachterlichen Schlussfolgerungen nachvollziehbar zu erfassen[555]. Die Achsen entsprechen dabei nicht dem (multiaxialen) DSM-IV. Grund dafür sei unter anderem die Tatsache, dass es bei der Schuldfähigkeitsbegutachtung auf die zum Tatzeitpunkt vorliegenden Störungen ankommt, nicht aber auf die Diagnose zum Zeitpunkt der Untersuchung[556].

Das Vorgehen bei der Entwicklung des FPDS umfasste vier Schritte. Zunächst wurde ausgehend vom AMDP-System ein Dokumentationssystem entwickelt, das auch für die forensische Psychiatrie Aussagen machen können sollte. Das Dokumentationssystem (FPDS) wurde anhand von Gutachten analysiert und überprüft. Dabei wurde insbesondere untersucht, welche Einzelmerkmale charakteristisch für die einzelnen Schuldfähigkeitskategorien (volle Schuldfähigkeit, verminderte Schuldfähigkeit, Schuldunfähigkeit) sein können. Aufgrund dieser Analyse ergab sich ein Zuordnungsmodell für die Schuldfähigkeitsprüfung. Durch dieses sollte eine operationalisierte Zuordnung zu den Schuldfähigkeitskategorien möglich werden.

Das Zuordnungsmodell hat fünf Achsen, welche die für die Schuldfähigkeitsbeurteilung wesentlichen Informationen enthalten sollen. Achse 1 kennzeichnet die Psychopathologie bei der Untersuchung mit zwei Unterebenen, nämlich a) den akuten psychopathologischen Auffälligkeiten und b) den persönlichkeitsgebundenen Auffälligkeiten, d.h. überdauernde Züge. Achse 2 zeigt die Krankheitsanamnese mit den Unterebenen psychiatrische Krankheitsanamnese bzw. körperliche oder neurologische Vorerkrankungen. Achse 3 kennzeichnet Auffälligkeiten der Lebensentwicklung, Achse 4 die Entwicklung der Delinquenz (hauptsächlich aus subjektiv mitgeteilter Anamnese). Die fünfte Achse zeigt schließlich die Tatumstände. Dabei bestehen drei Unterebenen, nämlich a) die psychopathologischen Auffälligkeiten in der Tatsituation, sofern sie objektivierbar waren, b) die besonderen Einflussfaktoren (Alkoholisierungsintoxikation, besondere Konflikte) und c) intakte psychische Funktionen[557]. Dabei sollen „die syndromal gefasste Diagnose, der Verlauf der Symptomatik, die vermutete Ursache, die Besonderheiten der Primärpersönlichkeit, die für die relevanten Zeitpunkte (z.B. Tatzeitpunkt oder Abgabezeitpunkt einer Willenserklärung, Untersuchungszeitpunkt, etc.) festgestellten psychosozialen Beeinträchtigungen getrennt auf Achsen eines multiaxialen Vorgehens zu beschreiben" sein[558]. Erst aus der Zusammenschau dieser Ach-

---

[555] Nedopil/Graßl, Forensia 1988, 139; Nedopil, MSchrKrim 71 (1988), 117, 125; Nedopil, Forensische Psychiatrie, S. 83

[556] Nedopil, Forensische Psychiatrie, S. 83

[557] Näheres dazu bei Nedopil/Graßl, Forensia 1988, 139, 143

[558] Nedopil, Forensische Psychiatrie, S. 84

sen lasse sich zum jeweiligen Einzelfall die forensische Relevanz einer Störung ableiten[559].

Schuldunfähigkeit ergab sich dabei bei starken Gewichten auf den Achsen 5,1 und 2 (d.h. bei ausgeprägter Psychopathie zur Tatzeit, akuten psychopathologischen Auffälligkeiten zum Zeitpunkt der Untersuchung und einer psychiatrischen Krankheitsanamnese). Verminderte Schuldfähigkeit ergab sich im Modell bei starker Gewichtung auf den Achsen 5b, etc.. Volle Schuldfähigkeit wurde gesehen bei durchgängig fehlender psychopathologischer Auffälligkeit früher, zum Tatzeitpunkt und bei der Untersuchung bei Besetzung Achse 4 (typische delinquente Entwicklung).

Anschließend wurden Dokumentationssystem und Zuordnungsmodell prospektiv (anhand von Probanden) auf ihre Brauchbarkeit hin überprüft. Als problematisch stellte sich dabei heraus, dass das FPDS einerseits „für eine routinemäßige Anwendung zu umfangreich ist“, andererseits aber „immer wieder bemängelt wurde, dass der eine oder andere Fragenkomplex noch nicht ausreichend erfasst wurde und auch vorgeschlagen wurde, wie und wo erweitert werden müsste“[560]. Daraufhin wurde eine Kurzform des Systems entwickelt (Kerndokumentation)[561]. Bei dieser Kurzfassung wurden Teile „die bei der Auswertung des FPDS nur sehr wenig Bedeutung hatten nur sehr verkürzt in die Kerndokumentation aufgenommen“[562]. Auf der anderen Seite wurden probeweise andere Punkte beigefügt, wie z.B. die diagnostische Zuordnung nach ICD-10 und das multiaxiale Zuordnungssystem. Da dieses Kurzsystem weiterer Untersuchungsreihen bedurfte, konnte Nedopil zunächst noch nicht formulieren, ob sein Ziel, über die verfolgte Standardisierung und Operationalisierung der Dokumentation hinaus auch Aussagen über die Schuldfähigkeit machen zu können, mit diesem System erreicht werden konnte.

Der Überprüfung dieses Systems haben sich Kröber, Faller und Wulf angenommen[563]. Sie untersuchten, ob das multiaxiale Modell von Nedopil wirklich Aussagen zum Vorliegen voller, verminderter oder aufgehobener Schuldfähigkeit machen kann. Anhand von 232 Gutachten wurde geprüft, ob die vorgeschlagenen Achsenprofile die verschiedenen Schuldfähigkeitsgruppen treffend und zwingend

---

559 Nedopil aaO

560 Nedopil/Graßl, Forensia 1988, 139, 145

561 Vorher 512 jetzt 120 Items, die auf zehn Seiten zu beantworten sind: Nedopil/Graßl, Forensia 1988, 139, 146

562 z.B. der körperliche und neurologische Befund des AMDP-Systems, siehe Nedopil/Graßl aaO

563 Kröber, Faller, Wulf, MschrKrim 77 (1994), 339ff.

charakterisieren[564]. Dabei ergab sich, dass für die Gruppe der verminderten Schuldfähigkeit keine stabile Achsenkombination ermittelt werden konnte, die gleichzeitig zu beiden anderen Schuldfähigkeitsgruppen (nämlich voller Schuldfähigkeit und Schuldunfähigkeit) trennte[565].

Sie befanden nach dieser Analyse, dass sich das FPDS als objektives Dokumentationssystem bewährt habe[566]. Als valides Instrument zur standardisierten Schuldfähigkeitsbegutachtung könne es aber nicht herangezogen werden.

Ursache bzw. Schwierigkeit scheine dabei insgesamt zu sein, dass gleiche Merkmale im biographischen Kontext gegensätzliche Bedeutung für die Schuldfähigkeit haben[567]. „Bei zunehmender Zahl von Kriterien für die Charakterisierung einer Schuldfähigkeitsgruppe" wüchse „die Gefahr, Kennzeichen einer anderen Schuldfähigkeitsgruppe miteinzubeziehen. Anders ausgedrückt: Eine Schuldfähigkeitsgruppe ist nicht allein durch das Auftreten eines Merkmals an sich charakterisiert, sondern auch durch dessen Ausprägung und dessen Bedeutung im Kontext der anderen Merkmale". Dies weise darauf hin, „dass eine Schuldfähigkeitsgruppe zumindest nicht durch eine Merkmalskombination alleine überschneidungsfrei operationalisiert werden kann"[568]. Vom Auftreten bestimmter Merkmale sicher auf eine Schuldfähigkeitsgruppe zu schließen sei deshalb nicht möglich[569].

Folge davon sei, „dass das multiaxiale Zuordnungsmodell am Problem der Grenzflächen, der Übergangsbereiche speziell zwischen voller und verminderter Schuldfähigkeit sowie zwischen verminderter Schuldfähigkeit und Schuldunfähigkeit" scheitere[570]. Als problematisch und mit den gegebenen Mitteln kaum verlässlich bestimmbar, erweise sich der ganze Bereich von § 21. Insbesondere bei der schweren seelischen Abartigkeit und der tiefgreifenden Bewusstseinsstörung, könne dieser Zwischenbereich nicht klar definiert werden. Die Unterscheidung zwischen Schuldfähigkeit und Schuldunfähigkeit werde dagegen in aller Regel recht sicher getroffen[571].

---

[564] Kröber, Faller, Wulf, MSchrKrim 77 (1994), 339, 342

[565] Kröber, Faller, Wulf, MSchrKrim 77 (1994), 339, 348

[566] Kröber, Faller, Wulf aaO

[567] Kröber, Faller, Wulf aaO

[568] im einzelnen Kröber, Faller, Wulf, MschrKrim 77 (1994), 339, 347

[569] Kröber, Faller, Wulf aaO

[570] Kröber, Faller, Wulf, MSchrKrim 77 (1994), 339, 348

[571] zum Ganzen: Kröber, Faller, Wulf aaO

3.8.2 Stellungnahme

Nedopil ist zuzustimmen, dass die Schwere einer Störung mit einer quantifizierenden Methode konkretisiert werden soll. Im Gegensatz zu Foerster versucht Nedopil dabei explizit auf den Zeitpunkt der Tat abzustellen, indem auch Aspekte wie die Erfassung der Primärpersönlichkeit und die Tatumstände mit in die Beurteilung einbezogen werden.

Nach der psychiatrischen Überprüfung dieses Systems auf die Brauchbarkeit hin wird jedoch deutlich, dass das FDPS und das Zuordnungsmodell in der praktischen Durchführung scheitern. Wenn gerade der Bereich des § 21 und das ungenaue Merkmal der schweren anderen seelischen Abartigkeit mit dieser Vorgehensweise nicht weiter bestimmt werden können, hilft es nicht weiter, dass der Ansatz als einer der wenigen konkret bei der Quantifizierung ansetzt. Aussagen, die dem Richter Orientierung geben könnten, wie z.B. eine bestimmte Achsenkombination für die verschiedenen Schuldfähigkeitsgruppen, können nicht getroffen werden.

Nedopil selber räumt ein, dass das ursprüngliche Ziel, die Quantifizierung im Rahmen der Schuldfähigkeit, nicht erreicht werden konnte. Das FPDS soll deshalb hauptsächlich zu psychiatrischen Dokumentationszwecken herangezogen werden[572]. Für ihn bleiben die „Grenzziehungen zwischen Schuldfähigkeit, verminderter Schuldfähigkeit und Schuldunfähigkeit weitgehend normativ gesetzt und ändern sich mit Zeitgeist und höchstrichterlichen Entscheidungen“[573]. Von empirischem Wissen hingen sie nur sehr begrenzt ab. So sei es nicht möglich, „allgemein verbindliche Regeln und Grenzziehungen, sog. harte Kriterien für die (..) quantitative Ausprägung einer Störung“ anzugeben[574].

Obwohl Nedopil selber eingesteht, dass „eine multiaxiale Betrachtung für die Umsetzung klinischer Sachverhalte in die juristische Denkweise und Terminologie nicht optimal sein mag“, möchte er weiter an ihr festhalten. Seiner Meinung nach „erhöht (sie) die Transparenz gutachterlicher Schlussfolgerungen und wird der Komplexität menschlichen Verhaltens eher gerecht, als das Abfragen eines eindimensionalen Kriterienkataloges“[575]. Aus dem Scheitern dieses Ansatzes wird die Folgerung gezogen, dass es „allemal ein Vorteil und kein Nachteil“ sei, „dass der Psychiater eine dem Juristen nachvollziehbare Beurteilung statt isolierter Zahlenwerte zu bringen hat“, dass er „Gründe nennen und Schlüsse nachvollziehbar

---

[572] Nedopil, Forensische Psychiatrie, S. 297

[573] Nedopil aaO

[574] Nedopil, Forensische Psychiatrie, S. 84

[575] im einzelnen Nedopil, Forensische Psychiatrie, S. 84

zu machen hat. Wird er nicht verstanden oder überzeugt er nicht, geht dies zu seinen Lasten“[576].

In der Praxis gehen eine Fehlbegutachtung bzw. Probleme bei der Umsetzung der gutachterlichen Ergebnisse aber wohl eher zu Lasten des Täters, der möglicherweise in den Maßregelvollzug gelangt.

Außerdem führt eine solche Handhabung wieder zu einer Abhängigkeit des Richters vom Sachverständigen, weil ersterer keine Orientierungspunkte hat, vielmehr auf „rechtliche Bewertungen“ des Sachverständigen zurückgreifen muss. Sind gerade die Grenzbereiche und der gesamte Bereich des § 21 insbesondere beim letzten gesetzlichen Merkmal problematisch, kann das FPDS keine ausreichende Antwort geben auf die hier gestellte Frage, wie die schwere andere seelische Abartigkeit durch einen diagnostischen Ansatz ausgefüllt werden kann.

3.9 Der Ansatz von Schorsch

3.9.1 Darstellung

Schorsch geht als Sexualwissenschaftler bei seinem Modell der progredienten psychopathologischen Entwicklungen von den sexuellen Deviationen aus. Als Konzept für die schwere andere seelische Abartigkeit schlägt er vor, die Leitsymptome von Giese, die dieser zur sexuellen Süchtigkeit aufgestellt hat und die ihrerseits auf frühere Überlegungen von v.Gebsattel zurückgehen, in ein allgemeines Schema progredienter psychopathologischer Entwicklungen zu übertragen.

Um sein Vorgehen nachvollziehen zu können, ist es erforderlich, die Ansätze von Giese und v.Gebsattel näher zu beleuchten, weil sie die Grundlage für Schorschs Gedankengang darstellen.

v.Gebsattel wollte den Suchtbegriff nicht auf Toxikomanien, d.h. Giftsüchte (Alkoholismus, Morphinismus, Kokainismus, etc.) beschränkt sehen[577]. Vielmehr sollte auch dauerhaftes, sich verstärkendes Fehlverhalten des Menschen, insbesondere auf dem Gebiet der sexuellen Verirrungen einen süchtigen Einschlag haben[578]. Ausgangspunkt sei die Norm „eines sich selbst entfaltenden und gestaltenden Lebens, dem ein präsentisch im Hier und Jetzt aufgehender Lebensstil (wie bei den dissozialen Persönlichkeiten) krass entgegengesetzt ist“[579]. Der dissozial

---

[576] Kröber, Faller, Wulf, MschrKrim 77 (1994), 339, 351

[577] v.Gebsattel, in: Prolegomena, S. 221f.

[578] v. Gebsattel, in: Prolegomena, S. 222

[579] v. Gebsattel, zitiert bei Kröber, NA 1995, 532, 535

Lebende sei dadurch stets der Süchtigkeit verfallen, weil er sich der Aufgabe der Selbstgestaltung begibt, die nur durch Maßhalten möglich wird und den Selbstgenuss zum Lebensinhalt macht.

Insofern sei die Sucht zu verstehen als „Ausweichen vor der inneren Leere in die Aktion, den Raum, der aber den Handelnden stets unbefriedigt zurücklasse, so dass das Manöver wiederholt, ja, destruktiv gesteigert und in teils absurden Formen ausgebaut werden muss". Dies ändere nichts daran, „dass es sich um eine sterile Kreisbewegung handele, in der der Mensch auf der Stelle" trete. Er scheide „aus der lebensimmanenten Zeit aus, die Entwicklungsbedingung der Persönlichkeit und ihrer Gestaltwerdung ist". Es komme zu einer Progredienz, die sich zunächst als Scheinverwirklichung und Ausschmückung der Oberfläche maskiert, aber durch zunehmende Entleerung und eine „Schrumpfung des gesamten Lebensspielraumes" gezeichnet ist, bis schließlich „alle sonstigen Inhalte, Aufgaben und Interessen von dem einzigem großen Interesse verschlungen werden". Dies besteht darin, sich im süchtigen Akt zu fühlen, und dem Sich-Nicht-mehr-Fühlen zu entkommen[580].

Für v.Gebsattel sind diese Verläufe als existentielles Scheitern anzusehen. Keinesfalls will er sie als Krankheit im klinischen Sinne verstanden wissen. Damit befindet er sich mit seiner Ansicht entgegengesetzt zu jenem Suchtkonzept, dass die Suchtmittel völlig in den Mittelpunkt stellt („Teufel Alkohol") und bei dem „bis dahin problemlos unauffällige Menschen" Opfer werden". Gebsattel sieht im existentiellen Scheitern eine schuldhafte Verfallenheit, und zwar nicht an das Suchtmittel, sondern an die Sucht[581].

Ausgehend von dieser Erweiterung des Suchtbegriffs durch Gebsattel hat Giese Leitsymptome herausgearbeitet, die den Verlauf der sexuellen Perversionen, welche dann nach Gebsattel grundsätzlich auch zur Süchtigkeit führen können, prototypisch charakterisieren sollen. Dabei differenziert Giese zwischen drei Ebenen mit ihren jeweiligen Unterpunkten. Auf der ersten, beobachtbaren Verhaltensebene sind dies die Unterebenen Zunahme der Frequenz, Ausbau der Praktik, Periodizität und Promiskuität/Anonymität; auf der zweiten, explorierbaren Ebene des qualitativen Erlebens die Unterebenen Ausbau der Phantasie, abnehmende Satisfaktion und innere Unruhe/vegetative Symptome sowie auf der dritten, interpretativen, Ebene die Unterebenen Verfall an die Sinnlichkeit und süchtiges Erleben.

Als Kernstück von Gieses Arbeit wird „das konsequente und systematische Unterfangen, im konkreten Einzelfall zu differenzieren, wann wir es mit einem lediglich abnormen, d.h. nur abweichenden und wann mit einem kranken Sexualverhal-

---

[580] im einzelnen dazu: v.Gebsattel, in: Prolegomena, S. 231f.

[581] siehe zum Ganzen: v. Gebsattel, zitiert bei Kröber, NA 1995, 532, 535

ten zu tun haben“, betrachtet[582]. Genau dies ist auch die Verbindung zur forensischen Fragestellung, die hier untersucht werden soll. Wenn sein Arbeitsthema die Frage beantworten hilft, wann „ein Sexualstraftäter, der sich vor Gericht verantworten muss, für seine Handlungen verantwortlich ist und wann nicht oder nicht in vollem Umfang“[583], könnten sich hierdurch Grenzen gradueller bzw. quantifizierbarer Art zwischen kranken und abnormen Verhaltensweisen ziehen lassen.

Giese orientiert sich bei seinem Unterfangen nicht an der Entstehung der Deviation, sondern ausschließlich an der Phänomenologie. Grob gesehen werden zwei Arten bei den sexuellen Deviationen unterschieden. Bei der einen, der sexuellen Fehlhaltung, lassen sich die abnormen sexuellen Triebwünsche in irgendeiner Weise, z.B. durch Platzeinräumen oder Verheimlichen ins ansonsten ungestörte und selbstkontrollierte Leben integrieren[584]. Bei der anderen Gruppe hat die Deviation eine (ganz) andere Verlaufsform, weil es hier „gerade nicht gelingt, die Deviation zu integrieren“[585]. Die deviante Sexualität zeige dann ein Eigenleben und häufig „eine fortschreitende, die Persönlichkeit besetzt haltende und sie beanspruchende Ausfüllung des Erlebnisraumes. Das perverse Geschehen“ laufe „geradezu selbsttätig weiter“[586].

Durch das Herausarbeiten dieser Leitsymptome möchte Giese die zweite Verlaufsform, die deviante Sexualität, „so objektivierbar wie möglich herausstellen und erfassen, und zwar nach Kriterien, die aus dem klinischen Erscheinungsbild abgeleitet und deshalb vorwiegend explorativ erfahrbar sind“[587]. Dabei solle der Vorteil darin bestehen, dass durch diese Orientierung an der Klinik die Kriterien nachprüf- und vollziehbar seien und außerdem eine Brücke zur krankhaften seelischen Störung geschlagen werde. Als Terminologie für die Differenzierung der zwei Arten von Devianzen schlägt Giese für die süchtigen Verlaufsformen den Begriff „Perversion“ vor, während er die anderen, nicht progredienten Abweichungen als sexuelle Fehlhaltungen bezeichnet[588].

Sein Schüler Schorsch hat die Ausweitung des Suchtbegriffs, bei der sich Giese an den Überlegungen von Gebsattel orientiert hat, kritisiert[589]. Er befürchtet, „un-

---

582 Schorsch, in: Perversion, Liebe, Gewalt, S. 11, 12

583 Schorsch, in: Perversion, Liebe, Gewalt, S. 11, 13

584 Giese bei Schorsch, in: Perversion, Liebe, Gewalt, S. 11, 13; siehe auch: Kröber, NA 1995, 532, 535

585 Schorsch, in: Perversion, Liebe, Gewalt, S. 11, 13

586 Schorsch bei Kröber, NA 1995, 532, 535

587 Schorsch, in: Perversion, Liebe, Gewalt, S. 11, 14

588 siehe dazu Schorsch aaO

589 kritisch zum Suchtbegriff auch: Krümpelmann, ZStW 88 (1976), 6, 22

ter dem Blickwinkel anthropologischer Sinnkategorien alle sorgsam geschiedenen Phänomene wie Gewohnheit, Zwang, Drang und Sucht in einem metaphorischen Einerlei zu vernebeln“[590]. Die „realen Gemeinsamkeiten zwischen der klinischen Sucht und der süchtig-perversen Entwicklung“ beschränkten sich „auf einige mehr oder weniger vage Analogien“[591]. Diese Begriffsüberdehnung führe „zu einem Verlust von Präzision. Aus dem Terminus für eine klinische Diagnose“ werde „eine Metapher“[592].

Trotz dieser kritischen Stellungnahme hat Schorsch den Versuch gewagt, Gieses Leitsymptome süchtig-perverser Entwicklungen in ein allgemeines Schema „progredienter psychopathologischer Entwicklungen“ zu übertragen. Ausgangspunkt für die Überlegungen war auch bei Schorsch die Sexualwissenschaft. Es sollte untersucht werden, ob es zu den Leitsymptomen von Giese analoge Leitsymptome gibt, die besonders schwere Verlaufsformen von allgemeinen psychischen Störungen diagnostizierbar machen[593].

In einem ersten Schritt wurden die von Giese aufgestellten Leitsymptome dahingehend geprüft, inwieweit sie perversionsspezifisch sind. Dabei zeigte sich, dass dies bei keinem der Leitsymptome der Fall ist[594]. Man kam zum Ergebnis, dass sich Gieses Leitsymptome ausnahmslos so umformulieren lassen, dass sie zu Leitsymptomen progredienter psychopathologischer Entwicklungen werden. Wie bei Giese wurden die Symptome in drei Ebenen geordnet[595].

In einem zweiten und dritten Schritt wurde nun geprüft, inwieweit diese herausgearbeiteten Symptome auch für andere forensisch relevante neurotische Symptombildungen bzw. sonstiger klinischer Symptome oder komplexerer psychiatrischer Syndrome zutreffen, d.h. ob und inwieweit progrediente Verlaufsformen dieser psychischen Störungen durch die neu entwickelten Leitsymptome beschreib- und diagnostizierbar sind[596]. Damit hielt man an der grundsätzlich verfolgten Differenzierung von Giese fest, zwischen abnormen Verhalten und „kranken“ psychischen Verläufen zu unterscheiden. Im Gegensatz zu diesem beschränken sich die Leitsymptome von Schorsch jedoch nicht auf die Triebstörungen bzw. sexuellen Deviationen. Es wurde vielmehr ein Modell geschaffen, das durch sein ubiquitäres

---

[590] Schorsch, in: Perversion, Liebe, Gewalt, S. 11, 21

[591] Schorsch, in: Perversion, Liebe , Gewalt, S. 11, 20

[592] Schorsch aaO

[593] Schorsch, in: Perversion, Liebe, Gewalt, S. 139, 143

[594] Schorsch aaO

[595] siehe hierzu die Tabelle in: Schorsch, in: Perversion, Liebe, Gewalt, S. 139, 143

[596] dazu Schorsch, in: Perversion, Liebe, Gewalt, S. 139, 144

Gelten auch ein Konzept für die gesamte schwere andere seelische Abartigkeit darstellen soll.

Die Leitsymptome progredienter psychopathologischer Entwicklungen beinhalten damit:

I. Beobachtbare Verhaltensebene

1. Symptomhäufung

2. Ausgestaltung der Symptomausgestaltung

3. Intensitätsschwankungen des Symptoms

4. Lockerung/Verlust der personalen Einbindung

II. Explorierbare Ebene qualitativen Erlebens

5. Zunehmende Okkupierung des Erlebens durch das Symptom

6. Verlust der reparativen Stabilisierungsfunktion des Symptoms

7. Vitalisierte Dekompensationszeichen

III. Interpretative Ebene

8. Herabsetzung der Schwelle für die Symptomauslösung

9. Einengung der Realitätswahrnehmung auf Reizqualitäten des Symptoms

10. Angewiesensein auf das Symptom als „Rettungsanker"

Schorsch kam zu dem Ergebnis, dass die „Progredienz ein ubiquitäres psychopathologisches Phänomen ist, das einen Schweregrad bezeichnet und das diese Verlaufsform in einer objektivierbaren Form diagnostizierbar machen kann". Die isolierte Beschreibung der Progredienz bei Giese erwecke zwar irrtümlich „den Anschein, Progredienz sei eine Eigenart der Perversion. Gelegentlich wurde bestritten, dass es solche sexuellen Verlaufsformen überhaupt gibt"[597]. Diese Diskussion verliere aber ihre Berechtigung, beim Einordnen des Syndroms in die psychiatrische Krankheitslehre. Dabei würde sich nämlich zeigen, „dass Progredienz der Möglichkeit nach ein ubiquitäres Phänomen psychischer Störungen ist (z.B. bei Zwängen, Phobien, bei Querulanz, etc.). Sie sei ein „Phänomen, das sich psychodynamisch plausibel herleiten und begründen lässt"[598]. Eine psychische Symptombildung habe stützende Funktion und sei unter einem reparativen Aspekt

[597] Schorsch, in: Perversion, Liebe, Gewalt, S. 139, 142

[598] Schorsch aaO

zu sehen[599]. Sie diene zur „Wiederherstellung bzw. Aufrechterhaltung des inneren Gleichgewichts“. Damit habe „die Symptombildung eine angstbindende Funktion. Progredienz, d.h. ein immer häufigeres Inszenieren eines Symptoms, (trete) dann ein, wenn das gelegentliche Inszenieren des Symptoms nicht mehr ausreicht, um das innere Gleichgewicht zu bewahren, wenn dieses krisenhaft in Gefahr gerät“[600]. Daraufhin komme es zu einer immer häufigeren Wiederholung des Symptoms, wobei der Patient immer vergeblicher auf die reperative Funktion des Syndroms hoffe. Diese trete aber nicht mehr ein. Die frühere Beruhigung durch Inszenieren des Syndroms werde daher immer flüchtiger, die Befriedigung nehme ab[601].

Es bleibt festzuhalten, dass die Leitsymptome progredienter psychopathologischer Entwicklungen für den gesamten Bereich der seelischen Abartigkeit gelten sollen, also auch für Neurosen und Persönlichkeitsstörungen. Anhand dieser Symptome soll eine Schweregradfeststellung einer psychischen Störung möglich sein.

3.9.2 Stellungnahme

Nach Schorschs Untersuchungen kann die Progredienz ein zulässiges Merkmal bzw. Leitsymptom für andere, nicht sexuelle, psychische Abweichungen sein. Sie soll auch bei der Schuldfähigkeitsprüfung insofern hilfreich sein, als durch sie der Schweregrad einer psychischen Störung festgestellt werden könne. Damit könne eine Abgrenzung vorgenommen werden, welcher psychisch gestörte Täter für seine Tat verantwortlich war und welcher nicht bzw. nur eingeschränkt; die Störung werde in einer objektivierbaren Form diagnostizierbar[602].

Durch die Transformierung von Gieses Leitsymptomen sexueller Süchtigkeit in ein Schema für progrediente psychopathologische Entwicklungen wollte Schorsch generelle Leitsymptome formulieren und damit ein Modell schaffen, das die Verlaufsformen von psychischen Störungen "ebenso präzise diagnostizierbar macht, wie die sexuellen Perversionen im Sinne von Giese“[603]. Gieses Versuch, zwischen einer abnormen Fehlhaltung und einer süchtig-perversen Entwicklung zu unterscheiden, sei das bisher einzige Modell, an dem sich der forensische Psychiater orientieren könne, wenn es um die Entscheidung geht, ob die Störung eines sexu-

---

[599] Schorsch, in: Perversion, Liebe, Gewalt, S. 139, 142, ders. in: Perversion als Straftat, S. 32

[600] im einzelnen: Schorsch, in: Perversion, Liebe, Gewalt, S. 139, 142

[601] Schorsch, Perversion, Liebe, Gewalt, S. 139, 143

[602] Schorsch aaO

[603] Schorsch aaO

ell Devianten als schwer, d.h. die Schuldfähigkeit mindernd oder aufhebend, oder als nicht schwer anzusehen ist[604].

Zu prüfen ist, ob dieser phänomenologisch orientierte Ansatz von Schorsch auch den anfangs aufgestellten juristischen Anforderungen genügen kann.

In der Literatur wird kritisch hinterfragt, „wie hilfreich der Rekurs auf ein ubiquitäres Phänomen bei der Einzelfallbeurteilung sein kann“[605]. Doch die Tatsache, dass die Leitsymptome, jedenfalls nach der Transformation von Schorsch, über die sexuellen Deviationen hinaus auch für die anderen psychischen Störungen angewendet werden können, d.h. generell anwendbar sind, steht nicht im Widerspruch zu ihrer Brauchbarkeit und Zulässigkeit bei der Einzelfallprüfung. Aus juristischer Sicht wird bei der Schuldfähigkeitsprüfung ja gerade nach einem allgemeingültigen Konzept (nämlich für die Einordnung von Neurosen, Persönlichkeitsstörungen und Triebstörungen) gesucht, das dann in der Einzelfallprüfung eine Subsumtion ermöglicht. Nur durch einen solchen übergeordneten Rahmen von feststehenden Kriterien können Rechtssicherheit und Rechtsgleichheit gewährleistet werden, weil die Entscheidung nachprüfbar und objektivierbar gemacht wird.

Als weiterer Kritikpunkt wird angebracht, dass die Feststellung der Progredienz nicht ausreichend sei für eine Entscheidung im Rahmen der Schuldfähigkeitsprüfung, hier über die schwere andere seelische Abartigkeit. „Man möge bestimmte Auffälligkeiten a priori für unerheblich halten, da sie nicht progredient und insgesamt gut integriert und kontrollierbar sind (Fehlhaltung). Festgestellte Progredienz verlange aber eine genaue Prüfung, ob die fortschreitende Veränderung zu einer Überforderung der psychischen Möglichkeiten geführt hat; sie beantworte diese Frage aber noch nicht“[606].

Die Tatsache, dass sich durch die Progredienz „nur“ die Schwere der psychischen Störung diagnostizieren lässt, muss aber nicht gegen die Brauchbarkeit im Rahmen der Schuldfähigkeitsprüfung sprechen. Auf der ersten Stufe, bei der die schwere andere seelische Abartigkeit als Merkmal relevant wird, geht es nur um die Feststellung dieser Kategorie. Die Entscheidung, ob die psychische Störung in ihrer festgestellten Schwere auch die Einsichts- und Steuerungsfähigkeit des Täters, d.h. die psychischen Möglichkeiten, so beeinträchtigt hat, dass eine Schuldfähigkeit abgelehnt werden muss bzw. als eingeschränkt zu befinden ist, ist erst auf der zweiten Stufe zu treffen. Diese muss nur untersucht werden, wenn man

---

[604] Schorsch, in: Perversion, Liebe, Gewalt, S. 11, 15

[605] Kröber, NA 1995, 532, 536

[606] Kröber aaO

überhaupt das Merkmal auf der ersten Stufe bejahen konnte[607]. Schorsch differenziert sehr sorgfältig zwischen den Stufen, bei denen auf der ersten Stufe nach den psychischen Beeinträchtigungen der Einsichts- und Steuerungsfähigkeit durch die Störung nicht gefragt ist.

Als möglicherweise problematisch soll im weiteren dann aber die Tatsache erscheinen, dass es bei der Schuldfähigkeitsbegutachtung um die Feststellung eines Störungsgrades zum Tatzeitpunkt, d.h. einen definierten Zeitpunkt geht[608]. Dementsprechend brauche man „nicht nur Verlaufsdaten, sondern auch eine querschnittliche Befunderhebung. Dabei (werde) nach psychopathologischen Symptomen gesucht und versucht, aus beobachteten oder berichteten Verhalten auf psychische Symptome zurückzuschließen“[609]. Diesem Erfordernis werde Schorsch aber dort gerecht, „wo er die Progredienz wieder auf psychodynamische und psychopathologische Faktoren zurückführt[610]. Für das Gebiet der sexuellen Deviationen heiße das, dass „die progredienten Entwicklungen sexueller Deviationen, die süchtig-perversen Verläufe Gieses, also aufzufassen sind als Resultat einer Ablehnung und weitgehenden Negierung der sexuellen Deviation; die progrediente Dynamik, die zeitweise und periodisch ein Zusammenbrechen der Abwehr und Kontrolle bewirkt, wird in Gang gesetzt und unterhalten durch den Mechanismus der Abspaltung, durch Unfähigkeit zum Lusterleben infolge von Schuldgefühlen, ein starkes Selbstbestrafungsbedürfnis sowie durch den Ersatzcharakter der devianten Handlungen“[611]. Schorsch erfüllt damit auch die Voraussetzungen einer querschnittlichen Befunderhebung, so dass eine Beurteilung der Schwere einer Störung grundsätzlich möglich erscheint[612]. Ein Rückschluss auf einen Tatzeitpunkt soll bei der Feststellung der Progredienz damit möglich sein, wenn man die Entwicklung dieser diagnostischen Progredienz untersucht.

Fraglich ist allerdings, wie Progredienz einen Schweregrad bezeichnen soll, statt, wie normalerweise, die Veränderung eines Schweregrades. Nach einer Ansicht in der Literatur werde dieser „üblicherweise am erreichten Status festgemacht. Allenfalls möge die Geschwindigkeit der Progredienz (schleichend oder rasend) zusätzliche Hinweise zum Gewicht der Störung und zur Verlaufsprognose geben“[613]. An diesem Punkt ist mit einer kritischen Hinterfragung anzusetzen. Die

---

[607] siehe dazu S. 58

[608] Kröber, NA 1995, 532, 536

[609] Kröber aaO

[610] Kröber aaO

[611] Schorsch, in: Perversion, Liebe, Gewalt, S. 11, 28

[612] ebenso Kröber, NA 1995, 532, 536

[613] Kröber aaO

Leitsymptome, die bei diesem Ansatz aufgestellt werden, sind nur allgemeine Kriterien; eine Einordnung der Störung kann nicht unmittelbar durch sie vorgenommen werden. So wird auf der zweiten, explorierbaren Ebene des qualitativen Erlebens unter Ziffer 5. z.B. das Symptom „zunehmende Okkupierung des Erlebens durch das Syndrom" genannt. Auch der Begriff „zunehmend" stellt wie der Begriff der „Schwere" einer Störung einen ausfüllungsbedürftigen Begriff dar. Um wie viel die Okkupation anwachsen muss, um als „zunehmende Okkupation" angesehen zu werden, wird aber nicht ausgeführt. Auch bei dem ersten Symptom der ersten Ebene „Symptomhäufung" stellt sich die Frage, in welchem Unfang sich ein Symptom häufen muss, um es unter dieses Leitsymptom subsumieren zu können und die Störung als schwer einzuordnen.

Es wird deutlich, dass bei den Leitsymptomen progredienter psychopathologischer Entwicklungen keine eigenständige Wertung vorgenommen wird. Es erfolgt keine normative Einordnung, wann eine Störung schwer i.S.d. § 21 bzw. des § 20 sein soll, vielmehr werden nur die Kriterien genannt, anhand derer eine solche Wertung anschließend vorgenommen werden könnte. Sie können quasi Werkzeug für eine normative Entscheidung sein. Bei den Leitsymptomen für progrediente psychopathologische Entwicklungen wird damit nur festgestellt, dass sich ein Verhalten geändert hat. Es wird aber nicht deutlich, wie schwer die untersuchte Störung nach dieser Veränderung ist[614].

So ist der Ansicht zuzustimmen, dass die progrediente Entwicklung schließlich zur Verlaufsgestalt einer zugrundeliegenden Störung wird. Diese gelte es aber zunächst (als eine solche Störung) zu erkennen und anschließend (noch über die Leitsymptome hinaus) in ihrem Schweregrad zu bestimmen[615].

Um die Symptome wirklich als objektivierbare Entscheidungshilfe für den Richter verwenden zu können, müssten somit normative Vorentscheidungen getroffen werden und die Grenzbereiche für eine Einordnung (von Psychiatern und Juristen) festgelegt werden. Man müsste sich darüber einigen, wie stark ein Symptom ausgeprägt bzw. wie umfangreich eine Symptomhäufung sein müsste, um die Schwere zu bejahen. Dabei wäre zwischen den Voraussetzungen von § 20 und § 21, d.h. für eine Einschränkung der Schuldfähigkeit bzw. eine Schuldunfähigkeit, zu differenzieren.

Erst nach einem solchen Vorgehen hätte der Richter bei seiner Subsumtion beim Merkmal der schweren anderen seelischen Abartigkeit einen Rahmen, an dem er sich orientieren könnte. In der bisherigen Konzeption können die von Schorsch aufgestellten Leitsymptome progredienter psychopathologischer Entwicklungen nur erste Grundlage für eine noch vorzunehmende Wertung sein. Sie bieten noch

[614] siehe auch: Kröber aaO

[615] Kröber aaO

keine Möglichkeit der Einordnung einer psychischen Störung nach ihrem Schweregrad, sondern können nur Diskussionsgrundlage sein.

4. Diskussion

4.1 Auswertung der Ansätze im Verhältnis zueinander

Ausgangspunkt bei der Untersuchung psychiatrischer Ansätze war, dass sich die Grenze von bestimmten normalpsychologischen Verhaltensweisen zu solchen Störungen, die dann als Neurose oder Persönlichkeitsstörung bzw. (extreme) Triebabweichung zu klassifizieren sind, nicht durch eine Schwarz-Weiß-Entscheidung definieren lässt. Es gibt vielmehr fließende Übergänge. Damit ist die Umgrenzung des Merkmals der schweren anderen seelischen Abartigkeit, das diese Störungen grundsätzlich erfassen kann, äußerst problematisch. Um dem Grundsatz „keine Strafe ohne Schuld" nachzukommen, benötigt man konkrete Kriterien bzw. normative Grenzziehungen, damit nur der zum Tatzeitpunkt Schuldfähige bestraft wird. Die Diagnose einer bestimmten Störung kann hier für sich genommen nicht genügen, um das Merkmal der schweren seelischen Abartigkeit näher auszufüllen. In der konkreten Beurteilungssituation kommt es wegen der Weite und Konturlosigkeit des Begriffs der Psychopathie bzw. Persönlichkeitsstörung und der Problematik einer Differenzierung von Psychopathie und Neurose, als Kriterium deshalb vor allem auf den Grad, die Schwere einer Störung bzw. in einem zweiten Schritt auf ihren Einfluss auf das Handlungsgefüge an. Für diese Schweregradeinschätzung braucht man einheitliche Kriterien, die eine Einordnung erlauben, bei der Rechtssicherheit und Rechtsgleichheit erreicht werden können.

Die einzelnen psychiatrischen Ansätze wurden dahingehend untersucht und näher beleuchtet, ob sie einen Maßstab für diese Konkretisierung der schweren anderen seelischen Abartigkeit geben können. Bei allen oben dargestellten Ansätzen konnten jedoch diesbezüglich Schwachstellen aufgedeckt werden.

Das Kriterium der Krankheitswertigkeit kann keinen Maßstab für eine rechtssichere Beurteilung der schweren anderen seelischen Abartigkeit liefern. Da psychische Krankheiten sowohl im Verlauf als auch im Querschnitt die verschiedensten Schweregrade zeigen können, ist ein Berufen auf den Wert der Krankheit als einziges Kriterium ohne weitere Erklärung nicht ausreichend. Bei einer Verwendung dieses Kriteriums könnte außerdem der Irrtum entstehen, man habe sich (auch) beim vierten gesetzlichen Merkmal an der somatischen Begrifflichkeit von Krankheit zu orientieren, obwohl diese letzte Kategorie ja gerade ins Gesetz aufgenommen wurde, um nicht somatisch bedingte Störungen zu erfassen.

Der sozialpsychologische Ansatz von Rasch ist in seiner Ausführung zu ungenau bzw. konturenlos, als dass er als genereller Orientierungsrahmen für die inhaltliche Ausgestaltung der schweren anderen seelischen Abartigkeit herangezogen werden könnte. Die Kriterien seines strukturell-sozialen Krankheitsbegriffs enthalten ihrerseits keine Gewichtung bzw. Entscheidung, wo die normative Grenzen für die Schwere einer Störung bzw. die Anforderungen an den Einzelnen verlaufen soll.

Auch durch den Ansatz von Witter gewinnt man keinen Orientierungsrahmen für die Beurteilung. Bei ihm soll die Schwere einer psychischen Störung entscheidend durch die biographisch ermittelten Schwierigkeiten bestimmt sein. Er interpretiert das Ausmaß der psychischen Normabweichung eher sozialpsychologisch und greift dabei auf die Kriterien von Rasch zurück. Neben der schon bei Rasch geäußerten Kritik ist beim Ansatz von Witter problematisch, dass durch diese Interpretation nur der unbescholtene, bisher gut sozial integrierte Täter nicht schwer abartig ist (der Rückfalltäter aber z.B. immer). Durch ein solches Vorgehen verliert die hier relevante erste Stufe der Schuldfähigkeitsprüfung an Bedeutung. Das Gewicht bei der Entscheidung verschiebt sich auf die zweite Ebene, womit eintritt, was aus Gründen der Rechtssicherheit bzw. Nachprüfbarkeit der Entscheidung gerade vermieden werden sollte.

Der Ansatz von Saß will zwar durch den Bezug zu den klassischen Geisteskrankheiten gesicherte wissenschaftliche Ergebnisse als Grundlage zur Einordnung der schweren anderen seelischen Abartigkeit und damit eine Form von Rechtssicherheit geben. Soweit ersichtlich fehlt aber im zweiten Teil, nämlich in diesem Vergleich, die detaillierte Ausführung dieses Gedankenansatzes. Ein Verweis auf den (großen) Beurteilungsspielraum des Sachverständigen kann nicht die geforderte und gesuchte Basis sein, die hilft, im Rahmen der Zuordnung zur schweren anderen seelischen Abartigkeit mehr Rechtssicherheit zu erlangen.

Luthe differenziert bei seiner strukturalen Methode nicht (ausdrücklich) zwischen den zwei Stufen der Schuldfähigkeitsbeurteilung. Er tritt zwar an, um endlich Systematik in die subjektive Begutachtungsweise zu bringen. Aus der Schwierigkeit des Normbegriffs, von dem die Entfernung abgeschätzt werden müsse, um die Intensität der Störung bzw. Schwere der Abartigkeit einschätzen zu können, stellt er aber ein System auf, was davon losgelöst funktionieren soll. Veränderungen in der Bewusstseinsstruktur sollen nicht primär die Schwere der schweren anderen seelischen Abartigkeit ausmachen (wo eigentlich Kriterien gebraucht werden), sondern sollen vielmehr auf eventuell fehlende Einsichts- oder Steuerungsfähigkeit hinweisen. Grund dafür soll sein, dass die vier in § 20 genannten Alternativen nur eine katalogisierend-vorsortierende Bedeutung hätten. Man sucht deshalb vergeblich nach separaten Kriterien, welche die schwere andere seelische Abartigkeit ausfüllen könnten, indem sie die Intensität von Störungen gewichten. Sein Ansatz verschiebt eine Entscheidung somit auf die zweite Stufe und ist nicht brauchbar, um die Ausgangsfrage beantworten zu können. Selbst wenn man diese auf die Systematik der Zweistufigkeit bezogenen Aspekte unberücksichtigt ließe, so sind auch seine Kriterien, die er für den „Gesamtansatz", d.h. bei einer zusammenfassenden Entscheidung beider Stufen anlegt – nämlich Strukturveränderungen bzw. Strukturverlust im Bewusstsein bzw. Integration und Differenzierung nicht konkret und greifbar genug, um tatsächlich Abstufungen erkennen zu lassen, an denen sich der Jurist bei seiner Entscheidung orientieren könnte.

Das Strukturmodell von Janzarik kann höchstens[616] einen ordnenden Rahmen bei der Schuldfähigkeitsbegutachtung darstellen, weil durch dieses lediglich „Wege angedeutet werden", letztlich aber Kennerschaft und normativ wertende Entscheidung erforderlich sein sollen[617]. Hier kann im Einzelfall je nach Gutachter grundsätzlich zwar auch Nachvollziehbarkeit möglich sein, eine Gewähr für grundsätzliche Rechtssicherheit im Sinne einer Vorhersehbarkeit der Entscheidung bietet der strukturdynamische Ansatz mangels Ausgestaltung der Schwere durch konkrete Kriterien aber nicht.

Foerster setzt mit dem BSS quantifizierend an. So soll es anhand von Zahlenwerten greifbare Rahmendaten geben, an denen die Zuordnung zur schweren seelischen Abartigkeit festgemacht werden kann. Neben den individuellen Mängeln des Systems selbst, nämlich dass der BSS diesbezüglich ausschließlich retrospektiv erforscht wurde und wohl allein deshalb schon keine zuverlässige Aussagen über zukünftige Fälle machen kann, wird deutlich, dass eine Zuordnung aufgrund der Komplexität der Beurteilung bzw. der dabei zu berücksichtigenden Aspekte nicht einfach ist. Man bekommt bei diesem Ansatz Schwierigkeiten im Bereich der Tatzeitverfassung, weil die durch den BSS nur die generelle (bisher angesammelte) psychogene Belastung feststellbar ist, nicht aber diejenige zum juristisch relevanten Zeitpunkt der Begehung der Tat. Eine solche Differenz gibt es zwar auch bei anderen Systemen und Modellen, wie z.B. teilweise bei den Leitsymptomen von Schorsch. Aufgrund der Erklärung des Verhaltens beim „Süchtigkeitsmodell", lässt sich aber ein psychodynamischer Rückschluss auf die vorher vorhandene (Tatzeit-) Verfassung jedenfalls theoretisch vollziehen. Eine solche Rückschlussmöglichkeit fehlt beim BSS. Die festgestellten Zahlenwerte aus der Summe der einzelnen untersuchten Dimensionen können bei der Abgrenzung der schweren anderen seelischen Abartigkeit zur normalen psychogenen Beeinträchtigung deshalb nur zusätzliche Orientierung geben, nicht aber die einzig maßgebende.

Auch Nedopil hält die Komplexität des menschlichen Verhaltens nicht in eindimensionalen Kriterienkatalogen feststellbar. Es bedürfe vielmehr eines mehrdimensionalen Modells, wie z.B. seinem multiaxialen FPDS. Auch das FPDS kann aber seine angestrebte Nachvollziehbarkeit der Schlussfolgerungen bei der Begutachtung gerade dort nicht erreichen, wo es so dringend erforderlich ist, nämlich beim vierten gesetzlichen Merkmal. Zwar berücksichtigt das FPDS die Tatsache, dass es juristisch auf die Verfassung zum Tatzeitpunkt ankommt. Die Abgren-

---

[616] wobei auch nur dies vom Verfasser beansprucht wurde, vgl. Janzarik, NA 1993, 427, 433

[617] so Janzarik aaO

zung in den problematischen Bereichen, zwischen § 21 und voller Schuldfähigkeit bzw. § 21 und § 20, scheitert aber an der Tatsache, dass gleiche Merkmale im biographischen Kontext gegensätzliche Bedeutung für die Schuldfähigkeit haben können[618]. Der der juristischen „Einfachheit" entgegengesetzte multiaxiale Ansatz will „die Transparenz von gutachterlichen Schlussfolgerungen erhöhen und so der Komplexität menschlichen Verhaltens eher gerecht werden als eindimensionale Fragenkataloge"[619]. Dabei kann er jedoch für die konkrete Beurteilungssituation im Bereich der schweren anderen seelischen Abartigkeit keine ausreichende Orientierungshilfe zur Verfügung stellen.

Es bleibt die Herangehensweise des Sexualwissenschaftlers Schorsch, der ausgehend von seiner Disziplin Leitsymptome für allgemeine psychische Störungen entwickelt hat. Er setzt mit seinen Leitsymptomen als Einziger überhaupt Orientierungspunkte ein, die bei der Zuordnung zur schweren anderen seelischen Abartigkeit helfen können, jedenfalls sofern sein Ansatz aus psychiatrischer Sicht vertretbar ist[620]. Wie festgestellt fehlen aber auch bei seinem Ansatz Wertungen. Die Entscheidung, ab wann, d.h. bei welcher Ausprägung eines Symptoms die Grenze für § 21 bzw. § 20 zu ziehen ist, wurde nicht getroffen. Die drei verschiedenen Ebenen sollen nicht in einem Steigerungsverhältnis stehen, innerhalb der Symptome selbst ist eine Differenzierung nach Gesichtspunkten der Steigerung bzw. Minderung ebenfalls nicht erkennbar. Wäre dies der Fall, so hätte man eine Entscheidungshilfe für den Richter für die Einordnung einer Störung im Einzelfall. Dem Juristen wäre eine Art Subskala in die Hand gegeben, um die Schwere mittels eines Maßstabs abgrenzen zu können. Mit den bisher (nur generell) formulierten Leitsymptomen kann der entscheidende Schritt einer Einordnung bzw. Bewertung der Intensität nicht vorgenommen werden.

4.2 Zwischenergebnis

Keiner der dargestellten Ansätze kann für sich allein einen Maßstab liefern, der bei der Einordnung einer Störung als schwere seelische Abartigkeit weiterhilft. Am entscheidenden Punkt, nämlich dort, wo die Einordnung einer Störung auf

---

[618] Kröber, Faller, Wulf, MschrKrim 77 (1994), 339, 348

[619] Nedopil, Forensische Psychiatrie, S. 84

[620] Hinzuwiesen ist an dieser Stelle darauf, dass (bereits) Formulierungen bzw. Entscheidungen des BGH existieren, bei denen sich dieser, im Rahmen der Triebstörung, auf den Suchtbegriff von H. Giese stützt (BGHSt 23, 176, 193; vgl. auch BGH JR 1990, 119). In eben diesem Bereich befindet auch Schreiber den Suchtbegriff als passend/anwendbar, da er wenigstens irgendwelche Anhaltspunkte für „die Überwältigung des Täters durch den Trieb" bzw. „zur Einschätzung der verbliebenen Handlungsmöglichkeiten" gibt (Schreiber, in: Psychiatrische Begutachtung, S. 20)

bestimmte Kriterien gestützt werden muss, werden entweder nur vage Kriterien, die keine normativen Vorentscheidungen enthalten, genannt oder bzw. und auf einen Ermessensspielraum des Gutachters verwiesen.

Auch die Leitsymptome in ihrer transformierten Fassung von Schorsch können höchstens erste Anhaltspunkte für einen Orientierungsrahmen geben. Um dem Juristen ein praktikables Instrument in die Hand zu geben, müssten bei diesem Ansatz aber darüber hinaus solche normativen Vorentscheidungen getroffen werden, ab wann § 21 bzw. § 20 zu bejahen ist, d.h. ab wann eine Störung als schwer und somit als nicht mehr „normales" Verhalten klassifiziert werden kann.

4.3 Kritische Würdigung der bisherigen Ergebnisse

Bei einer genauen Betrachtung aller Ansätze wird erkennbar, dass sowohl die Strategie von Schorsch wie auch die übrigen dargestellten Ansätze an (eigene) Grenzen der Methodik stoßen. Dies geschieht dort, wo praktisch-forensische Erfordernisse sowie diagnostische Zielsetzungen über die reine Deskription, Explikation und subjektive (und damit eventuell untersucherabhängige) Gewichtung von Normabweichungen hinausreichen und graduelle diagnostische Zuordnungsentscheidungen gefordert werden. Wie festgestellt können nur solche Zuordnungsentscheidungen überzeugen, die auf der Grundlage überprüfbarer diagnostischer Kriterien und Maßstäbe für Schweregrade psychischer Störungen basieren.

Deutlich wird, dass zwar fast alle der dargestellten Ansätze auf gesetzmäßige, generalisierbare, teilweise nosologisch unabhängige Merkmalskriterien (Leitsymptome, Syndrome, Symptome) für eine diagnostische Beurteilung der Schweregraden psychischer Störungen wie auch z.T. deren Auswirkungen abzielen. Für sich genommen implizieren sie jedoch noch keine Graduierung i.S.v. skalierten Schweregradklassen. Sie sind möglicherweise dann graduierfähig, wenn sie hinreichend operationalisierbar und mit „tauglichen Untersuchungsmethoden bei befriedigenden diagnostischen Konkordanzen verlässlich erfassbar" [621] sind, d.h. Objektivität und Zuverlässigkeit berücksichtigt werden – um nur einige der Graduierungsvoraussetzungen zu nennen.

Insbesondere die letztgenannten Leitsymptome von Schorsch deuten auf graduelle Abstufungsmöglichkeiten hin, wie z.B. das Kriterium der Symptomhäufung bzw. der Herabsetzung der Schwelle für die Symptomauslösung. So nennt er als Leitsymptome Kriterien, die für eine progrediente Störung bzw. für ein „abhängiges" Verhalten sprechen sollen. Um graduelle Abstufungsmöglichkeiten zu haben, müssten diese Symptome aber mehr untergliedert bzw. Entscheidungen getroffen

---

621 so Maisch über die erforderlichen Bedingungen, MschrKrim 66 (1983), 343, 349

werden, wo normative Grenzen innerhalb dieser Symptome oder innerhalb ihrer Anordnung bestehen sollen. Das Problem der Graduierung selbst bleibt somit auch bei diesem Ansatz insgesamt gesehen immer noch weitgehend ungelöst.

In der Literatur wurde bei den bis 1983 existenten Ansätzen das methodische Problem darin gesehen, dass es eine Sache sei, „den Normabweichungs- bzw. Ausprägungsgrad eines oder mehrerer (Test-) Merkmale (anhand eines statistischen Kennwertes) festzustellen". Eine andere Sache aber sei es, „den festgestellten (numerischen) Ausprägungsgrad eines (klinisch relevanten) Testmerkmals abgestuften, skalierten Schweregradklassen bzw. –kategorien zuzuordnen, die z.B. zwischen „keine Störung", „leichtgradige Störung" und „schwere Störung" empirisch verlässlich differenzieren. Solche skalierten Schweregradklassen, die eine relativ sichere Zuordnung der psychometrisch erfassten Merkmalsausprägung von klinischer Relevanz erlauben", fehlten aber weitgehend in der klassischen Psychodiagnostik. „Über eine objektive Entscheidungshilfe, wann ein stark normabweichendes Merkmal von klinischer Relevanz einer schweren oder leichten Störung zuzuordnen ist, (verfügte) man noch nicht, gerade weil noch keine skalierten Schweregradklassen für die einzelnen Testverfahren existieren" [622].

Genau diese Diskrepanz zwischen der diagnostischen Feststellung einer Störung und ihrer Ausprägung, sowie der dann anschließend erforderlichen Transformation in Schweregradklassen besteht auch bei den neueren, hier erläuterten psychiatrischen Ansätzen.

Sie ist auch schon vor längerer Zeit erkannt worden. Maisch kam 1983 anlässlich der interdisziplinären Tagung in Kiel[623] zum Ergebnis, dass die Graduierung noch ein weitgehend ungelöstes Problem sei[624]. Er propagierte aus Konsequenz daraus die „Suche nach Verfahrensstrategien zur Objektivierung und Graduierung von Merkmalen des Verhaltens und des Erlebens, die in der forensischen Praxis als generalisierbare Kriterien für Schweregradbeurteilungen psychischer Störungen betrachtet werden"[625]. Für ihn sollten die für rein klinische Zwecke und auf empirischer Basis entwickelten Systeme und Verfahren für die Lösung dieser methodischen Probleme wegweisenden Modellcharakter haben. Damit sollten solche Systeme gemeint sein, die „primär auf eine (internationale) Vereinheitlichung und Optimierung der psychopathologischen Diagnostik durch gültigere intersubjektive

---

[622] siehe im einzelnen: Maisch, MschrKrim 66 (1983), 343, 352

[623] das Symposium vom 27.-29. Mai 1983 in Kiel galt dem Problem der Schweregrade schuldmindernder oder schuldausschließender Störungen iSv. § 20 oder § 21

[624] dies damals jedoch hinsichtlich der bis 1983 entwickelten Ansätze und Gedankengänge; siehe zu den damaligen (auch psychologischen) Ansätzen die Nachweise bei Maisch, MschrKrim 66 (1983), 343, 344

[625] Maisch, MschrKrim 66 (1983), 343, 349

Gleichheit von Zielen" hinarbeiten, „sowie eine Graduierung (z.B. von Symptomen leicht, mittel, schwer) implizieren[626]. Dabei stand diese Empfehlung unter dem Vorbehalt, dass die Frage, „ob und inwieweit diese Verfahren selbst sowie die damit (...) gewonnenen empirischen Erkenntnisse sich für forensische Zwecke, gerade auch hinsichtlich des Graduierungsproblems als geeignet und fruchtbar erweisen", in der Praxis erst erprobt werden muss[627].

Es fragt sich, warum das Problem der Schweregrade psychischer Störungen schon zu diesem Zeitpunkt gesehen und bewertet sowie nach differenzierten Wegen gesucht wurde und man dennoch heute nach einer Auseinandersetzung mit den in neuerer Zeit entwickelten Ansätzen, wie z.B. dem von Saß, Janzarik, Schorsch oder Luthe wieder zu einem ähnlichen oder sogar demselben Ergebnis kommt, dass nämlich die existierenden psychiatrischen Ansätze die Anforderungen der Graduiertheit nicht erfüllen können. Offenbar hat sich in der Zwischenzeit keine grundlegende bzw. ernstzunehmende und erfolgsversprechende Entwicklung vollzogen.

Die Hilflosigkeit bei der Frage, wie „normales" Verhalten von schwer abartigem abgegrenzt werden soll, wo also die Grenze zwischen § 21 und voller Schuldfähigkeit sowie zwischen § 20 und § 21 verlaufen soll, ist aber systemimmanent. Der Jurist mag zögern und der Ansicht sein, er selbst besitze nicht die Kompetenz bzw. Fähigkeit, um z.B. beim „psychiatrischen Ansatz" der Leitsymptome psychopathologischer Progredienz sinnvolle Abgrenzungen zu treffen. Er möchte deshalb diese Grenzziehung vom Psychiater entschieden haben.

Man muss sich dann aber vor Augen führen, dass Psychiater kein so vordringliches Bedürfnis an der Lösung dieses (methodologischen) Problems haben. Es sind die Juristen, die bei der Transformation der gutachterlichen Untersuchungen und Ergebnisse in ihr eigenes „juristisches" Entscheidungssystem Probleme bekommen. Die Interessensrichtung des Psychiaters berücksichtigt meist eher die Frage der Diagnose oder den Aspekt einer möglichen Therapierbarkeit[628]. Oft steht für ihn eine ganzheitliche, dem Individuum gerecht werdende Betrachtung mehr im Vordergrund als die notwendige Berücksichtigung des Aspekts der Rechtssicherheit und Rechtsgleichheit[629]. Auch sind Psychiater nach der Verhandlung wohl nicht mehr in der Art und Weise wie der Richter mit einer möglichen Überprüfung ihrer Entscheidung konfrontiert.

---

[626] beispielsweise das AMDP-System, siehe Maisch aaO

[627] Maisch aaO

[628] vgl. Witter, Der psychiatrische Sachverständige, S. 45

[629] Bresser, in: Psychopathologie, Konzepte – Klinik und Praxis – Beurteilungsfragen, S. 46

Man könnte den Standpunkt vertreten, dass bei der Festlegung normativer Grenzen für die Schweregradbeurteilung der Jurist gefordert sei. Ein Argument, welches hierfür spricht ist der Aspekt, dass die Schwere der seelischen Abartigkeit eben ein Rechtsbegriff ist und auch mittlerweile Einigkeit darüber besteht, dass die letztendliche Entscheidung über die Schuldfähigkeit, und damit auch über die erste Prüfungsstufe (die Feststellung der einzelnen Merkmale) beim Richter liegt[630].

In der Literatur wird zum Teil die Auffassung vertreten, der Richter müsse einen eigenen „juristischen" Krankheitsbegriff entwickeln[631]. Die „Definitionen, Graduierungen und Wertungen der Psychowissenschaftler" lieferten ihm nur das Material für seine eigene Begrifflichkeit. Hier müsse also schon auf der ersten Ebene bei den „exkulpationsfähigen psychischen Ausnahmezuständen" eine „methodologische Besinnung der Juristen" [632] vonstatten gehen. Den Juristen soll damit die Grenzziehung obliegen.

Als Argument hierfür wird herangezogen, dass sonst „diejenigen Vertreter einer differenzierenden Lösung, die einst für einen rein psychiatrischen Krankheitsbegriff eintraten (notfalls unter Zuhilfenahme des Begriffs der Krankheitswertigkeit) einen späten Teilsieg erringen, weil die normalpsychologischen Ausnahmezustände, wenn sie schon im § 20 unter der Kategorie der schweren anderen seelischen Abartigkeit mitgeregelt werden, dann in die Zuständigkeit der Psychiater zurückgeholt werden"[633].

Bei der Frage nach der Schweregradbeurteilung geht es aber nicht darum, wer von beiden, Richter oder Sachverständiger, für die Beantwortung zuständig ist. Dies würde im Ergebnis wieder auf eine Trennung von Wissen und Werten hinauslaufen, was wie dargestellt nicht überzeugen kann. Bei der Transformation der gutachterlichen Ergebnisse in juristische Begriffe wie die schwere seelische Abartigkeit kann nur ein Zusammenwirken beider Parteien eine Lösung herbeiführen. Aus diesem Grund vertritt auch Schreiber die Ansicht, dass mögliche Subskalen oder Rasterkataloge[634] sowie sonstige Festlegungen wohl nur auf der Basis von Konventionen möglich seien. Dabei müssten normative Vorentscheidungen über Zurechnung oder Nichtzurechnung berücksichtigt werden[635].

---

[630] vgl. Fussnote 4

[631] Blau, MschrKrim 72 (1989), 71, 76

[632] siehe dazu im einzelnen Blau aaO

[633] Blau, MschrKrim 72 (1989), 71, 76

[634] wie z.B. die Systeme, die mit Koordinatensystemen arbeiten wie das FPDS

[635] Schreiber, in: Gekürzte Wiedergabe der Diskussionsbeiträge zum interdisziplinären Symposium Mai 1983 in Kiel, MschrKrim 66 (1983), 354, 356

Das Problem liegt damit immer noch hauptsächlich bei der „Übersetzung der psychiatrisch-psychologischen Kriterien auf den juristischen Sektor“[636]. In der Literatur wurde mehr Methodenbewusstsein gefordert, um das Problem zu lösen[637]. Es wurden immer wieder Skalierungen angesprochen und gefordert. Als möglicherweise problematisch wurde hierbei herausgestellt, dass Skalierungen zwar den Juristen durchaus geläufig seien, man sich aber fragen müsse, welchen Nutzen es bringe, wenn sich die Psychowissenschaftler auf Skalierungen einigen könnten. Diese Skalierungen der Psychowissenschaftler würden sich nämlich nach anderen Kriterien richten als die der Juristen[638].

Daraus ergibt sich die Frage, ob es zur Quantifizierung in Form von Skalenbildung (oder solche sie berücksichtigenden Modelle) bei der Zuordnung zu den einzelnen gesetzlichen Merkmalen der §§ 20, 21, hier insbesondere der schweren anderen seelischen Abartigkeit, überhaupt eine Alternative gibt. Es muss näher untersucht werden, ob eine quantifizierende Gewichtung z.B. durch Skalenbildung nicht bloß juristischem Wunschdenken nach klaren logischen Entscheidungen entspringt, hier aber fehl am Platz ist.

4.4 Quantifizierung

4.4.1 Quantifizierung aus rechtlicher Perspektive

Fraglich ist zunächst, ob die Methode der Quantifizierung im rechtlichen Bereich überhaupt möglich ist, d.h. „empirische Quantifizierungen in normative Urteile eingebaut werden können“[639]. Dabei kann Quantifizierung beschrieben werden als „Definition von meist unbestimmten Begriffen durch ein hierarchisches System mengenmäßig beschreibbarer Einzelaspekte. Die hierbei vorausgesetzte Messbarkeit einzelner Mengen dient der Objektivierung der Begriffsbestimmung“[640]. In der Literatur lassen sich beispielhafte Auflistungen von Fällen der Rechtswissenschaft und Rechtsprechung zu diesem Thema finden[641]. So wird als erstes Beispiel der von der Rechtsprechung[642] beschrittene Weg bei der Gewichtung der Strafzu-

---

[636] Schreiber aaO

[637] Blau, in: Gekürzte Wiedergabe der Diskussionsbeiträge zum interdisziplinären Symposium Mai 1983 in Kiel, MschrKrim 66 (1983), 354, 358

[638] siehe dazu Blau aaO

[639] Schöch, MschrKrim 66 (1983), 333, 334

[640] Kühne, Forensia 1988, 119, 120

[641] Schöch aaO

[642] BGHSt 27, 2f.; BGH NStZ 1983, 217

messungsschuld des konkreten Falles genannt. Dabei soll Ausgangspunkt der Überlegung sein, „dass der gesetzliche Strafrahmen eine kontinuierliche Schwereskala enthalte, die von den denkbar leichtesten bis zu den denkbar schwersten Fällen reiche. Wenn die Schwere der Tat im mittleren Bereich der erfahrungsgemäß immer wieder vorkommenden Fälle liege (Regelfälle), so sei es falsch, eine Strafe zu wählen, die dem arithmetischen Mittel zwischen Höchst- und Mindeststrafe entspreche. Diese Strafe sei nur für den gedanklichen Durchschnittsfall angemessen, dessen Unrecht und Schuld zwischen den denkbar schwersten und leichtesten Fällen liege. Für den statistischen Regelfall müsse die Strafe unterhalb der Mitte des gesetzlichen Strafrahmens liegen, weil die große Mehrzahl der Straftaten schon wegen der Weite der gesetzlichen Strafrahmen nur einen geringen Schweregrad erreiche“[643].

Zwar sei dieser Quantifizierungsansatz der Strafzumessungsschuld nicht unmittelbar relevant für das hier zu untersuchende Problem, es werde aber deutlich, „dass auch in der Rechtsprechung Skalentransformationen praktiziert werden“. Dann kann es nicht von vorneherein aussichtslos erscheinen, eine „vergleichbare Präsentation der Schwere psychischer Störungen anhand von Skalen, die Erfahrungswerte von den schwersten Störungen bis zur Normalausprägung psychischer Merkmale enthalten“, zu schaffen[644].

Neben den strafrechtlichen Sanktionsprognosen[645] werden auch die „zahlreichen Bemühungen der Strafrechtsdogmatik und Rechtsprechung um quantifizierende Begrenzung von nicht quantitativen Begriffen in Straftatbestandsvoraussetzungen“ angeführt[646]. Im Rahmen des §142 wird ein Unfall z.B. erst ab einem Sachschaden von etwa 40 DM angenommen[647]. Bei der Straßenverkehrsgefährdung wird eine fremde Sache von bedeutendem Wert erst bei einem Verkehrswert ab 1500 DM bejaht[648]. Bei demselben Delikt wird relative Fahruntüchtigkeit umso eher angenommen, je mehr sich der Täter dem von der Rechtsprechung festgelegten absoluten Grenzwert von 1,1 Promille nähert[649]. Das bedeutet, dass die Anforderungen an sonstige Indizien reduziert werden[650].

---

[643] Schöch aaO

[644] im einzelnen Schöch aaO

[645] siehe dazu Schöch, MschrKrim 66 (1983), 333, 335

[646] Schöch, MschrKrim 66 (1983), 333, 336

[647] Lackner-Kühl, § 142 Anm. 7; S/S-Cramer/Sternberg-Lieben § 142 Rn. 10 m.w. N

[648] S/S-Cramer/Sternberg-Lieben, § 315 Rn. 14, Vorbem. § 306 Rn. 15; Ähnlich SK-Horn Vorbem. § 306 Rn. 11

[649] Lackner-Kühl, § 315c Anm. 6

[650] OLG Hamm NJW 1975, 2251; Lackner-Kühl § 315c Rn. 6

Beispiele für die Quantifizierung unbestimmter Rechtsbegriffe finden sich außerdem in der Rechtsprechung des Bundessozialgerichts[651]. Das BSG hat dabei auch reine Rechtsbegriffe durch rechtliche Auslegung quantifizierbar und damit für eine Vielzahl von Fällen praktikabel gemacht[652].

Ein solcher Überblick zeigt, dass in unserem Rechtssystem durchaus „quantifizierende Modelle zur Konkretisierung von normativen Begriffen zur Anwendung kommen“[653]. Daran schließt sich die Frage an, ob und gegebenenfalls wie dies auch bei der Schuldfähigkeitsbegutachtung möglich bzw. sogar rechtlich geboten ist.

Wie die anderen drei Merkmale, die der § 20 nennt, ist auch das vierte Merkmal vom Gesetzgeber als Steigerungsbegriff definiert worden. So ist nicht lediglich seelische Abartigkeit relevant, sondern nur eine schwere Form derselben. Damit lässt sich schon der Wortlaut als ein Argument für eine erforderliche Quantifizierung heranziehen. In der Literatur wird deshalb die Auffassung vertreten, dass „jeder richtig formulierte Gutachtenauftrag Auskunft über den Ausprägungsgrad seelischer Störungen erbitten“ müsse. „Jeder Zugewinn an gesicherter Quantifizierung in diesem Bereich“ bedeute einen Zugewinn an Qualität der Expertise[654].

Die in den §§ 20, 21 verwendeten Begriffe wie z.B. die schwere andere seelische Abartigkeit sollen nach einer Ansicht „Konstrukte (sein), die sich trotz Anlehnung an die international weitgehend akzeptierte psychiatrische Klassifikation nicht rein empirisch erfassen lassen, sondern unter Berücksichtigung des strafrechtlichen Schuldbegriffs zu operationalisieren sind“[655].

Es soll sich schon „aus der Abstufung „schuldfähig“, „vermindert schuldfähig“ und „schuldunfähig“, darüber hinaus aus den Adjektiven „erheblich vermindert“, „schwer“, „tiefgreifend“ ergeben, dass der Gesetzgeber diese Begriffe quantitativ verstanden habe. Diese „im Gesetz angelegte Ordinalskalierung“ werde „noch deutlicher, wenn man auf den materiellen Gehalt der vom Gericht zu beurteilenden Einsichts- und Steuerungsfähigkeit abstellt“[656]. Zwar zielt dieses Argument auf den ersten Blick auf die zweite Stufe der Schuldfähigkeitsbeurteilung ab, es macht aber trotzdem den Gesamtbedeutungszusammenhang deutlich.

---

[651] dazu: Haueisen, NJW 1973, 641f.

[652] siehe dazu näheres bei Schöch, MschrKrim 66 (1983), 333, 336

[653] Schöch aaO

[654] Schüler-Springorum, in: FS für Venzlaff 1986, S. 52, 62

[655] Schöch, MschrKrim 66 (1983), 333, 339

[656] Schöch aaO

Außerdem wird angeführt, dass, wenn es nach heute überwiegender Auffassung „nicht um die Feststellung von Willensfreiheit oder Freiheitsgraden, sondern um ein sozialvergleichendes Schuldurteil, also um die Feststellung des Zurückbleibens hinter dem Maß an Rechtsgesinnung und Willenskraft, das bei einem durchschnittlichen Menschen erwartet wird“[657] geht. Aufgabe des Sachverständigen sei es, dem Richter „den Grad der Abweichung des Täters vom durchschnittlich Normalen darzulegen, gestützt auf seine Erfahrung im Umgang mit andersartigen Menschen“[658].

Man erkenne anhand dieses statistischen Vergleichsmaßstabs, „dass sich die Schuldfähigkeitsbegutachtung in der Regel nicht mit einem qualitativen Gesamturteil begnügen kann, sondern um differenziertere Stellungnahmen zu den Graden der Abweichung bemüht sein müsste“[659].

Im übrigen kann festgestellt werden, dass die geforderte Quantifizierung schon aus dem Schuldprinzip resultiert[660]. Wie schon bei den Ausführungen über das Schuldprinzip dargestellt[661], ist die verminderte Schuldfähigkeit eine besondere Form der Schuldfähigkeit und nicht etwa eine eigene dritte Kategorie. Wenn Anlass für die Eingliederung war, dass die psychischen Merkmale auch in abgeminderter Form auftreten und so auch die Einsichts- und Steuerungsfähigkeit beeinträchtigen können, muss bei der Schuldfähigkeitsprüfung eine Abgrenzung nach dem Grad dieses Auftretens (bzw. auf der zweiten Stufe des Beeinflussens) vorgenommen werden. Beim vierten Merkmal besteht Einigkeit, dass die Diagnose einer bestimmten nicht körperlich bedingten Störung allein nicht weiterhelfen kann, sondern ihre Intensität festgestellt werden muss. Damit erscheint ihre Gewichtung durch eine Quantifizierung des Schweregrads als einzige Möglichkeit zur Abgrenzung.

4.4.2 Quantifizierung aus psychiatrischer Sicht

Fraglich ist, ob eine solche Quantifizierung, die sowohl aus dem Gesetzeswortlaut wie auch aus dem Schuldprinzip als solches geboten ist, auch von psychiatrischer Seite her umsetzbar ist.

---

[657] Jescheck/Weigend AT, S. 330 m.w.N.; Krümpelmann., ZStW 88 (1976), 6, 11f.

[658] Schreiber, NA 1977, 242, 246

[659] Schöch, MschrKrim 66 (1983), 333, 340

[660] so auch Schöch, MSchrKrim 66 (1983), 333, 339

[661] siehe S. 59

Ausgehend von der anfangs vorgeschlagenen Definition der Quantifizierung im Strafrecht benötigt man ein „hierarchisches System mengenmäßig beschreibbarer Einzelaspekte“[662]. Die dargestellten verschiedenen psychiatrischen Modelle beanspruchen fast alle für sich, ein umfassendes System darzustellen. Wie aufgezeigt fehlt aber innerhalb des jeweiligen „Systems“ an der entscheidenden Stelle eine normative Grenzziehung. Es werden eher vage Kriterien genannt und meistens wird hierbei auf Ermessensspielraum, Erfahrungsschatz und Kennerschaft des Sachverständigen gesetzt. Der auf diese Weise teilweise geschaffene Rahmen ist aus juristischer Sicht zu unkonkret und weit, um dem Richter bei seiner Entscheidung Orientierung zu geben. Die Übergänge in den Grenzbereichen werden für den Juristen nicht ausreichend befriedigend definiert.

Von psychiatrischer Seite wird eingewandt, dass es „ein legitimes Anliegen (sei), Kennerschaft durch objektivierende Methoden, die sich unter dem Begriff der Diagnostik versammeln, zu ergänzen und wenn möglich zu ersetzen, die Beurteilung auf nachprüfbare Befunde zu stützen und auf eine dem Psychowissenschaftler wie dem Juristen gemeinsame Ebene zu bringen“[663]. Es gebe jedoch Grenzen für eine solche „einheitswissenschaftliche Begründung“: Der von der Möglichkeit der standardisierten Begutachtung überzeugte Psychowissenschaftler dürfe sich bei der Prüfung der Schuldfähigkeit nicht auf generelle Erfahrung zurückziehen. Sie könne sich vor dem konkreten Fall als Vorurteil erweisen[664].

Man gelangt somit zu der Fragestellung, ob ein „starres“ System, das für jeden Einzelfall den Rahmen angibt, bei der Schuldfähigkeitsbeurteilung überhaupt möglich bzw. sinnvoll ist oder ob nur eine individuelle Betrachtungs- und Beurteilungsweise, bei der es um Plausibelmachen der individuellen Krankheitswertigkeit geht, vorgenommen werden kann. Insbesondere bei der schweren anderen seelischen Abartigkeit, unter die Persönlichkeitsstörungen, Neurosen und Triebstörungen als Untergruppen der nicht körperlich begründeten psychischen Störungen gefasst werden, scheint das Setzen von solchen generellen Grenzen besonders problematisch, weil ein gleitender Übergang zu „normalen“ psychologischen Verhaltensweisen besteht. Um ein generelles System oder eine Skalierung aufstellen zu können, muss man sich zunächst darüber einig sein, was die Norm, von der abgegrenzt werden soll, eigentlich beinhaltet bzw. zuerst einmal darüber einig zu sein, ob und wie auf diesem Gebiet überhaupt eine Norm definiert werden kann.

---

[662] Kühne, Forensia 1988, 119, 120

[663] Janzarik, Grundlagen der Schuldfähigkeitsprüfung, S. 70

[664] Janzarik aaO

4.4.2.1 Die Abgrenzung von der Norm durch symptomatologische Kriterien

In der klinischen Psychiatrie genauso wie in der gesamten klinischen Medizin werden krankhafte psychische Vorgänge im allgemeinen symptomatologisch von der Norm abgegrenzt. Man versucht dabei, vom „subjektiven Krankheitserleben des Individuums“[665] abzusehen. Krankheiten werden anhand von isolierten Symptomkombinationen oder Symptomen festgestellt, die „mehr oder weniger unbeeinflusst durch subjektives Erleben bei allen erkrankten Individuen in gleicher Weise zu finden sind“[666].

Dabei haben auch in der Psychiatrie die körperlichen Symptome den Vorrang bei der Krankheitsdiagnostik, bei ihnen ist diese Objektivierung am vollständigsten möglich. Unter körperlichen Symptomen versteht man solche, die sich anhand von Registrierung durch Apparate verifizieren lassen. Auf diese Weise sollen sowohl die Subjektivität des Untersuchers als auch die Subjektivität des Untersuchten eliminiert sein[667].

Dies wirft für die psychiatrische Diagnostik insofern Probleme auf, als eine Objektivierung, die so weitgehend ist, nur sehr selten möglich sein wird, nämlich nur bei den körperlich begründbaren psychischen Krankheiten.

Umso wichtiger ist es für die Psychiatrie, auch für andere Fälle Abgrenzungskriterien zu finden. In der psychiatrischen Literatur hat sich vor allem und wegweisend Müller-Suur mit dieser Abgrenzungsproblematik beschäftigt, zunächst versucht, Abgrenzungskriterien zu finden, und sich dann mit einer Definition der Norm selbst befasst, um eine Grundlage für die Abgrenzungskriterien zu haben (differenzierter psychischer Normbegriff). Die folgenden Ausführungen greifen deshalb in weitem Umfang auf die Darstellung von Müller-Suur zurück.

Schon bei den endogenen Psychosen (Schizophrenie und Zyklothymie) ist eine Objektivierung der Diagnostik sehr viel weniger möglich, weil die Diagnose hier nicht völlig aus dem „Medium der persönlichen Mitteilung des Kranken“ gelöst werden kann. Nach Müller-Suur soll die „Abgrenzung psychotischer Erkrankungen von der Norm (trotzdem) durch das Auftreten spezifisch psychotischer Symptome erleichtert sein“. Diese Symptome beruhten „auf der Ermittlung von Erlebens- und Verhaltensweisen, die völlig aus dem Rahmen normalen Seelenlebens fallen und die wegen ihrer auffallenden Andersartigkeit inkommensurabel gegenüber der Norm“ seien. „Wenn und soweit eine Reduktion des psychotischen Erlebens und Verhaltens auf solche qualitativ abnormen psychotischen Sympto-

---

[665] Müller-Suur, in: Handbuch der Neurosenlehre, S. 250

[666] Müller-Suur aaO

[667] siehe dazu Müller-Suur aaO

me" gelinge, sei „die Abgrenzung der psychotischen Erkrankung von der Norm gesichert"[668].

Schwierigkeiten ergeben sich erst recht, wenn man auch bei den nicht körperlichen psychischen Störungen, wie z.B. den neurotischen Erkrankungen, eine symptomatologische Abgrenzung vornehmen will. Solche neurotischen Erkrankungen lassen sich nach Müller-Suur „nicht in der gleichen Weise durch spezifisch pathologisch, qualitativ abnorme Symptomatik von der Norm abgrenzen", weil man neurotische Symptomatik „nicht nur bei den neurotischen Erkrankungen, sondern auch im Bereich des psychisch Normalen" finde[669]. Man könne hier nicht wie bei den Psychosen vorgehen und eine Erkrankung allein durch das Auftreten einer spezifischen Symptomatik feststellen wollen. Im Gegensatz zu den Psychosen, die sich „aufgrund der persönlichkeitsfremden, qualitativ abnormen Symptomatik noch in weitem Maße als persönlichkeitsfremde Krankheitsprozesse von der erkrankten Persönlichkeit trennen" ließen, sei diese Trennung bzw. Differenzierung bei den neurotischen Erkrankungen nicht möglich.

So sei das neurotische Krankheitsgeschehen „weder symptomatologisch qualitativ vom normalen Seelenleben verschieden, noch als Prozess von der erkrankten Persönlichkeit zu trennen"[670]. Von den Vorgängen des normalen Seelenlebens weiche es nur gradmäßig ab[671] und gehe aus dem persönlichen, subjektiven Erleben der erkrankten Individuen hervor.

Der objektive, persönlichkeitsindifferente Krankheitsbegriff, der in der klinischen Medizin sonst üblich ist, hilft bei der Erfassung der Neurosen und damit auch ihrer Abgrenzung gegenüber der Norm somit nicht weiter.

Bei nicht körperlichen psychischen Störungen erzielt man mit einer symptomatologischen Abgrenzung kein Ergebnis. Die Frage ist damit, nach welchen Kriterien eine Abgrenzung stattdessen möglich sein kann.

4.4.2.2 Abgrenzung von der Norm mit Hilfe des subjektiven, persönlichkeitsdifferenten Krankheitsbegriffs

Weil der klinisch-symptomatologische objektive Krankheitsbegriff vom subjektiven Krankheitserleben des Erkrankten absieht, wird er zum Teil als unvollständig angesehen[672]. So wird angemerkt, dass man diesen Aspekt vernachlässigen könne,

---

[668] siehe zum ganzen: Müller-Suur, in: Handbuch der Neurosenlehre, S. 250

[669] Müller-Suur aaO

[670] Müller-Suur, in: Handbuch der Neurosenlehre, S. 251

[671] so auch J.E. Meyer, MschrKrim 88 (1976), 46, 48

[672] so Müller-Suur, in: Handbuch der Neurosenlehre, S. 251

„wenn und soweit man sich klinisch nur mit von der Person des Kranken isolierbaren Krankheitsprozessen zu befassen hat“[673]. Da dies aber „auch in der gesamten klinischen Medizin nicht durchgängig möglich“ sei, hätten denkende Kliniker immer wieder auf die unvollständige Einseitigkeit einer „objektivierenden Einstellung zur Krankheit hingewiesen und bemerkt, dass aus isolierbaren krankhaften Funktionsstörungen und Organveränderungen eine Definition von Krankheit nicht möglich sei“[674]. Aus diesem Grund müsse neben einzelnen symptomatologischen (isolierbaren) Krankheitsvorgängen auch das Wesen des Krankseins (als anthropologischer Sachverhalt) berücksichtigt werden.

Diesen Aspekt bezieht z.B. der Krankheitsbegriff von V.v. Weizsäcker mit ein, bei dem es heißt: „Das Wesen des Krankseins ist eine Not und äußert sich als eine Bitte um Hilfe; ich nenne den krank (.....), in dem ich als Arzt die Not erkenne“[675]. Insgesamt gesehen kann man diesen anthropologischen Krankheitsbegriff als ganzheitlichen und persönlichkeitsdifferenten dem persönlichkeitsindifferenten Krankheitsbegriff gegenüberstehenden bezeichnen.

Problematisch ist bei einer solchen Definition, dass auf die „philosophische Problematik des Sinnes und Wertes der menschlichen Existenz und ihrer Daseinsweisen“ verwiesen wird – die wesentlichen Vorraussetzungen für seine Feststellung liegen damit außerhalb des „traditionellen Gebiets“ der eigentlichen klinischen Medizin. Damit fehlen dieser „die Kategorien zur Erfassung innerer Wertkonflikte und zur Beurteilung der Störungen seelisch-geistiger Selbstentfaltung, die hier Ausschlag geben“. Konsequenz daraus ist, dass, soweit die Klinik die neurotischen Erkrankungen nicht als echte Krankheiten anerkannt hat, Kontroversen zwischen klinischer und existentieller Krankheitsauffassung entstanden sind[676].

Es bestehen damit auch Schwierigkeiten, die neurotischen Erkrankungen mit dem subjektiven (persönlichkeitsdifferenten) Krankheitsbegriff von der Norm abzugrenzen. Der „nur existentielle Krankheitsbegriff“[677] reicht hier nicht aus. Grund dafür ist nach Müller-Suur die Tatsache, dass „dieser sehr allgemeine Begriff des individuellen persönlichen Krankseins indifferent für die Unterschiede von einzelnen Krankheiten ist“. Er erfasse auf der einen Seite „zwar mit seinem Kriteriums des inneren Leidens das persönliche Krankheitserleben, das der objektive Krankheitsbegriff nicht erreicht. Die objektive Erfassung der verschiedenen Arten

---

673 Müller-Suur aaO

674 siehe dazu Nachweise bei Müller-Suur, in: Handbuch der Neurosenlehre, S. 251

675 v. Weizsäcker zitiert bei Müller-Suur aaO

676 im einzelnen. Müller-Suur, in: Handbuch der Neurosenlehre, S. 251

677 so auch Müller-Suur, in: Handbuch der Neurosenlehre, S. 252

von (krankhaften) Störungen der körperlichen und seelisch-geistigen Gesundheit ist mit ihm aber nicht möglich"[678].

Als Folge aus dem eben Dargelegten ist es erforderlich, die Art des Krankseins und den Unterschied von Krankheit und Gesundheit näher zu bestimmen. Anders formuliert: Um zu einer Lösung für die Abgrenzung bei den nicht körperlich bedingten psychischen Störungen zu gelangen, muss der Normbegriff der sog. geistig-seelischen Gesundheit näher beleuchtet werden.

4.4.2.3 Die Abgrenzung von der Norm mit Hilfe des Begriffs der geistig-seelischen Gesundheit

Bei den körperlich bedingten Krankheiten fällt die Frage nach der Norm bzw. der Abgrenzung von derselben eher leicht. Solche Krankheiten zeichnen sich zum einen „durch bestimmte quantitative und durch qualitative Abweichungen von statistisch festlegbaren Durchschnittswerten aus"[679]. Quantitativ weichen sie von bestimmten physiologischen Normwerten ab; eine qualitative Abweichung kann im Auftreten von besonderen Befunden gesehen werden, „die unter normalen physiologischen Verhältnissen überhaupt nicht gefunden werden"[680].

Die grundsätzliche Frage nach dem Wesen des Krankseins bzw. dem Unterschied von Krankheit und Gesundheit wird bei solchen „klassischen" Krankheiten obsolet. Hier geht es nämlich um „verschiedene statistisch definierbare Sachverhalte, aus denen auf funktionelle und strukturelle Veränderungen im Ablauf der organischen Lebensprozesse geschlossen werden kann und bei deren Fehlen die Verhältnisse der physiologischen Norm zu finden sind"[681]. Damit kann man die Norm von der abgegrenzt werden soll, nämlich die Gesundheit, bei den körperlich bedingten Störungen als Fehlen von krankhaften Befunden definieren (negative Definition). Die positive Definition der Gesundheit als Norm bzw. Maßstab ist die physiologische Norm. Diese Norm ist weitestgehend wertungsindifferent, d.h. wertungsunabhängig. Sie wird im allgemeinen mit der vitalen Gesundheit gleichgesetzt. Damit korrespondiert bei den körperlich bedingten Störungen zum objektiven klinischen Krankheitsbegriff ein wertungsunabhängiger Begriff der Gesundheit, nämlich die physiologische Norm. Da beide Begriffe wertungsunabhängig sind, fällt die Abgrenzung von Störungen nicht schwer. Der Normbegriff ist definierbar. Unter dem Aspekt der Rechtssicherheit würden bei einer Beurteilung kei-

---

678 Müller-Suur aaO

679 siehe dazu: Müller-Suur aaO

680 Müller-Suur aaO

681 Müller-Suur, in: Handbuch der Neurosenlehre, S. 253

ne Unsicherheiten durch Willkür bzw. verschiedene subjektive Ansichten entstehen.

Anders sieht es hingegen bei den nicht körperlich bedingten psychischen Störungen aus. Hier ist es nicht ohne weiteres möglich, mit einer statistischen Durchschnittsnorm zu arbeiten. Das liegt zum einen daran, dass bei dieser Art von Störungen gerade keine krankhaften physiologischen Verhältnisse gefunden werden können. Anders als bei den endogenen Erkrankungen, wo solche körperlichen Bedingungen vermutet werden, fehlen bei den hier untersuchten seelischen Erkrankungen solche körperlichen Symptome. Bei der sogenannten geistig-seelischen Gesundheit[682], die das Gegenstück zur vitalen Gesundheit bildet, ist die Festlegung einer statistischen Norm deshalb besonders problematisch.

Nach Müller-Suur liegt dies auch daran, dass die geistig-seelische Gesundheit anders als die vitale, die wie eben gesehen weitestgehend wertungsunabhängig ist, von der „individuellen Einstellung zum Leben und der Welt" abhängt[683]. Selbst wenn also eine solche Durchschnittsnorm vorhanden wäre, könnte sie die Einstellung nicht erfassen. Damit lässt sich sagen, dass sich im Gegensatz zur Situation von objektiven Krankheitsbegriff und vitaler Gesundheit die seelische Gesundheit nicht ohne einen Wertaspekt bestimmen lässt.

Dieser Wertaspekt bringt aber Probleme mit sich. Genau wie bei der subjektiven Bestimmung des Krankheitsbegriffes[684] gerät man bei der Abgrenzung von Krankheit und Gesundheit in die gleichen Schwierigkeiten, wenn man sich allein auf den Wertaspekt der geistig-seelischen Gesundheit beschränkt. In diesem Fall müssten „nicht nur subjektive Leiden unter nicht krankhaften physiologischen Zuständen (z.B. Wehenschmerzen), innere seelische Nöte, etc, sondern auch schon alle seelischen Gleichgewichtsstörungen und alle Störungen des vitalen Wohlbefindens als krankhaft angesprochen werden, weil sie nicht dem Wertaspekt der Gesundheit entsprechen"[685].

Außerdem droht die Gefahr, dass es beim isolierten Wertaspekt „durch subjektive Verabsolutierung von einseitigen Wertleitbildern der seelischen und geistigen Gesundheit zu willkürlichen Einengungen des Wertaspektes der geistigen Gesundheit kommen kann". Das kann dazu führen, dass möglicherweise die „Mentalität von einzelnen Menschengruppen oder Menschen, die den eigenen Wertleit-

---

682 Müller-Suur aaO

683 Müller-Suur aaO

684 siehe S. 130

685 Müller-Suur, in: Handbuch der Neurosenlehre, S. 254

bildern für die geistig-seelische Gesundheit nicht entsprechen, als krankhaft bezeichnet“[686] wird.

Da die sogenannte geistig-seelische Gesundheit als Norm wegen der Wertungsabhängigkeit noch weiter und damit schwieriger zu fassen ist, hilft sie ebenso wenig bei der Abgrenzung weiter, wie es der subjektive Krankheitsbegriff seinerseits kann. In der Literatur ist deshalb die Ansicht verbreitet, dass es eine statistische Normierung der geistig-seelischen Gesundheit nicht geben kann, diese unmöglich ist. So ist Luthe der Ansicht, dass die Unsicherheiten psychiatrischer Gutachten „rasch zu beseitigen wären, wenn die Schwierigkeiten der Normierung innerer Erfahrung umgangen werden könnten“[687]. Diese Normierung innerer Erfahrung sei aber „elementaristisch“ ausgeschlossen, da man nicht gleichzeitig objektivieren und werten wollen könnte[688]. Er versteht unter Intensität einer Störung, „das Maß der Entfernung von einer Norm, die jeder selbstverständlich in sich trägt“. Seiner Meinung nach ist es zum einen „schon unter Psychiatern äußerst problematisch, sich bezüglich dieser Norm zu verständigen, geschweige denn zu einigen. Zum anderen entsteht mit der Stufenlosigkeit des Kontinuums das Problem der fließenden Grenze, die keine Grenze ist“. Es werde deshalb freimütig eingeräumt, dass diese fließende Grenze frei nach Sachverstand nicht zu beurteilen sei. Es komme ganz allein auf den subjektiven Maßstab an, der zugrundegelegt werde. Ein allgemein verbindlicher Maßstab, auf den man sich einigen könne, bestehe seiner Meinung nach aber nicht[689].

Müller-Suur bietet, um die Schwierigkeiten mit einer für die Abgrenzung erforderlichen Norm bei den nicht körperlich bedingten Störungen, und hierbei insbesondere bei den neurotischen Erkrankungen, aufzulösen, einen sogenannten „differenzierten psychischen Normbegriff“ an.

Er geht dabei davon aus, dass es bei „jeder individuellen Entwicklung die allgemeinen Koordinaten Individuum und Kollektiv bzw. Sein und Werden (als Hauptdeterminanten gibt), aus denen sich die psychische Selbstentfaltung der Person erfassen lässt“[690]. Es wird mit „vier Grunddifferenzen für den differenzierten Normbegriff (gearbeitet), mit denen das Bezogensein von Individuum und Kollektiv sowie das Bezogensein von Sein und Werden im individuellen seelischen Entwicklungsprozess berücksichtigt wird: den individuellen und den kollektiven Seins- und Werdensnormen“. Diese vier Grunddifferenzen sollen sich nach dem

---

686 Müller-Suur aaO

687 Luthe, Die zweifelhafte Schuldfähigkeit, S. 100

688 Luthe aaO

689 im einzelnen siehe: Luthe, Verantwortlichkeit, Persönlichkeit und Erleben, S. 18f.

690 Müller-Suur, in: Handbuch der Neurosenlehre, S. 255

„Grad der vorgegebenen Möglichkeiten, die in einem individuellen Entwicklungsprozess verifiziert werden können, in neue Dimensionen einordnen lassen, so dass zwei Hauptdifferenzen entstehen: die eigentliche Individual- und die eigentliche Kollektivnorm“[691].

Die eigentliche Individualnorm ist eine Reduktion der individuellen Werdensnorm auf die kollektive Werdensnorm und stellt das wahrscheinliche Maximum der vom konkreten Individuum verifizierbaren Seinsmöglichkeiten dar. Die eigentliche Individualnorm wird daher Zielpunkt für die Leitlinie der Entwicklung einer Persönlichkeitsstörung angesehen[692]. Dies vorausgesetzt habe man „die auf die eigentliche Individualnorm ausgerichtete Persönlichkeitshaltung als normale Persönlichkeitshaltung anzusehen“[693]. Abnorm sei die Persönlichkeitshaltung dann, wenn sie von der eigentlichen Individualnorm abweicht[694].

So sehr sich Müller-Suur mit seinem differenzierten Normbegriff bemüht, Licht in das Problem der Abgrenzung der nicht körperlich bedingten psychischen Störungen zu bringen, wird doch deutlich, dass seine Gedankengänge für den Juristen nicht greifbarer sind als die übrigen Ansätze. Bei der hier verfolgten Suche geht es aber um nachvollziehbare psychische Ansätze, die empirische Ergebnisse in den juristischen Sektor transformieren können. Wenn schon die Normfindung bzw. Normkonstruktion solche Überlegungen erfordert, wird dieser Versuch von Müller-Suur den Richter, der meist kaum psychiatrische oder psychologische Grundkenntnisse hat und zudem mit dem Denken in diesen Disziplinen nicht vertraut ist, überfordern bzw. ihm keine tatsächliche Hilfestellung geben. Insbesondere geht aus den Ausführungen von Müller-Suur auch nicht hervor, wie sehr eine Persönlichkeitshaltung von der eigentlichen Individualnorm abweichen muss, um „besonders“ abnorm zu sein. Anders formuliert: Es werden keine graduellen Abstufungen bei der Abnormität angesprochen oder normative Grenzen aufgezeigt.

Trotzdem ist dieser Gedankenansatz insoweit wichtig, als er die Verständigung zwischen Juristen und Psychiater fördert, wenn erstere das Problem der Definition einer Norm und daraus resultierend die Schwierigkeit der Abgrenzung vor Augen geführt bekommen. Eine tatsächliche Hilfe bei der Abgrenzung bzw. Gewichtung von psychischen Störungen wird damit aber nicht zur Verfügung gestellt.

---

691 Müller-Suur aaO

692 Müller-Suur, in: Handbuch der Neurosenlehre, S. 257

693 Müller-Suur aaO

694 Näheres dazu bei Müller-Suur, in: Handbuch der Neurosenlehre S. 254ff. bzw. 257

4.4.2.4 Zwischenergebnis (Quantifizierung aus psychiatrischer Sicht)

Von Seiten der psychiatrischen Wissenschaft wird darauf hingewiesen, dass es schwierig, wenn nicht sogar unmöglich ist, eine Normierung der geistig-seelischen Gesundheit vorzunehmen. Daraus resultiert wohl auch die gegenwärtige Situation, dass man als Jurist bei den psychiatrischen Ansätzen vergeblich nach einer klaren Stellungnahme und dem Versuch einer Grenzziehung sucht. Die Hilflosigkeit und Wertungsabhängigkeit schon bei der Definition einer Norm, von der abgegrenzt werden soll, erschwert den Psychiatern das Erstellen eines grundsätzlichen Modells bzw. einer Skalierung.

Bei einer näheren Auseinandersetzung mit den hier aufgeführten Ansätzen lässt sich nicht nur immer wieder der Verweis auf den großen Ermessensspielraum finden, der durch reichen klinischen und forensischen Erfahrungsschatz ausgefüllt werden soll, sondern auch immer wieder der Hinweis, dass es um eine ganzheitliche – individuelle – Beurteilung der Täterpersönlichkeit geht, bei der die individuellen biographischen Daten im Vordergrund stehen[695]. Es sei „allemal ein Vorteil und kein Nachteil, dass der Psychiater eine dem Juristen nachvollziehbare Beurteilung statt isolierter Zahlenwerte zu bringen hat, dass er Gründe nennen und Schlüsse nachvollziehbar machen kann“[696]. Eine multiaxiale Betrachtung werde „der Komplexität menschlichen Verhaltens eher gerecht als das Abfragen eines eindimensionalen Fragenkatalogs“[697].

Die Forderung von juristischer Seite nach Skalenbildung oder Schaffung eines generellen Systems, bei dem Grenzen bzw. Übergangsbereiche angezeigt werden, damit der Richter bei seiner Entscheidung eine Orientierungshilfe hat, wird oftmals missverstanden bzw. abgetan als (zu einfach gedachtes und) falsches Hineinpressen eines so komplexen Bereichs in Vorgänge des Zusammenzählens und Messens. Gegen eine solche Quantifizierung bzw. den Versuch dazu wird argumentiert, dass ein solches Vorgehen inhuman sei. Darüber hinaus wird eingewendet, „dass objektive, weil quantifizierende Verfahren den Menschen (Probanden) schließlich in ein Konglomerat von Fakten und Konstrukten auseinander dividierten, in denen das Individuum auf der Strecke bliebe“[698]. Zwar wird die Frage der Quantifizierung auch in den Psychowissenschaften gesehen und diskutiert[699], es wird aber kein Konzept genannt, das mit dem Recht kompatibel ist oder es wird

---

[695] Bresser, in: Psychopathologie, Konzepte – Klinik und Praxis – Beurteilungsfragen, S. 46

[696] Kröber, Faller, Wulf, MschrKrim 77 (1994), 339, 351

[697] Nedopil, Forensische Psychiatrie, S. 84

[698] im einzelnen Schüler-Springorum, in: FS für Venzlaff, S. 52, 61

[699] Foerster, MschrKrim 72 (1989), 83, 84; Nedopil aaO

als Ergebnis festgehalten, dass „allgemein verbindliche Regeln und Grenzziehungen, sogenannte harte Kriterien“ sich nicht angeben ließen[700].

In der Literatur wird deshalb „zunehmend leiser“ auf Erfolge einer psychopathologischen Quantifizierung gesetzt, bei der unklar bleibe, „welche psychopathologischen Phänomene in welcher Quantität, Zusammenstellung und Intensität (generell und im Einzelfall) eine schwere Abartigkeit konstituieren“[701].

Zudem wurde grundsätzliche Kritik an der standardisierten Beurteilung der Schuldfähigkeit erhoben. Die forensische Psychiatrie sei, „wenn sie nach sauberen Erhebungen bei der Schuldfähigkeitsbeurteilung angelangt ist, keine exakte Naturwissenschaft, sondern wie die Jurisprudenz eine wertende Disziplin“[702].

Die Erstellung eines quantifizierendes Gesamtmodells rückt damit immer weiter in den Hintergrund.

4.4.3 Auswirkungen auf die praktische Handhabung

Am Ansatz von Foerster sowie an dem von Nedopil, die von den hier erläuterten Ansätzen wohl am ehesten solche Modelle des Zusammenzählens oder Messens[703] darstellen, wird deutlich, wie schwierig es ist, die vielschichtigen Aspekte einer Beurteilung in einem generellen System unterzubringen. Insofern ist der kritische Hinweis von psychiatrischer Seite angebracht.

Man muss sich auf der anderen Seite aber die Frage stellen, ob der Rückzug auf die „individuelle Krankheitswertigkeit“ und ihr Plausibelmachen, d.h. die Einzelfallbeurteilung, die sich hauptsächlich auf potentielle Erfahrung des psychiatrischen Sachverständigen stützt, die richtige Alternative ist. Dass durch Quantifizieren das Individuum auf der Strecke bleibt, ist wohl „weder zu erwarten noch zu befürchten“[704]. Als Argument dafür wird in der Literatur angeführt, dass zum einen die „wirkliche Objektivität im Bereich der Sozialforschung ohnehin eine Asymptote“ bleibe, zum anderen „werde auch das objektivste Gutachten letztendlich in die Wertungen des Gutachters münden, die erst die Antwort auf die Gutachtenfrage ausmachen“. Schließlich sei „ohnehin noch unentschieden, ob

---

[700] Nedopil, Forensische Psychiatrie, S. 84

[701] Kröber, NA 1995, 532, 533

[702] Kröber, Faller, Wulf, MschrKrim 77 (1994), 339, 350

[703] mit der Einschränkung, dass durch die Anwendung der BSS die Quantifizierung zwar erleichtert sei, jedoch auf die individualisierend vorgehende freie Deskription nicht verzichtet werden könne, Foerster, NStZ 1988, 444, 445

[704] Schüler-Springorum, in: FS für Venzlaff, S. 52, 61

solche Wertungen, oder gar die darauf aufbauenden des Gerichts, ein Mehr an Humanität verbürgten[705].

Wer das Aufstellen von generellen, d.h. übergeordneten Systemen, in Form von Skalenbildung und der Definition von Grenzbereichen verurteilt und sich rein auf die individuelle Einzelfallbeurteilung zurückzieht, verschließt die Augen vor der Tatsache, dass er auch hierbei irgendwann an einen Punkt gelangt, an dem eine solche Wertung vorgenommen werden muss. Auch beim Plausibelmachen von individueller Krankheitswertigkeit bzw. der Intensität der Ausprägung einer Störung muss der psychiatrische Sachverständige irgendwann die Schwere im Einzelfall gewichten. Dazu benötigt er ebenso bestimmte Kriterien. Dies wird teilweise auch von psychiatrischer Seite erkannt. So befindet Foerster die Quantifizierung als zwingend[706]. Außerdem merkt er an, diese geschehe auch „ständig, reflektiert oder unreflektiert, und es ist daher zu fordern, das es in einer durchschaubaren und belegbaren Weise geschieht"[707].

Der Einwand, wegen der Komplexität der menschlichen Natur keine Quantifizierung, kein Einordnen mittels eines rein mathematischen Systems, das nur misst und zusammenzählt, vornehmen zu können, unterschlägt somit die Tatsache, dass man in keinem Fall an einer Gewichtung der Schwere vorbeikommt. Es werden sowohl bei einer Gewichtung mittels einer generellen Skalierung wie auch bei der rein subjektiven Beurteilung lediglich nach Intuition des Psychiaters Kriterien benötigt, die eine Gleichbehandlung gleichgelagerter Fälle ermöglichen und dabei für den Richter nachvollziehbar sind.

Wenn teilweise von psychiatrischer Seite die Auffassung vertreten wird, solche Kriterien ließen sich nicht finden, weil man auf diesem Gebiet keine klare Abgrenzung durch eine generelle Skalierung vornehmen[708], sondern nur versuchen könne, dem Richter den Fall anhand eigener Erfahrung zu erläutern und gewichten, ist dem entgegenzuhalten, dass ohne nachvollziehbare Kriterien dem Richter die Grundlage für seine Entscheidung fehlt. Auf diese Weise muss er doch wieder ganz allein eine Gewichtung vornehmen und entscheiden.

Wenn es keine Alternative zur Quantifizierung gibt, weil sie aus dem Schuldprinzip resultiert, kann eine Distanzierung der Psychiatrie von quantifizierenden Ansätzen, d.h. von der Quantifizierung der Intensität der psychischen Störung, aus juristischer Sicht nicht befriedigen. Dies wird zwar auch teilweise Vertretern auf

---

[705] Siehe dazu im einzelnen: Schüler-Springorum aaO

[706] Foerster, MschrKrim 72 (1989), 83, 84

[707] Foerster aaO

[708] Nedopil, Forensische Psychiatrie, S. 84

psychiatrischer Seite erkannt[709]. Auch diejenigen, die die Quantifizierung als notwendig erachten, können aber kein mit dem Recht kompatibles System liefern.

Es lässt sich feststellen, dass die bis heute entwickelten psychiatrischen Ansätze zwar den Anspruch erheben, die schwere andere seelische Abartigkeit als gesetzliches Merkmal bei der Schuldfähigkeitsbeurteilung zu konkretisieren, und dass sie dabei die Schwere zu gewichten versuchen. In ihrer gegenwärtigen Gestalt können sie aber diesen Anspruch nicht ausreichend erfüllen. Bei keinem der Ansätze werden tatsächlich Vorentscheidungen im Sinne von normativen Grenzen formuliert, mit denen eine Einordnung einer nicht körperlich bedingten psychischen Störung vorgenommen werden könnte. Die zwingend gebotene Quantifizierung wird aus der Hilflosigkeit bei der Festlegung dieser Grenzen größtenteils abgelehnt bzw. zu umgehen versucht.

Wenn schon auf psychiatrischer Seite keine Einigkeit darüber herrscht, wie ein Ansatz aussehen könnte, der das Merkmal der schweren seelischen Abartigkeit ausfüllen kann, kann ein psychiatrischer Sachverständiger auch dem Juristen die Feststellung einer schweren seelischen Abartigkeit nicht nachvollziehbar übermitteln. Die Transformation der empirischen Ergebnisse in den juristischen Sektor scheitert. Weil der Richter auf diese Weise nur entweder die Ergebnisse des Sachverständigen direkt übernehmen oder aufgrund seiner eigenen Intuition entscheiden kann, können Rechtssicherheit und Rechtsgleichheit nicht gewährleistet werden.

Mit einem solchen Ergebnis kommt man in der Forensik aber kaum weiter. In der Verhandlung, d.h. im konkreten Fall, müssen Entscheidungen getroffen werden. Wenn also festzustellen ist, dass die bisher existenten Ansätze die Bedingungen nicht erfüllen, stellt sich die Frage, nach welchen Maßstäben dann bei der Schuldfähigkeitsbeurteilung vorgegangen werden soll.

Obwohl von Seiten der Literatur bereits kurz nach der Gesetzesreform die Erstellung von psychiatrisch-juristischen Konventionen gefordert wurde[710], fehlen solche bislang[711]. Es besteht keine Einigung wie die aus dem Schuldprinzip gebotene Quantifizierung bei der seelischen Abartigkeit konkretisiert bzw. realisiert werden kann.

---

[709] Foerster, MschrKrim 72 (1989), 83, 84

[710] Schreiber, NA 1977, 242, 246; ders. in: Gekürzte Wiedergabe der Diskussionsbeiträge zum interdisziplinären Symposium Mai 1983 in Kiel, MschrKrim 66 (1983), 354, 356; Schünemann, GA 1986, 293, 297f. fordert eine Aufstellung eines „Kataster(s) psychopathologischer Symptome und Syndrome" und eine „Beschreibung der psychischen Folgen des jeweiligen Defekts"

[711] Venzlaff, in: Psychiatrische Begutachtung, S. 238 zweifelt allerdings daran, dass solche Konventionen das Problem des bestehenden Ermessensspielraumes lösen könnten

Die Feststellung, ein solcher, die Schwere gewichtender Ansatz sei deshalb wissenschaftlich nicht möglich, weil schon die Psychopathologie bzw. Psychiatrie eine wertende Disziplin sei[712], spricht nicht gegen die grundsätzliche Möglichkeit, gemeinsam mit der anderen wertenden Disziplin, der Rechtswissenschaft, Maßstäbe zu formulieren, die der Praxis Kriterien eröffnen. Da dies bisher noch nicht in ausreichendem Maße geschehen ist, soll hier zunächst die erforderliche Systematik der Vorgehensweise dargestellt werden und dann nach möglicherweise verwendbaren Aspekten einzelner Ansätze sowie sonstigen Kriterien gesucht werden, die dem Richter bei der Schwere einer Störung als Anhaltspunkt dienen können, um so dem Gedanken der Rechtssicherheit bzw. Rechtsgleichheit Rechnung zu tragen.

4.5 Lösungsmöglichkeiten

4.5.1 Vorüberlegungen

Bei der Schuldfähigkeitsbeurteilung müssen die empirischen Ergebnisse der gutachterlichen Exploration in das System des Rechts transformiert werden. Es ist danach zu fragen, ob die psychopathologischen Phänomene wegen ihrer Art und ihres Ausmaßes dem Rechtsbegriff der schweren anderen seelischen Abartigkeit unterzuordnen sind und diese damit festzustellen ist oder nicht. Man kann damit festhalten, dass, um die schwere andere seelische Abartigkeit beurteilen zu können, zwei Arbeitsschritte notwendig sind. Zunächst muss untersucht werden, ob überhaupt eine psychische Störung der Art vorliegt, dass sie unter die seelische Abartigkeit fallen kann, also eine diagnostische Zuordnung vorgenommen werden. Nur dann wäre nämlich eine Schweregradeinschätzung relevant.

Danach ist im Sinne einer Quantifizierung einzuschätzen, ob dieses psychopathologische Phänomen, d.h. diese Störung zum Zeitpunkt der Tat in einem solchen Ausmaß vorlag, dass das vierte gesetzliche Merkmal insgesamt zu bejahen ist. Störungen können nur dann als schwere seelische Abartigkeit beurteilt werden, wenn sie in ihrem Ausmaß, d.h. quantitativ von normalen psychischen Verhaltensweisen abweichen.

Versucht man, für den Richter brauchbare Kriterien zu statuieren, konzentriert sich das Vorgehen somit auf zwei Fragen.

Auf welche Weise erfolgt eine anfängliche diagnostische Zuordnung bzw. wie wird festgestellt, ob z.B. eine Persönlichkeitsstörung vorliegt?

---

[712] ähnlich Kröber, Faller, Wulf, MSchrKrim 77 (1994), 339, 350

Anhand welcher im Verhältnis von Steigerung bzw. Minderung stehenden Kriterien lässt sich die Schwere einer solchen Störung quantifizieren?

Erst wenn beide Schritte untersucht worden sind, kann das Merkmal der schweren anderen seelischen Abartigkeit in einer Weise festgestellt werden, die nachvollziehbar und überprüfbar ist und damit Rechtssicherheit und Rechtsgleichheit ermöglicht.

4.5.2 Kriterien für die Eingangsdiagnose

Zunächst ist nach einer Eingangsdiagnose zu fragen, d.h. nach einer Vorgehensweise, wie Psychopathien bzw. Persönlichkeitsstörungen, Neurosen und Triebstörungen in einem einheitlichen Verfahren diagnostiziert werden können. Überblickt man die einzelnen psychiatrischen Ansätze, so haben nur Witter, Saß und Janzarik einen solchen Schritt in ihren Ansätzen verankert. Während Saß und Janzarik bestimmte Grundtypen von gestörten Persönlichkeiten bilden, hält Witter die klassischen psychiatrischen Diagnosen für richtungsweisend bei der anschließenden Merkmalssubsumtion. Diese werden bei ihm durch ein Referenzsystem mit der Definition der ICD in Beziehung gesetzt[713]. Er verbindet damit die traditionelle Krankheitslehre mit der ICD.

Janzarik entwickelt die verschiedenen Persönlichkeitstypen, die in ihrer Ausgestaltung auf die Definition von Persönlichkeitstypen von Kurt Schneider zurückgehen weiter, indem er sie nach ihrem Verhältnis von Struktur und Dynamik differenziert. Dabei sucht er nach dynamischen und strukturellen Besonderheiten in den verschiedenen Gruppen[714].

Saß setzt wie Witter bei den Klassifikationssystemen an, um seine Grundtypen zu definieren. Da er diese Systeme aber „nicht ohne weiteres als diagnostische Eingangspforte in die §§ 20, 21 sieht“[715], bildet er über diese Klassifikation hinaus sechs umfassendere Grundtypen. Bei ihrer Bildung integriert er diverse Klassifikationssysteme, wie z.B. DSM-III und auch die Typologie von Kurt Schneider[716].

Neben diesen möglichen Ansatzweisen käme auch in Frage, ICD-10 als solche als Indiz für die Einordnung der psychischen Störungen unter die schwere andere seelische Abartigkeit zu verwenden. Dagegen könnte sprechen, dass bisher ausdrücklich hervorgehoben wurde, dass eine Klassifikation im Sinne des Manuals,

---

[713] siehe S. 72

[714] siehe S. 85

[715] Saß, Psychopathie, S. 116

[716] siehe dazu Saß aaO

z.B. als Persönlichkeitsstörung, allein nicht ausreichend sei, um eine so diagnostizierte Störung unter das Merkmal der seelischen Abartigkeit fallen zu lassen[717]. Es wurde jedoch auch auf die grundsätzliche Bedeutung einer solchen Klassifikation hingewiesen und dass „dieser Diagnoseschlüssel Ausgangsbasis für die im ersten Schritt vorzunehmende Diagnose auf der ersten Stufe der §§ 20, 21"sein könnte[718]. Nur für sich genommen kann eine solche Klassifikation nichts über die Zuordnung zur schweren anderen seelischen Abartigkeit aussagen[719]. Als Eingangsindiz ist eine Klassifikation bzw. Diagnose anhand der ICD-10 somit grundsätzlich möglich und zulässig.

Fraglich ist nun, für welche Alternative einer Eingangsklassifizierung man sich entscheiden soll – für eine Eingangsklassifikation nach ICD-10 oder für eine (z.T.) darüber hinausgehende Grundtypenbildung wie z.B. Saß und auch Janzarik sie vorschlagen.

Um diese Frage beantworten zu können, müssen sorgsam die zwei Fragen auseinander gehalten werden, wie eine Störung als solche zu diagnostizieren ist, dass sie ihrer Art nach unter die Abartigkeit fallen könnte und wie ihre Schwere festgestellt werden kann.

Saß bildet über die ICD hinausgehende Grundtypen, weil er die Klassifikationssysteme nicht ohne weiteres als diagnostische Eingangspforte der §§ 20, 21 sieht. Dieser Standpunkt, dass beispielsweise ICD-10 als solche nicht ausreicht, um die §§ 20, 21 auszufüllen, vermischt beide Fragen. Der Gedanke, dass der Diagnoseschlüssel für sich genommen keine rechtliche Bedeutung haben kann, d.h. allein nichts über den Schweregrad einer Störung aussagen kann, sagt nichts darüber aus und steht nicht im Widerspruch dazu, ob ICD-10 als (reine) Eingangsklassifikation auf der ersten Stufe der Schuldfähigkeitsprüfung verwendet werden kann.

Im Gegenteil dazu bietet sich bei diesem ersten Schritt ein Vorgehen nach ICD-10 sogar an, weil damit ein einheitlicher Diagnosemaßstab gegeben ist, der schon jetzt in der klinischen Praxis der Psychiatrie Verwendung findet. Diese Einheitlichkeit fehlt hingegen bei der Grundtypenbildung der verschiedenen Verfasser. So herrscht in der psychiatrischen Wissenschaft z.B. keine Einigkeit über eine solche Differenzierung nach Struktur- und Dynamikanteilen wie Janzarik sie trifft, manche setzen den Schwerpunkt eher nur auf Struktur[720], andere auf den dynami-

---

[717] so im Ergebnis auch BGH StV 1992, 316; BGH NStZ 1999, 395; BGH NStZ 2001, 83, 84

[718] Schreiber, in: Psychiatrische Begutachtung, S. 11; so auch die neuere Rechtsprechung, nach der bei einer Störung, die nicht die psychiatrischen Kriterien der Mannuale erfüllt, keine forensisch-psychiatrischen Folgerungen möglich sein sollen: BGH NStZ 2001, 83, 84; siehe auch: Theune, ZStW 114 (2002), 300, 308

[719] so auch Foerster, NStZ 2000, 192

[720] siehe Janzarik, NA 1993, 427, 432

schen Aspekt[721]. Als Anfangsklassifikation für die Eingangsdiagnose zur schweren seelischen Abartigkeit sind solche Grundtypen in dieser Form deshalb wohl nicht verwendbar.

Einer Eingangsdiagnose nach ICD-10 für die Zuordnung zum Merkmal der schweren anderen seelischen Abartigkeit als erstem Schritt[722] steht damit nichts entgegen. Ihr ist der Vorzug zu gewähren.

4.5.3 Kriterien für eine Quantifizierung der Schwere einer psychischen Störung

Fraglich ist nun, wie die nach ICD-10 diagnostizierte Störung zu quantifizieren ist. Unter den dargestellten psychiatrischen Ansätze gibt es nur drei, die versuchen, die Schwere einer Störung zu quantifizieren: Der Ansatz von Nedopil, der von Foerster und der Ansatz von Schorsch.

Da das System von Nedopil, das FPDS, gerade für den Bereich der schweren anderen seelischen Abartigkeit bzw. der kritischen Grenzbereiche zwischen voller Schuldfähigkeit und § 21 bzw. § 21 und § 20 keine Lösung anbieten kann, kommt es zur Orientierung aber nicht in Frage.

Weil die Schweregradeinschätzung bei Foersters Ansatz wie erörtert nur eine Aussage über die allgemeine psychogene Beeinträchtigung treffen kann, nicht aber irgendwelche Aussagen zur Schwere der Störung zum Tatzeitpunkt machen kann (zudem nicht die schwere seelische Abartigkeit als solche erkennen kann, weil nur retrospektiv geforscht wurde), ist sie als Instrument einer Schweregradeinschätzung ebenfalls abzulehnen.

Daneben bietet nur Schorsch Kriterien für die Einordnung der Schwere einer psychischen Störung an, die möglicherweise weiterhelfen können. Die Leitsymptome von Schorsch tragen insofern zu einer Quantifizierung bei, als sie überhaupt Kriterien für ein Vorgehen nennen, während die übrigen Ansätze entweder keine konkreten Kriterien nennen oder gerade im Bereich der seelischen Abartigkeit scheitern. Innerhalb der Symptome fehlen aber gerade die Unterbegriffe, die ein Verhältnis von Steigerung bzw. Minderung andeuten. Es wird z.B. nicht ausgeführt, welche Ausgestaltung der Symptomgestalt auftreten bzw. wie diese im konkreten Fall gewichtet werden soll. Eine normative Grenzsetzung fehlt. Die von ihm aufgestellten Leitsymptome können deshalb nur eine Basis sein, um gemeinschaftlich, d.h. in Form von interdisziplinären Konventionen, gewichtende Kriterien aufzustellen.

---

[721] siehe Saß, Psychopathie, S. 115

[722] so auch Rösler, in Psychiatrische Diagnostik, S. 97

Nach dieser Beleuchtung der Ansätze wird deutlich, warum in der Literatur zum Teil zwischen Quantifizierung an sich und der Quantifizierung von Schweregraden als zwei nicht deckungsgleichen Dingen differenziert wird[723]. Vom Quantifizieren soll man bereits sprechen können, wo an die Stelle von Lebenserfahrung, Empathie, ganzheitlicher Erfassung bzw. Intuition ein Verfahren des Zählen, Messens, Wiegens gesetzt wird (überhaupt Kriterien für das Vorgehen genannt werden), wie z.B. bei den Ansätzen von Nedopil und Foerster. Ein Erheben (und damit auch Festsetzen) von Schweregraden soll darüber hinaus beinhalten, dass dieses Zählen, Messen und Wiegen in ein Verhältnis von Steigerung bzw. Minderung gesetzt wird [724]. Letzteres fehlt weitgehend bei den bisher entwickelten Modellen.

Damit wird weder beim Ansatz von Schorsch noch bei den übrigen hier dargestellten Ansätze eine Bewertung im Sinne einer Quantifizierung vorgenommen, die bei der Beurteilung der Schuldfähigkeit tatsächlich als Orientierungsrahmen dienen kann.

Es fragt sich, ob möglicherweise eine Kombination einzelner Ansätze zu einer befriedigenden Lösung führen könnte.

Wenn aber in keinem der Ansätze überhaupt normative Vorentscheidungen für die Übergangsbereiche der Schuldfähigkeitsstufen getroffen werden, ist nicht ersichtlich, wie eine Zusammenschau bzw. Vermischung einzelner Teilaspekte der Ansätze zu einem anderen Ergebnis führen soll. Dies würde voraussetzen, dass den einzelnen als Kriterium in Aussicht genommenen Umständen ein eigener, wenn auch nicht ausreichender Wert zukäme, der durch die Kumulation und Kombination erstarken würde. Jedenfalls den Ansätzen außerhalb der Leitsymptome von Schorsch ist hierfür nichts zu entnehmen.

4.5.4 Zwischenergebnis

Der erste Schritt eines einheitlichen Vorgehens bei der Schuldfähigkeitsbeurteilung und hier speziell bei der Einordnung der schweren anderen seelischen Abartigkeit, kann aus einer anfänglichen diagnostischen Zuordnung nach ICD-10 bestehen[725]. Der zweite Schritt auf der ersten Stufe der Schuldfähigkeitsbeurteilung gestaltet sich weitaus problematischer. Die Leitsymptome progredienter psycho-

---

723 siehe Schüler-Springorum, in: FS für Venzlaff, S. 52, 61

724 Schüler-Springorum aaO

725 wobei aber nicht wie eine eindimensionale Liste abgefragt werden darf, sondern vielmehr Entstehung Verlauf und Prognose mit berücksichtigt werden müssen, siehe auch Rasch, Forensische Psychiatrie, S. 46

pathologischer Entwicklungen von Schorsch können grundsätzlich zur Orientierung dienen. Festzuhalten ist aber, dass damit immer noch nicht feststeht bzw. Einigkeit darüber geschaffen wird, wo nun die Grenze zwischen voller Schuldfähigkeit und den Voraussetzungen des § 21 bzw. zwischen § 21 und § 20 gezogen werden kann.

Man hätte somit zwar im Gegensatz zu der heute vorherrschenden Situation überhaupt irgendwelche Kriterien. Der Lösungsansatz von Schorsch allein bezieht jedoch noch keine eindeutige Position, wo das Merkmal der schweren anderen Abartigkeit anfängt und endet. Da die Leitsymptome weder in ihrer Anordnung auf drei verschiedenen Ebenen in ein Verhältnis von Steigerung bzw. Minderung gesetzt werden, noch innerhalb der einzelnen Symptome, die (z.T.) als Mengenbegriffe ausgestaltet sind, eine solche Untergliederung, die Steigerung bzw. Minderung erkennbar ist, fehlen normative Vorentscheidungen. Die Leitsymptome können nur eine Art Werkzeug, eine Diskussionsbasis für eine Einigung für die (anschließende) Gewichtung einer Störung bezüglich ihrer Schwere sein.

Zusammenfassend ist damit festzustellen, dass eine Eingangsklassifizierung durch die ICD-10 möglich ist. Für die erforderliche Quantifizierung konnte allerdings keine Lösung gefunden werden. Von allen dargestellten Ansätzen lassen sich auch die grundsätzlich graduierfähigen, wie die Leitsymptome von Schorsch, weder als ganzes noch als Teilaspekt in Kombination mit anderen als befriedigende Lösung heranziehen. Grund dafür ist, dass keine Wertung im Sinne einer normativen Vorentscheidung vorgenommen wurde. Es werden dadurch, wenn überhaupt, allenfalls generelle Orientierungspunkte für eine Schweregradeinschätzung geschaffen. Wo bei diesen Symptomen die Grenzbereiche liegen, an welcher Stelle „die Anforderungen an den Einzelnen und damit die Grenzen für eine Exkulpation zu liegen haben“[726], obliegt weiterhin dem psychiatrisch-juristischen Dialog.

4.6 Konsequenz aus den bisherigen Ergebnissen

In Konsequenz aus den bisherigen Ergebnissen spricht vieles dafür, sich von juristischer Seite (im Moment) damit abzufinden, die schwere andere seelische Abartigkeit als eine Art Auffangkategorie anzusehen, bei der die Grenzen nicht eindeutig festlegbar sind, und die nicht nach einem bestimmten Schema abgegrenzt und definiert werden kann. Schließlich wurde diese vierte gesetzliche Kategorie dafür geschaffen, auch psychische Störungen ohne erkennbare körperliche Ursache, die eben nicht durch ein eindeutig beschreibbares klinisches Bild definierbar sind, zu berücksichtigen. Diese sollen bei entsprechend starker Ausprägung grundsätzlich auch zur De- bzw. Exkulpation führen können, nachdem man festgestellt hatte,

[726] Schreiber, NA 1977, 242, 246

dass sie die Psyche ebenso sehr wie z.B. die klassischen Psychosen beeinträchtigen können.

Es fragt sich, welche Konsequenzen sich daraus ergeben, dass die Grenzen der seelischen Abartigkeit nicht genau erkennbar sind. Eine Folge könnte sein, dass der Zweifelsgrundsatz „in dubio pro reo“ anwendbar ist.

Nach übereinstimmender Ansicht in Rechtsprechung und Literatur ist allerdings bei der Entscheidung über die Anwendung des Zweifelsgrundsatzes zu beachten, dass dieser sich nicht auf die rechtliche Bewertung, sondern nur auf Zweifel an den dieser zugrundeliegenden Tatsachen zu Art und Grad der psychischen Störung bezieht[727]. Auf der anderen Seite wird auch – z.T. innerhalb derselben Entscheidung[728] – immer wieder hervorgehoben, dass der Zweifelsgrundsatz auch für die Frage der (vollen) Schuldfähigkeit gilt[729], die ja ein normativer Begriff ist.

Dies muss allerdings kein Widerspruch sein, sondern besagt nur, dass auch bei der Prüfung der (vollen) Schuldfähigkeit Feststellungen zu treffen sind, die zweifelsfrei nachgewiesene Tatsachen voraussetzen, so dass die Regeln über nicht zweifelsfreien Nachweis auch dort Anwendung finden müssen. Bei den ersten drei Merkmalen in §§ 20 und 21 bestehen entweder nachprüfbare unmittelbare (Krankheits-)Indizien oder haben sich mehr oder minder anerkannte Kriterien herausgebildet, deren Feststellung gegebenenfalls die normative Bewertung zulässt. Bei dem vierten Merkmal haben sich bisher gerade keine nachprüfbaren Kriterien herausfinden lassen.

Wenn man diesen Gedanken weiterführt, liegt das Ergebnis nahe, dass ohne nachprüfbare Kriterien als Anknüpfungstatsachen auch keine Zweifel an deren Vorliegen oder Nichtvorliegen möglich sind. Wenn man nicht weiß, welche Tatsachen für die Bewertung maßgeblich, also entscheidungserheblich sind, fehlt es an einem Anknüpfungspunkt für die Anwendung des Zweifelsgrundsatzes; der Zweifelsgrundsatz ist nur auf diejenigen Tatsachen (Kriterien) anwendbar, auf die es bei der Bewertung ankommt.

Sieht man die Frage der Schwere der Abartigkeit als eine Rechtsfrage an, wie dies auf der zweiten Stufe für die Frage der Erheblichkeit anerkannt ist[730], käme dann eine Anwendung des Zweifelsgrundsatzes nicht in Betracht. Eine Anwendung des Zweifelsgrundsatzes bei dem vierten Merkmal schiede dann insgesamt aus.

---

[727] BGHSt 14, 68, 73; BGH bei Dallinger MDR 1972, 572; LR-Gollwitzer § 261 Rn 105; KK-Engelhardt § 261 Rn 61

[728] siehe unveröffentlichtes Urteil des BGH v. 06.05.1997, zitiert bei Maatz, NStZ 2001, 1,4 Fn. 36

[729] BGHSt 8, 113, 124; BGHSt 36, 286, 290

[730] BGHSt 43, 66,77 m.w. Nachweisen

Die Rechtsprechung sieht allerdings ohne Differenzierung zwischen zugrundeliegenden Tatsachen und nachfolgender Bewertung Art und Grad der psychischen Störung auf der ersten Stufe als eine Frage an, die dem Zweifelsgrundsatz zugänglich ist[731]. Nähere Ausführungen, warum das Merkmal der Schwere in der ersten Stufe anders zu behandeln sei als die Erheblichkeit in der zweiten Stufe, finden sich in der Rechtsprechung indessen nicht.

Wohl auch wegen all dieser Schwierigkeiten auf der ersten Stufe zieht die gerichtliche Praxis es gegenwärtig vor, die endgültige Entscheidung über die Schuldfähigkeit nur auf der zweiten Stufe zu treffen.

---

[731] BGHSt 8, 113, 124; BGH StV 1983, 278; ebenso S/S-Lenckner/Perron § 20 Rn. 43

5. Zusammenfassung und Ergebnis

5.1 Zusammenfassung

Die Arbeit untersuchte die Frage, ob es psychiatrische Diagnostikansätze gibt, die den Begriff der schweren anderen seelischen Abartigkeit ausfüllen können. Nachdem festgestellt wurde, dass die internationalen Klassifikationssysteme keine ausreichende Hilfe bei der Einordnung einer Störung sein können, weil sie keine rechtliche Bedeutung oder Verbindlichkeit haben, wurden die Ansätze der Krankheitswertigkeit, sowie die von Rasch, Witter, Saß, Luthe, Janzarik, Foerster, Nedopil und Schorsch näher untersucht. Bei der Auseinandersetzung mit den verschiedenen Beurteilungsmodellen wurde versucht, mögliche Problempunkte aufzudecken.

Dabei wurde folgendes festgestellt.

Der Ansatz, der zur Ausfüllung der schweren anderen seelischen Abartigkeit bzw. der Schwerefeststellung als Kriterium nach der Krankheitswertigkeit einer psychischen Störung fragt, ist als sinnvolles Kriterium für die Konkretisierung der Schwere der Abartigkeit abzulehnen. Grund dafür ist die Tatsache, dass Krankheit an sich keinen festen Skalenpunkt bildet, d.h. sowohl im Verlauf als auch im Querschnitt die verschiedensten Schweregrade zeigen kann. Außerdem kann bei Verwendung dieses Kriteriums der Irrtum entstehen, man habe sich beim vierten gesetzlichen Merkmal an der somatischen Begrifflichkeit von Krankheit zu orientieren. Diese vierte Kategorie wurde aber gerade geschaffen, um nicht körperlich bedingte Störungen zu erfassen.

Der Ansatz von Rasch, der mit einem strukturell-sozialen Krankheitsbegriff arbeitet, kann ebenfalls nicht überzeugen. Sein Vorgehen ist mangels konkreter Kriterien nicht hinreichend präzise, um die Schwere abgrenzen zu können. Insbesondere bei der sozialen Definition werden Kriterien verwendet, die eigentlich erst auf der zweiten Ebene gefragt sind. Eine konkrete Wertung, wo die Grenzbereiche von normalen Verhaltensauffälligkeiten zu der schweren seelischen Abartigkeit gezogen werden, erfolgt bei diesen (zu) generell formulierten Kriterien nicht. Es wird zwar über eine Diagnose hinaus bzw. unabhängig davon versucht, Kriterien aufzustellen, um (insbesondere) das vierte gesetzliche Merkmal näher auszufüllen. Die generellen Kriterien enthalten ihrerseits aber keine Gewichtung in der Hinsicht, dass sie normative Vorentscheidungen für die Schweregradbestimmen und treffen. Es wird kein konkreter Orientierungsmaßstab geschaffen.

Die Aufstellung eines Referenzsystems in der Form von Witter kann die untersuchte Problematik auch nicht klären. Bei seinem Vergleich zu den klassisch psychischen Störungen durch die Suche nach psychotischen oder psychoseähnlichen Phänomenen, wurde als problematisch befunden, wie diese Phänomene definiert werden, nämlich als Erschütterung bzw. Zerstörung des Persönlichkeitsgefüges.

Dieser Terminus kann kein praktikables Kriterium für eine Differenzierung sein, da die Formel nur auf quantitative Unterschiede verweist, im konkreten Fall jedoch wenig aus ihr herzuleiten ist.

Als weiterer Kritikpunkt kann die strikte Begrenzung bei der schweren seelischen Abartigkeit auf psychotische bzw. psychoseähnliche Phänomene angeführt werden. Nach dem heutigen Wissensstand, nach dem feststeht, dass sich auch nicht körperlich bedingt Störungen wie Persönlichkeitsstörung und Neurose in ihrer Intensität genauso stark auswirken können wie eine Störung der Psyche im klassischen Sinn, kann eine Differenzierung, wie Kurt Schneider sie einst vorgenommen hat, nicht mehr überzeugen. Zudem passt sie auch nicht zur Gesetzessystematik, da mit der Einführung des Merkmals der schweren anderen seelischen Abartigkeit eben für diese Spielarten des menschlichen Seins eine eigene Kategorie geschaffen wurde. Im übrigen werden auch bei dem Vergleich zu den klassischen psychischen Störungen mit den genannten Punkten bzw. dem Hauptkriterium „Verlust des Realitätsbezuges“ keine konkreten Kriterien genannt, an denen eine Wertung festgemacht werden könnte. Die Bewertung als solche, wann nämlich bestimmte psychische Störungen als psychotisch bzw. psychoseähnlich anzusehen sind, fehlt völlig.

Das psychopathologische Referenzsystem von Saß kann ebenfalls keinen Maßstab für die Schweregradeinschätzung beim Merkmal der schweren seelischen Abartigkeit eröffnen. Wie bei Witter wird auch bei Saß' Referenzsystem zunächst eine Eingangsklassifikation vorgenommen, in einem zweiten Schritt soll genauso wie beim Referenzsystem von Witter ein Vergleich zu den klassischen psychischen Störungen gezogen werden. Hierbei fehlen aber konkrete Orientierungspunkte für einen solchen Vergleich. Vom Verfasser selbst wird auf fehlende feste Beurteilungsregeln verwiesen bzw. auf den dem psychiatrischen Sachverständigen zustehenden Ermessensspielraum. Bei der Suche nach konkreten Kriterien, die eine Entscheidung nachprüfbar werden lassen, hilft der Ansatz nicht weiter.

Auch beim Ansatz von Janzarik, der eine strukturdynamische Betrachtungsweise vorschlägt, sucht man vergeblich nach Kriterien, die Orientierung für den Richter bei der Schweregradeinschätzung sein können. Bei der Einordnung der Schwere einer Störung wird auf den „strukturellen Befund“ verwiesen, d.h. auf Deformierungen und Defizienzen des individuellen Wertgefüges. Leider wird dabei kein Katalog aufgestellt, wann denn solche Deformierungen vorliegen sollen. Der Verweis auf den strukturellen Befund ist damit ein zu vager, zu unkonkreter Richtungsweiser. Daran ändert auch die spätere verstärkte Bezugnahme auf Saß[732] nichts. Im übrigen fehlt auch bei diesem Ansatz eine Definition der Übergangsbe-

[732] Janzarik, NA 2000, 181, 184

reiche, d.h. eine Wertung, welche Häufung oder Stärke von Deformierungen z.B. die Schwere einer psychischen Störung bejahen lassen.

Bei Luthes strukturaler Betrachtungsweise ist die Kritik schon bei der Systematik der Vorgehensweise anzusetzen. Sein System, das er für die gesamte Psychopathologie, und damit nicht nur für den Bereich, der bei der schweren seelischen Abartigkeit in Frage kommt, konzipiert hat, differenziert nicht nach der Entstehung einer Störung, sondern ordnet alle Auffälligkeiten nach der Abänderung der Bewusstseinsstruktur zueinander an. Die Schwere einer Störung ist aber nicht relevant, wenn die Störung schon gar nicht als Abartigkeit, d.h. als Psychopathie, Neurose oder Triebstörung, zu klassifizieren ist. Außerdem ist das Kriterium der Veränderung der Bewusstseinsstruktur in Form von Differenzierung bzw. Integrierung zu vage, um eine Entscheidung nachvollziehbar sein zu lassen. Es fehlen hierbei konkrete Eckpunkte, wann eine solche Integration scheitert bzw. wann nicht. Wie auch schon bei allen vorangegangenen Ansätzen sucht man vergeblich nach konkreten Kriterien sowie nach einer Wertung, die diese Kriterien zueinander anordnet. Sein Ziel, gerade als Richter unabhängig vom Sachverständigen zu sein, weil man selber einen nachvollziehbaren Orientierungsrahmen kennt, wird nicht erreicht.

Der Ansatz von Foerster, den BSS von Schepank für die Beurteilung der schweren anderen seelischen Abartigkeit heranzuziehen, kann, wie auch von den Verfassern selbst zugestanden, das letzte gesetzliche Merkmal ebenfalls nicht befriedigend ausfüllen. Zum einen wird dabei nur die kumulative psychogene Beeinträchtigung, nicht aber die zum Tatzeitpunkt vorliegende, gemessen. Außerdem wird selbst von den Verfassern zugegeben, dass dieser Ansatz kein völlig trennscharfes, einzig quantifizierendes Instrument sei. Gerade die hier problematischen Übergangsbereiche können nicht klar definiert werden. Damit kann diese retrospektive Studie auch keine Aussagen über zukünftige Fälle treffen. Dafür wären noch weitere, prospektive Studien nötig.

Auch das FPDS mit seinem Zuordnungsmodell von Nedopil scheitert in der Beurteilungssituation an den Grenzbereichen bzw. dem Gebiet des § 21. Das multiaxiale Modell von Nedopil kann nur auf volle Schuldfähigkeit bzw. das Vorliegen von § 20 hinweisen. Problematisch und daher gesucht war aber gerade eine Gewichtung der Gradstufen der Schwere einer Störung zwischen diesen beiden Bereichen. So liefert das FPDS zwar Fortschritte bei der Operationalisierung und Standardisierung der Begutachtung, nicht aber bei der Entscheidung über die Schuldfähigkeit.

Die Leitsymptome progredienter psychopathologischer Entwicklungen, in ihrer von Schorsch transformierten Fassung, scheinen sich dagegen auf den ersten Blick hinsichtlich ihrer Verwendbarkeit von den übrigen Ansätzen zu unterscheiden. Dabei erweckt diese Aufstellung der Symptome den Anschein, es seien nun Kriterien vorhanden, mittels derer sich die jeweilige Störung hinsichtlich ihrer

Schwere einschätzen lasse. Bei näherer Betrachtung wird jedoch deutlich, dass diese Leitsymptome zu generell formuliert sind, um eine solche Graduierung zu unterstützen, insbesondere wird bei ihnen keine Wertung vorgenommen. Es ist beispielsweise nicht erkennbar, wie oft eine Störung auftreten muss, damit man das Leitsymptom „Symptomhäufung“ bejahen kann. Die Symptome sind durch die drei Ebenen nicht in einem Verhältnis von Steigerung bzw. Minderung angeordnet; auch innerhalb der Symptome selbst fehlt diese Gewichtung. Die Leitsymptome liefern somit nur die Basis, eine Art Werkzeug, mittels der eine Wertung bzw. normative Grenzziehung vorgenommen werden könnte. Es werden Kriterien zur Debatte gestellt, die bei einer Skala ihrem Inhalt nach zu berücksichtigen wären. Es lässt sich mit den Leitsymptomen nur feststellen, dass sich ein Verhalten verändert hat, fortgeschritten ist, nicht aber wie schwer diese jetzt festgestellte Verlaufsgestalt, der erreichte Status (im Gesamtkontext) anzusehen ist. Damit kann auch der Ansatz von Schorsch keine geeignete Methode sein, um den Begriff der schweren anderen seelischen Abartigkeit auszufüllen.

Insgesamt lässt sich feststellen, dass keiner der psychiatrischen Ansätze für sich allein die seelische Abartigkeit so ausfüllen kann, dass eine Entscheidung nachprüfbar werden würde. Die Leitsymptome von Schorsch machen einen ersten Schritt in diese Richtung, indem sie Kriterien liefern mittels derer die Gewichtung der Schwere vorgenommen werden könnte. Ohne normative Vorentscheidungen helfen diese Kriterien aber bei der Gewichtung einer Störung im Einzelfall nicht weiter.

Auffällig ist, dass bei den dargestellten – unzureichenden – Modellen fast überall die gleichen Aspekte zu bemängeln sind bzw. fehlen. Oft wird nicht dazwischen differenziert, dass zunächst eine Störung ihrer Art nach überhaupt unter die schwere andere seelische Abartigkeit fallen muss und erst in einem zweiten Schritt eine Schweregradeinschätzung vorzunehmen ist. Auch wird z.T. die Folge nicht erkannt, dass dann aber im ersten Schritt bei der Eingangsklassifizierung nichts gegen eine Verwendung eines internationalen Klassifikationssystems wie ICD-10 spricht. Vor allem aber nennt fast keiner der Ansätze wirklich tatsächliche Kriterien, anhand derer die Schwere einer Störung gewichtet werden könnte. In dem Fall, wo dies doch erfüllt ist, wie bei den Leitsymptomen progredienter psychopathologischer Entwicklungen von Schorsch, fehlt dann die Vornahme einer Wertung. Die Symptome können nur die Tatsache einer Veränderung nicht aber die Schwere des beobachteten Zustandes feststellen.

Bei einer kritischen Hinterfragung, ob denn ein so quantifizierender Ansatz, d.h. einer, der ein hierarchisches System mengenmäßig beschreibbarer Einzelaspekte schafft, bei der schweren anderen seelischen Abartigkeit erforderlich ist oder ob diese Forderung nicht vernachlässigt werden kann, konnte herausgearbeitet werden, dass es aufgrund des Wortlauts und des in Art. 20 III bzw. 1 I GG verankerten Schuldprinzips keine Alternative zur Quantifizierung gibt, insbesondere nicht beim Merkmal der schweren seelischen Abartigkeit. Trotz dieser von rechtlicher Seite gegebenen Alternativlosigkeit, wurde aber deutlich, dass auf psychiatrischer Seite eher Abstand genommen wird von quantifizierenden Modellen. Stattdessen wird in der psychiatrischen Wissenschaft immer wieder auf den großen Ermessensspielraum bzw. die individuelle Schwerefeststellung bei der Schuldfähigkeit hingewiesen. Grund für eine solche Abkehr ist zum einen die Hilflosigkeit bei der Definition einer Norm der geistig-seelischen Gesundheit, von der es abzugrenzen gilt. Zum anderen scheinen die gescheiterten Quantifizierungsversuche in der Vergangenheit die Psychiater darin zu bestärken, auf eine von messbaren Kriterien losgelöste individuelle Bewertung der Störung und ihrer Schwere auszuweichen. Auch diejenigen, die die Quantifizierung als notwendiges Instrument der Schwerefeststellung erachten, können kein mit dem Recht kompatibles ausreichendes Konzept liefern.

Es wurde gezeigt, dass man auch bei einem Rückzug auf ein „individuelles Plausibelmachen von Krankheit" nicht an einer Gewichtung der Schwere mittels irgendwelcher Kriterien vorbeikommt. Gerade wegen dieses Aspekts kann eine Ablehnung von quantifizierendem Vorgehen an sich bzw. solchen sie berücksichtigenden Modellen nicht als Lösung hingenommen werden. Der Richter benötigt in der Verhandlung konkrete Kriterien, an denen er sich bei seiner Entscheidung orientieren kann, um nicht nur auf seine subjektive Vorstellung, seine Intuition zurückgreifen zu können bzw. zu müssen. Diese kann keine Rechtssicherheit und Rechtsgleichheit garantieren.

Ein systematisches Vorgehen bei der Beurteilung einer schweren anderen seelischen Abartigkeit auf der ersten Stufe der Schuldfähigkeitsprüfung, muss aus diesem Grund zwei Schritte beinhalten und zwischen diesen differenzieren. Zunächst muss die Frage gestellt werden, ob eine Verhaltensauffälligkeit überhaupt als Persönlichkeitsstörung bzw. Psychopathie, Neurose oder Triebstörung zu klassifizieren ist und somit ihrer Art nach überhaupt unter das Merkmal der schweren anderen seelischen Abartigkeit fallen kann. Nur dann ist überhaupt relevant, ob diese Störung auch so schwer ist, dass sie unter das vierte gesetzliche Merkmal geordnet werden kann. Danach muss eingeschätzt werden, ob die Störung als so intensiv, so schwer zu gewichten bzw. quantifizieren ist, dass sie in den Bereich der §§ 20, 21 fällt. Für diese Einschätzung werden Kriterien benötigt, die zueinander so in Beziehung stehen und angeordnet sind, dass Grenzbereiche erkennbar sind, d.h. von vorneherein feststeht, ab welcher Intensität bestimmte Verhaltensauffälligkeiten nicht mehr unter die volle Schuldfähigkeit, sondern unter § 21 bzw. § 20 einzuordnen sind. Nur so wird eine Entscheidung nachprüfbar, nur so können Rechtssicherheit und Rechtsgleichheit gewährleistet werden. Eine solche Differenzierung inklusive einer Wertung für die Grenzbereiche leistet keiner der psychiatrischen Ansätze.

Wenn nur generelle Kriterien geliefert werden, nicht aber klargestellt ist, wo bei diesen die Grenzbereiche zu verankern sind, d.h. volle Schuldfähigkeit abzulehnen ist, § 21 beginnt bzw. die Voraussetzungen von § 20 vorliegen, ist die Einordnung einer Störung nach ihrer Schwere zwar grundsätzlich nachvollziehbar. Rechtssicherheit und Rechtsgleichheit i.S. einer Vorhersehbarkeit einer Entscheidung, können aber nicht garantiert werden. Es hängt von der subjektiven Einschätzung des jeweiligen Richters ab, wo er die Grenzen bzw. Übergangsbereiche sieht, und damit auch, ob eine Störung als so schwer angesehen wird, dass sie bereits mindestens unter § 21 fällt und volle Schuldfähigkeit nicht mehr anzunehmen ist.

Es ist bei der Quantifizierung von Schweregraden somit zwischen zwei Bereichen zu differenzieren. Von Quantifizieren kann man bereits sprechen, wo an die Stelle von Lebenserfahrung, Empathie, ganzheitlicher Erfassung bzw. Intuition ein Verfahren mit nachprüfbaren Kriterien für das Vorgehen gesetzt wird wie zum Beispiel im Ansatz bei den Modellen von Foerster und Nedopil. Eine Beurteilung von Schweregraden und damit auch ein Festsetzen beinhaltet darüber hinaus, dass diese Kriterien in ein Verhältnis von Steigerung bzw. Minderung gesetzt werden. Kriterien zur allgemeinen Quantifizierung lassen sich, neben den bereits angeführten Beispielen, bei Schorsch finden, bei dem allerdings die Leitsymptome nicht in einem Verhältnis von Steigerung und Minderung stehen und eine Untergliederung, bei der normative Grenzen in Bezug auf ein Steigerungsverhältnis gesetzt werden, fehlt.

Da die bisher existenten Ansätze somit keine überzeugende Lösung bieten können, wurde versucht, einen eigenen Vorschlag für das Vorgehen bei der schweren anderen seelischen Abartigkeit zu machen. Dabei ist versucht worden herauszuarbeiten, dass eine Eingangsklassifizierung mithilfe des Diagnoseschlüssels ICD-10 durchaus möglich ist, wenn man sich von dem Gedanken löst, eine umfassende Hilfe für die Schweregradeinschätzung zu haben. Für die Frage, ob eine Störung als Abartigkeit eingeordnet werden kann, ist die in der klinischen Psychiatrie durchgehend angewandte ICD-10 nämlich verwendbar. Für die Schweregradeinschätzung einer Störung konnten jedoch keine übergeordneten Kriterien gefunden werden. Auch eine eventuelle Kombination von Teilaspekten einzelner Ansätze kann zu keiner befriedigenden Lösung führen, weil normative Vorentscheidungen bei überhaupt keinem der dargestellten Ansätze getroffen wurden. Damit lässt sich feststellen, dass ein Maßstab für die Konkretisierung des Begriffs der schweren anderen seelischen Abartigkeit insbesondere hinsichtlich der Schwere einer Störung bisher fehlt und auch nicht durch eine Mischlösung konstruierbar ist.

Als Konsequenz bleibt, dass man sich auf juristischer Seite im Moment damit abfinden muss, die schwere andere seelische Abartigkeit als eine Art Auffangkategorie anzusehen, bei der die Grenzen nicht eindeutig festlegbar sind.

Die gerichtliche Praxis hat sich dieser Problematik durch Anwendung des Zweifelsgrundsatzes auf die gesamte erste Stufe oder durch Ausweichen auf die zweite Stufe entzogen. Der befürchtete Dammbruch in der Anwendung der §§ 20 und 21 ist hierdurch jedoch nicht eingetreten[733].

5.2 Ergebnis

Fast alle untersuchten Ansätze liefern generelle Kriterien, an denen sich die Einzelfallbegutachtung orientieren kann. Keiner der psychiatrischen Ansätze kann das Merkmal der schweren anderen seelischen Abartigkeit jedoch derart ausfüllen, dass eine Entscheidung objektiv nachprüfbar wäre. Auch eine Kombination der existenten Ansätze kann das angestrebte Ziel, bei der Schuldfähigkeitsbeurteilung einen Maßstab zu haben, der Rechtssicherheit und Rechtsgleichheit gewährt, nicht erreichen. Nicht beantwortet wird von psychiatrischer Seite die Frage, welche Konzepte mit dem Recht kompatibel sind oder wie eine Zusammenarbeit zwischen Psychiatern und Juristen konkret aussehen soll.

Als Ausblick kann nur darauf verwiesen werden, die Leitsymptome von Schorsch, soweit sie sich als psychiatrisch gesehen sinnvoll erweisen, dahingehend weiterzuentwickeln, dass innerhalb der Symptome durch psychiatrisch-juristische Konventionen Grenzen bzw. Übergänge für die einzelnen Schuld(un)fähigkeitsstufen vereinbart werden. Aus dieser Untersuchung geht hervor, dass eine eindeutige, sowohl von juristischer wie von psychiatrischer Seite unstreitige Festlegung nicht möglich zu sein scheint. Das schließt indes nicht aus, – unter Berücksichtigung der Interessen des Beschuldigten – zu einer Absprache von Grenzen im Bereich von §§ 20 und 21 zu kommen.

---

[733] Schreiber, NStZ 1981, 46, 51

Literaturverzeichnis

Albrecht, P.-A.	Unsicherheitszonen des Schuldstrafrechts – „Bewusstseinsstörung“ und „Abartigkeit“ zwischen normativen Setzungen und empirischer Psychologie, GA 1983, S. 193-217
American Psychiatic Association	Diagnostic and Statistical Manual of Mental Disorders, 4. Auflage, Washington 1994
Arbeitsgemeinschaft für Methodik und Dokumentation in der Psychiatrie (AMDP)	Das AMDP-System, Manual zur Dokumentation psychiatrischer Befunde, 6. Auflage, Göttingen Bern Toronto Seattle 1997 zitiert: Das AMDP-System
Baumann, J. Weber, U. Mitsch, W.	Strafrecht, Allgemeiner Teil, 10. Auflage, Bielefeld 1995 zitiert: AT
Bayer, W. v.	Die Freiheitsfrage in der forensischen Psychiatrie unter besonderer Berücksichtigung der Entschädigungsneurosen, NA 1957, S. 337-343
Blau, G. Franke, E.	Prolegomena zur strafrechtlichen Schuldfähigkeit, Jura 1982, S. 393-404
Blau, G.	Anmerkung zu BGH, JR 1983, S. 69
Blau, G.	Methodologische Probleme bei der Handhabung der Schuldfähigkeitsbestimmungen des Strafgesetzbuches aus juristischer Sicht, MschrKrim Bd. 72 (1989), S. 71-77

Blei, H. Strafrecht, Allgemeiner Teil, 18. Auflage, München 1983

zitiert: AT

Bresser, P. H. Über das heutige Verhältnis von Psychopathologie und Krankheitslehre, in: Rösler, M. (Hrsg.), Psychopathologie, Konzepte - Klinik und Praxis - Beurteilungsfragen, Weinheim 1995, S. 39-49

Bruck, F. Zur Lehre von der kriminalistischen Zurechnungsfähigkeit, Breslau 1878

Bruns, H.-J. Strafzumessungsrecht, 2. Auflage, Köln Berlin Bonn München 1974

Deutsches Institut für Medizinische Dokumentation und Information (DIMDI) (Hrsg.) ICD-10: Internationale Statistische Klassifikation der Krankheiten und verwandter Gesundheitsprobleme, 10. Revision, Bd. I, Systematisches Verzeichnis (1994), München, Bd. II, Regelwerk (1995), München, Bd. III, Alphabetisches Verzeichnis (1995), München

zitiert: ICD-10

Dilling, H.
Dittmann, V. Die psychiatrische Diagnostik nach der 10. Revision der internationalen Klassifikation der Krankheiten (ICD-10), NA 1990, S. 259-270

zu Dohna, A. Ein unausrottbares Missverständnis, ZStW Bd. 66 (1954), S. 505-524

Dreher, E. Verbotsirrtum und § 51 StGB, GA 1957, S. 97-100

Erhardt, H. — Die Schuldfähigkeit aus psychiatrisch-psychologischer Sicht in: Frey, E.R. (Hrsg.): Schuld – Verantwortung – Strafe, Zürich 1964, S. 227-263

Engisch, K. — Die Lehre von der Willensfreiheit in der strafrechtsphilosophischen Doktrin der Gegenwart, 2. Auflage, Berlin 1965

zitiert: Die Lehre von der Willensfreiheit

Feuerbach, P. A. v. — Lehrbuch des gemeinen in Deutschland gültigen peinlichen Rechts, 14. Auflage, Giessen 1847

zitiert: Lehrbuch

Feuerbach, P. A. v. — Revision der Grundsätze und Grundbegriffe des peinlichen Rechts Teil II, Chemnitz 1800, Neudruck Aalen 1966

zitiert: Revision

Foerster, K. — Die forensisch-psychiatrische Beurteilung persönlichkeitsgestörter Straftäter, in: Schütz, Kaatsch, Thomsen (Hrsg.), Festschrift für G. Schewe, Berlin New York 1991, S. 189-195

zitiert: FS für Schewe

Foerster, K. — Neurotische Rentenbewerber, Stuttgart 1984

Foerster, K. — Kann die Anwendung einer klinischen Beeinträchtigungs-Schwere-Skala hilfreich sein, bei der Feststellung einer „schweren seelischen Abartigkeit“?, NStZ 1988, S. 444-446

Foerster, K. — Gedanken zur psychiatrischen Beurteilung neurotischer und persönlichkeitsgestörter Menschen bei strafrechtlichen Fragen, MschrKrim Bd. 72 (1989), S. 83-87

Foerster, K.; Heck, C. — Zur Quantifizierung der sogenannten schweren anderen seelischen Abartigkeit, MschrKrim Bd. 74 (1991), S. 49-53

Foerster, K. — Anmerkung zu BGH NStZ 2000, S. 192

Friedreich, J. B. — System der gerichtlichen Psychologie, 2. Auflage, Regensburg 1842

Gebsattel, V. v. — Zur Psychopathologie der Sucht, in: Gebsattel, V. v. (Hrsg.), Prolegomena einer medizinischen Anthropologie, S. 220-232, Berlin Göttingen Heidelberg 1954

zitiert: Prolegomena

Giese, H — Abnormes und perverses Verhalten, in: Giese, H., v. Gebsattel, V., Psychopathologie der Sexualität, S. 305-470, Stuttgart 1962

Güse, H.-G.; Schmacke, N. — Psychiatrie zwischen bürgerlicher Revolution und Faschismus Bd. II, Kronberg 1976

Glatzel, J. — Zur forensisch-psychiatrischen Problematik der tiefgreifenden Bewusstseinsstörung, StV 1982, S. 434-437

Glatzel, J. — Die affektabhängige Tötungshandlung, StV 1993, S. 220-224

Göppinger, H. — Kriminologische Aspekte zur sogenannten verminderten Schuldfähigkeit (§ 21), in: Festschrift für Heinz Leferenz, S. 411-427,Heidelberg 1983

zitiert: FS für Leferenz

Hassemer, H. — Einführung in die Grundlagen des Strafrechts, 2. Auflage, München 1990

Haueisen, F. — Zahlenmäßige Konkretisierung („Quantifizierung") unbestimmter Rechtsbegriffe, NJW 1973, S. 641-645

Heck, C. — Die psychiatrische Beurteilung der sog. schweren anderen seelischen Abartigkeit, Dissertation, Tübingen 1990

His, R. — Das Strafrecht des deutschen Mittelalters, Erster Teil: Die Verbrechen und ihre Folgen im allgemeinen, Leipzig 1920

Hülle, W. — Die Beurteilung der Zurechnungsfähigkeit durch den Tatrichter, JZ 1952, S. 296-297

Jähnke, B.
Laufhütte, H. W.
Odersky, W. — Leipziger Kommentar zum Strafgesetzbuch, 11. Auflage §§ 19-21, Berlin New York 1993

zitiert: LK-Bearbeiter

Jakobs, G. — Strafrecht, Allgemeiner Teil, 2. Auflage 1991, Berlin New York

zitiert: AT

Janzarik, W. — Forschungsrichtungen und Lehrmeinungen in der Psychiatrie: Geschichte, Gegenwart, forensische Bedeutung, in: Göppinger, Witter (Hrsg.): Handbuch der forensischen Psychiatrie Bd. I, S. 588-662, Berlin Heidelberg New York 1972

zitiert: Hdb. d. forens. Psychiatrie Bd. I

Janzarik, W. — Seelische Struktur als Ordnungsprinzip in der forensischen Anwendung, NA 1993, S. 427-433

Janzarik, W. — Grundlagen der Schuldfähigkeitsprüfung, Stuttgart 1995

Janzarik, W. — Handlungsanalyse und forensische Bewertung seelischer Devianz, NA 2000, S. 181-187

Jaspers, K. — Allgemeine Psychopathologie, 8. Auflage, Berlin Heidelberg New York 1965

Jescheck, H.-H.
Weigend, T. — Lehrbuch des Strafrechts, Allgemeiner Teil, 5. Auflage, Berlin 1996

zitiert: AT

Kaufmann, A. — Dogmatische und kriminalpolitische Aspekte des Schuldgedankens im Strafrecht, JZ 1967, S. 553-560

Kaufmann, A. — Unzeitgemäße Betrachtungen zum Schuldgrundsatz im Strafrecht, Jura 1986, S. 225-233

Kaufmann, A. | Strafrecht zwischen gestern und morgen, in: Festschrift für Richard Lange 1983, S. 27-38

zitiert: FS für Lange

Kaufmann, H. | Die Regelungen der Zurechnungsfähigkeit im E 1962, JZ 1967, S. 139-144

Kendell, R. E. | Die Diagnose in der Psychiatrie, Stuttgart 1978

Kröber, H.-L., Faller, U., Wulf, J. | Nutzen und Grenzen standardisierter Schuldfähigkeitsbegutachtung, MschrKrim Bd. 77 (1994), S. 339-352

Kröber, H.-L. | Konzepte zur Beurteilung der schweren anderen seelischen Abartigkeit, NA 1995, S. 532-537

Krümpelmann, J. | Die Neugestaltung der Vorschriften über die Schuldfähigkeit durch das zweite Strafrechtsreformgesetz vom 4. Juli 1969, ZStW Bd. 88 (1976), S. 6-39

Kühne, H.-H. | Quantifizierende Bemühungen im Strafrecht und in der Kriminologie, Forensia 1988, S. 119-126

Lackner, K., Kühl, K. | Strafgesetzbuch, 23. Auflage, München 1999

zitiert: Lackner-Bearbeiter

Lange, R. | Kommentierung zu den §§ 20, 21 StGB, Leipziger Kommentar zum Strafgesetzbuch, 10. Auflage Berlin New York 1978

zitiert: Lange, in LK

Langelüddeke, A. Bresser, P. — Gerichtliche Psychiatrie, 4. Auflage, Berlin 1976

Leferenz, H. — Die Neugestaltung der Vorschriften über die Schuldfähigkeit durch das zweite Strafrechtsreformgesetz vom 4. Juli 1969, ZStW Bd. 88 (1976), S. 40-45

Lenckner, T. — Strafe, Schuld und Schuldfähigkeit, in: Göppinger, Witter (Hrsg.): Handbuch der forensischen Psychiatrie Bd. I, S. 3-286; Berlin Heidelberg New York 1972

zitiert: Hdb. d. forens. Psychiatrie Bd I

Lilienthal, K. v. — Zurechnungsfähigkeit, in: v. Birkenmeyer, K., v. Calker, F., Frank, R., v. Hippel, R., Kahl, W., v. Lilienthal, K., v. Liszt, F., Wach, A. (Hrsg.): Vergleichende Darstellung des deutschen und ausländischen Strafrechts Bd. V, Berlin 1908, S. 1-87

Lubbers, F. — Die Geschichte der Zurechnungsfähigkeit von Carpzow bis zur Gegenwart unter besonderer Berücksichtigung der Doktrin des gemeinen Rechts, Breslau 1938

zitiert: Die Geschichte der Zurechnungsfähigkeit

Luthe, R. — Verantwortlichkeit, Persönlichkeit und Erleben (Beiträge zur Psychopathologie Band I), Berlin Heidelberg New York 1981

Luthe, R. Die strukturale Psychopathologie in der Praxis der Gerichtspsychiatrie (Beiträge zur Psychopathologie Bd. III), Berlin Heidelberg New York 1985

zitiert: Die strukturale Psychopathologie

Luthe, R. Forensische Psychopathologie, Berlin Heidelberg New York 1988

Luthe, R. Strukturaler Ansatz und psychopathologisches Grundfaktum der forensischen Psychiatrie, in: Schütz, Kaatsch, Thomsen (Hrsg.), Festschrift für G. Schewe, Berlin New York 1991, S. 239-253

zitiert: FS für Schewe

Luthe, R. Die zweifelhafte Schuldfähigkeit, Frankfurt 1996

Maatz, K. R. Schuldfähigkeitsbeurteilung und Unterbringungsentscheidung, in: Marneros, A., Rössner, D., Haring, A., Brieger, P. (Hrsg.), Psychiatrie und Justiz, München 2000, S. 20-29

zitiert: Psychiatrie und Justiz

Maatz, K. R. Erinnerung und Erinnerungsstörungen als sog. psychodiagnostische Kriterien der §§ 20, 21 StGB, NStZ 2001, S. 1-8

Maisch, H. Diagnostische Urteilsbildung zur Einschätzung von Schweregraden, psychischen Störungen und ihren Auswirkungen für forensische Zwecke: Grundlagenprobleme, Suchrichtungen, Annährungsstrategien, MschrKrim Bd. 66 (1983), S. 343-354

Maiwald, M. Gedanken zu einem sozialen Schuldbegriff, in: Festschrift für Karl Lackner zum 70. Geburtstag, Berlin 1987, S. 149-166
zitiert: FS für Lackner

Mangakis, G. A. Über das Verhältnis von Strafrechtsschuld und Willensfreiheit, ZStW Bd. 75 (1963), S. 499-540

Maurach, R. / Zipf, H. Strafrecht, Allgemeiner Teil Bd. 1, 8. Auflage, Heidelberg 1992
zitiert: AT/1

Mende, W. Die „tiefgreifende Bewusstseinsstörung" in der forensisch-psychiatrischen Diagnostik, in: Festschrift für Paul Bockelmann, S. 311-322, München 1979
zitiert: FS für Bockelmann

Meyer, G. Die Beurteilung der Schuldfähigkeit bei Abhängigkeit vom Glücksspiel, MschrKrim Bd. 71 (1988), S. 213-227

Meyer, J.-E. Psychiatrische Diagnosen und ihre Bedeutung für die Schuldfähigkeit im Sinne der §§ 20, 21 StGB, ZStW Bd. 88 (1976), S. 46-56

Müller-Suur, H. Zur strafrechtlichen Beurteilung von Neurosen, Archiv für Psychiatrie Bd. 194 (1956), S. 368-382

Müller-Suur, H. Abgrenzungen neurotischer Erkrankungen gegenüber der Norm, in: Handbuch der Neurosenlehre und Psychotherapie Bd. I, Berlin 1959, S. 250-262
zitiert: Handbuch der Neurosenlehre

Nedopil, N.	Operationalisierung und Standardisierung als Hilfen bei der psychiatrischen Begutachtung, MschrKrim Bd. 71 (1988), S. 117-128
Nedopil, N. Graßl, P.	Das Forensisch-Psychiatrische Dokumentationssystem (FPDS), Forensia 1988, S. 139-147
Nedopil, N.	Forensische Psychiatrie, 2. Auflage, Stuttgart 2000
Nowakowski, F.	Freiheit, Schuld, Vergeltung, in: Festschrift für Theodor Rittler, Aalen 1957, S. 55-88
Pfeiffer, G.	Karlsruher Kommentar zur Strafprozessordnung und zum Gerichtsverfassungsgesetz mit Einführungsgesetz, 4. Auflage, München 1999 zitiert: KK-Bearbeiter
Popitz, H.	Die normative Konstruktion von Gesellschaft, Tübingen 1980
Pschyrembel	Klinisches Wörterbuch mit klinischen Syndromen und Nomina Anatomica, 258. Auflage, Berlin New York 1998
Rasch, W.	Neue Perspektiven in der forensischen Psychiatrie, Medizinische Welt Bd. 27 (1976), S. 1793-1796
Rasch, W.	Die psychologisch-psychiatrische Beurteilung von Affektdelikten, NJW 1980, S. 1309-1315
Rasch, W.	Angst vor der Abartigkeit, NStZ 1982, S. 177-183

Rasch, W. — Die Zurechnung psychiatrisch - psychologischer Diagnosen zu den vier psychischen Merkmalen der §§ 20, 21 StGB, Psychiatrische Praxis 1983, S. 170f. und StV 1984, S. 264-269

Rasch, W. — Die psychiatrisch-psychologische Beurteilung der sogenannten schweren anderen Abartigkeit, StV 1991, S. 126-131

Rasch, W. — Forensische Psychiatrie, 2. Auflage, Stuttgart 1999

Rein, W. — Das Kriminalrecht der Römer, Leipzig 1844

Rieß, P. — Löwe-Rosenberg, Großkommentar, Die Strafprozessordnung und das Gerichtsverfassungsgesetz, 25. Auflage (14. Lieferung: §§ 247-261), Berlin New York 2003

zitiert: LR-Bearbeiter

Rösler, M. — Psychiatrische Untersuchungen, in: Rösler, M., Hengesch, G. (Hrsg.), Psychiatrische Diagnostik im Vorfeld der Schuldfähigkeitsbeurteilung, Stuttgart 1992, S. 9-100

zitiert: Psychiatrische Diagnostik

Roxin, C. — „Schuld“ und „Verantwortlichkeit“ als strafrechtliche Systemkategorien, in: Festschrift für Henkel, Berlin 1974, S. 171-197

zitiert: FS für Henkel

Roxin, C. — Die Schuldunfähigkeit Erwachsener im Urteil des Strafrechts, in: Eisenmeier, W., Liebhardt, E.; Schmuck, M: Medizin und Recht, Festschrift für Wolfgang Spann, Berlin 1986, S. 457-471

zitiert: FS für Spann

Roxin, C. — Strafrecht, Allgemeiner Teil, Bd. 1: Grundlagen, der Aufbau der Verbrechenslehre, 3. Auflage, München 1997

zitiert: AT

Rudolphi, H.-J.
Horn, E.
Samson, E. — Systematischer Kommentar zum Strafgesetzbuch Bd. I, Allgemeiner Teil (§§1-79b), 6. Auflage, Frankfurt/Main 1993

zitiert: SK-Bearbeiter

Saß, H. — Die „tiefgreifende Bewusstseinsstörung" gemäß den §§ 20, 21 StGB – eine problematische Kategorie aus forensisch-psychiatrischer Sicht, Forensia 1983, S. 3-23

Saß, H. — Ein psychopathologisches Referenzsystem für die Beurteilung der Schuldfähigkeit, Forensia 1985, S. 33-43

Saß, H. — Psychopathie-Soziopathie-Dissozialität, Berlin Heidelberg New York London Paris 1987

zitiert: Psychopathie

Saß, H. — Forensische Erheblichkeit seelischer Störungen im psychopathologischen Referenzsystem, in: Schütz, Kaatsch, Thomsen (Hrsg.): Festschrift für G. Schewe, Berlin Heidelberg New York 1991, S. 266-281
zitiert: FS für Schewe

Saß, H.
Wittchen, H.-U.
Zaudig, M.
Houben. I.

Diagnostische Kriterien des Diagnostischen und Statistischen Manuals Psychischer Störungen DSM-IV, Deutsche Bearbeitung, Göttingen Bern Toronto Seattle 1998

zitiert: DSM-IV, Diagnostische Kriterien, Deutsche Bearbeitung

Schaffstein, F.

Die Jugendzurechnungsfähigkeit in ihrem Verhältnis zur allgemeinen Schuldfähigkeit, ZStW Bd. 77 (1965), S. 191-208

Schepank, H.

Epidemiologie psychogener Erkrankungen, Z. Psychosom. Med. Psychoan. 1982, S. 104-125

Schmidt, E.

Einführung in die Geschichte der deutschen Strafrechtspflege, 3. Auflage, Göttingen 1965

Schmitt, R.

Die „schwere andere seelische Abartigkeit" in §§ 20 und 21 StGB, ZStW Bd. 92 (1980), S. 346-350

Schneider, K.

Die psychopathischen Persönlichkeiten, 9. Auflage, Wien 1950

Schneider, K.

Die Beurteilung der Zurechnungsfähigkeit, 1. Auflage 1948, 3. Auflage, Stuttgart 1956

Schneider, K.

Klinische Psychopathologie, 10. Auflage, Stuttgart 1973

Schöch, H.

Die Beurteilung von Schweregraden schuldmindernder oder schuldausschließender Persönlichkeitsstörungen aus juristischer Sicht, MschrKrim Bd. 66 (1983), S. 333-343

Schönke, A.
Schröder, H.
Kommentar zum Strafgesetzbuch, 25. Auflage, München 1997

zitiert: S/S-Bearbeiter

Schorsch, E.
Psychopathologie der Sexualität? Einleitung zu H. Giese: Psychopathologie der Sexualität; Reprint in: Perversion, Liebe, Gewalt, Beiträge zur Sexualforschung Bd. 68, Stuttgart 1993, S. 11-32

zitiert: Perversion, Liebe, Gewalt

Schorsch, E.
In: Schorsch, E., Geledary, G., Haag, A., Hauch, M., Lohse, H (Hrsg.): Perversion als Straftat, Berlin Heidelberg New York 1985

Schorsch, E.
Affekttaten und sexuelle Perversionstaten im strukturellen und psychodynamischen Vergleich, in: Perversion, Liebe, Gewalt; Beiträge zur Sexualforschung, Stuttgart 1993, S. 139-152

zitiert: Perversion, Liebe, Gewalt

Schreiber, H.-L.
Was heißt heute strafrechtliche Schuld und wie kann der Psychiater bei ihrer Feststellung mitwirken?, NA 1977, S. 242-247

Schreiber, H.-L.
Bedeutung und Auswirkungen der neugefassten Bestimmungen über die Schuldfähigkeit, NStZ 1981, S. 46-51

Schreiber, H.-L. Schuld und Schuldfähigkeit im Strafrecht, in: Justiz und Recht, Festschrift aus Anlaß des zehnjährigen Bestehens der Deutschen Richterakademie in Trier, S. 73-85, Heidelberg 1983

zitiert: FS Deutsche Richterakademie

Schreiber, H.-L. Rechtliche Grundlagen der psychiatrischen Begutachtung, in. Venzlaff, U., Foerster, K. (Hrsg.): Psychiatrische Begutachtung, 3. Auflage, München Jena 2000, S. 1-54

zitiert: Psychiatrische Begutachtung

Schüler-Springorum, H. „Benzin nach Metern“? Schuldminderung, Schuldausschluss und das Problem der Quantifizierung, in: Festschrift für Venzlaff 1986, S. 52-63

zitiert: FS für Venzlaff

Schünemann, B. Die deutschsprachige Strafrechtswissenschaft nach der Strafrechtsreform im Spiegel des Leipziger Kommentars und des Wiener Kommentars, 2. Teil: Schuld und Kriminalpolitik, GA 1986, S. 293-352

Schwalm, G. Schuld und Schuldfähigkeit im Licht der Strafrechtsreformgesetze vom 25.6. und 4.7. 1969, des Grundgesetzes und der Rechtsprechung des Bundesverfassungsgerichts, JZ 1970, S. 487-495

Schwarz, J.
Wille, R. § 51-gestern,heute und morgen, NJW 1971, S. 1061-1065

Strathenwerth, G. — Die Zukunft des strafrechtlichen Schuldprinzips, Karlsruhe Heidelberg 1977

Strathenwerth, G. — Strafrecht, Allgemeiner Teil I, 4. Auflage, Köln 2000
zitiert: AT

Streng, F. — Schuld ohne Freiheit? Der funktionale Schuldbegriff auf dem Prüfstand, ZStW Bd. 101 (1989), S. 273-334

Theune, W. — Auswirkungen einer schweren anderen seelischen Abartigkeit auf die Schuldfähigkeit und die Zumessung von Strafe und Maßregel, NStZ-RR 2002, S. 225-229

Theune, W. — Die Beurteilung der schweren anderen seelischen Abartigkeit in der Rechtsprechung und ihre Vereinbarkeit mit dem Schuldprinzip, ZStW Bd. 114 (2002), S. 300-318

Tröndle, H.
Fischer, T. — Kommentar zum Strafgesetzbuch, 49. Auflage, München 1999

Undeutsch, U. — Zurechnungsfähigkeit bei Bewusstseinsstörung, in: Ponsold, A. (Hrsg.), Lehrbuch der gerichtlichen Medizin, 2. Auflage, Stuttgart 1957, S. 130-145
zitiert: Lehrbuch der gerichtlichen Medizin

Venzlaff, U. — Aktuelle Probleme der forensischen Psychiatrie, in: Kisker, K.P. et al. (Hrsg.): Psychiatrie der Gegenwart, Bd III, 2. Auflage, S. 883ff.; Berlin-Heidelberg-New York 1975
zitiert: Psychiatrie der Gegenwart Bd. III

Venzlaff, U. | Ist die Restaurierung eines engen Krankheitsbegriffs erforderlich, um kriminalpolitische Gefahren abzuwehren?, ZStW Bd. 88 (1976), S. 57-65

Venzlaff, U. | Methodische und praktische Probleme nach dem 2. Strafrechtsreformgesetz, NA 1977, S. 253-258

Venzlaff, U. | Methodische und Praktische Probleme der forensisch-psychiatrischen Begutachtung, in: Venzlaff, U., Foerster, K. (Hrsg.), Psychiatrische Begutachtung, München Jena 2000, S. 67-79

zitiert: Psychiatrische Begutachtung

Venzlaff, U. | Belastungsreaktionen, neurotische Störungen und Persönlichkeitsstörungen im Erwachsenenalter, in: Venzlaff, U. Foerster, K. (Hrsg.), Psychiatrische Begutachtung, München Jena 2000, S. 213-240

zitiert: Psychiatrische Begutachtung

Wegener, H. | Einführung in die forensische Psychologie, Darmstadt 1981

Wieck, H. H. | Lehrbuch der Psychiatrie, 2. Auflage, Stuttgart 1977

Witter, H. | Grundriß der gerichtlichen Psychologie und Psychiatrie, Berlin Heidelberg New York 1970

zitiert: Grundriß

Witter, H. — Die Beurteilung Erwachsener im Strafrecht, in: Göppinger, Witter (Hrsg.): Handbuch der forensischen Psychiatrie Bd. II, Berlin Heidelberg New York 1972, S. 966-1095

zitiert: Hdb. d. forens. Psychiatrie Bd. II

Witter, H. — Die Bedeutung des psychiatrischen Krankheitsbegriffes für das Strafrecht, in: Festschrift für Richard Lange, S. 724-735; Berlin Heidelberg New York 1976

zitiert: FS für Lange

Witter, H. — Wissen und werten bei der Beurteilung der strafrechtlichen Schuldfähigkeit, in: Festschrift für Heinz Leferenz, S. 441-462, Heidelberg 1983

Witter, H. — Der psychiatrische Sachverständige im Strafrecht, Berlin 1987

zitiert: Der psychiatrische Sachverständige

Witter, H. — Unterschiedliche Perspektiven in der allgemeinen und in der forensischen Psychiatrie, Berlin Heidelberg 1990

Wolfslast, G. — Die Regelung der Schuldfähigkeit im StGB, JA 1981, S. 464-470

Wolter, J. — Schuldinterlokut und Strafzumessung, Rechts- und Sozialstaat, Rechts- und Sozialwissenschaften im Strafprozess, GA 1980, S. 81-106

Die Reihe RECHT UND MEDIZIN wird von den Professoren Deutsch (Göttingen), Laufs (Heidelberg) und Schreiber (Göttingen) herausgegeben. Ihre Aufgabe ist es, Monographien und Dissertationen auf dem Gebiet des medizinischen Rechts zu veröffentlichen. Dieses Gebiet, das an Bedeutung noch zunehmen wird, umfaßt auf der juristischen Seite sowohl zivilrechtliche als auch straf- und öffentlich-rechtliche Fragestellungen. Die Fragen können von der juristischen oder von der medizinischen Seite aus untersucht werden. Übergreifendes Ziel ist es, den medizin-rechtlichen Fragen nicht etwa ein gängiges juristisches Denkschema überzuwerfen, sondern die besonderen Probleme der Regelung medizinischer Sachverhalte eigenständig aufzufassen und darzustellen.

Die Adressen der drei Herausgeber sind:

Prof. Dr. Dr. h.c. Erwin Deutsch (Zivilrecht und Rechtsvergleichung)
Höltystraße 8
37085 Göttingen

Prof. Dr. Dr. h.c. Adolf Laufs (Zivilrecht und Rechtsgeschichte)
Kohlackerweg 12
69151 Neckargemünd

Prof. Dr. Dr. h.c. Hans-Ludwig Schreiber (Strafrecht und Rechtstheorie)
Grazer Str. 14
30519 Hannover

RECHT UND MEDIZIN

Band 1 Erwin Deutsch: Das Recht der klinischen Forschung am Menschen. Zulässigkeit und Folgen der Versuche am Menschen, dargestellt im Vergleich zu dem amerikanischen Beispiel und den internationalen Regelungen. 1979.

Band 2 Thomas Carstens: Das Recht der Organtransplantation. Stand und Tendenzen des deutschen Rechts im Vergleich zu ausländischen Gesetzen. 1979.

Band 3 Moritz Linzbach: Informed Consent. Die Aufklärungspflicht des Arztes im amerikanischen und im deutschen Recht. 1980.

Band 4 Volker Henschel: Aufgabe und Tätigkeit der Schlichtungs- und Gutachterstellen für Arzthaftpflichtstreitigkeiten. 1980.

Band 5 Hans Lilie: Ärztliche Dokumentation und Informationsrechte des Patienten. Eine arztrechtliche Studie zum deutschen und amerikanischen Recht. 1980.

Band 6 Peter Mengert: Rechtsmedizinische Probleme in der Psychotherapie. 1981.

Band 7 Hazel G.S. Marinero: Arzneimittelhaftung in den USA und Deutschland. 1982.

Band 8 Wolfram Eberbach. Die zivilrechtliche Beurteilung der *Humanforschung*. 1982.

Band 9 Wolfgang Deuchler: Die Haftung des Arztes für die unerwünschte Geburt eines Kindes ("wrongful birth"). Eine rechtsvergleichende Darstellung des amerikanischen und deutschen Rechts. 1984.

Band 10 Hermann Schünemann: Die Rechte am menschlichen Körper. 1985.

Band 11 Joachim Sick: Beweisrecht im Arzthaftpflichtprozeß. 1986.

Band 12 Michael Pap: Extrakorporale Befruchtung und Embryotransfer aus arztrechtlicher Sicht; insbesondere: Der Schutz des werdenden Lebens in vitro. 1987.

Band 13 Sabine Rickmann: Zur Wirksamkeit von Patiententestamenten im Bereich des Strafrechts. 1987.

Band 14 Joachim Czwalinna: Ethik-Kommissionen - Forschungslegitimation durch Verfahren. 1987.

Band 15 Günter Schirmer: Status und Schutz des frühen Embryos bei der *In-vitro*-Fertilisation. Rechtslage und Diskussionsstand in Deutschland im Vergleich zu den Ländern des angloamerikanischen Rechtskreises. 1987.

Band 16 Sabine Dönicke: Strafrechtliche Aspekte der Katastrophenmedizin. 1987.

Band 17 Erwin Bernat: Rechtsfragen medizinisch assistierter Zeugung. 1989.

Band 18 Hartmut Schulz: Haftung für Infektionen. 1988.

Band 19 Herbert Harrer: Zivilrechtliche Haftung bei durchkreuzter Familienplanung. 1989.

Band 20 Reiner Füllmich: Der Tod im Krankenhaus und das Selbstbestimmungsrecht des Patienten. Über das Recht des nicht entscheidungsfähigen Patienten, künstlich lebensverlängernde Maßnahmen abzulehnen. 1990.

Band 21 Franziska Knothe: Staatshaftung bei der Zulassung von Arzneimitteln. 1990.

Band 22 Bettina Merz: Die medizinische, ethische und juristische Problematik artifizieller menschlicher Fortpflanzung. Artifizielle Insemination, In-vitro-Fertilisation mit Embryotransfer und die Forschung an frühen menschlichen Embryonen. 1991.

Band 23 Ferdinand van Oosten: The Doctrine of Informed Consent in Medical Law. 1991.

Band 24 Stephan Cramer: Genom- und Genanalyse. Rechtliche Implikationen einer "Prädiktiven Medizin". 1991.

Band 25 Knut Schulte: Das standesrechtliche Werbeverbot für Ärzte unter Berücksichtigung wettbewerbs- und kartellrechtlicher Bestimmungen. 1992.

Band 26 Young-Kyu Park: Das System des Arzthaftungsrechts. Zur dogmatischen Klarstellung und sachgerechten Verteilung des Haftungsrisikos. 1992.

Band 27 Angela Könning-Feil: Das Internationale Arzthaftungsrecht. Eine kollisionsrechtliche Darstellung auf sachrechtsvergleichender Grundlage. 1992.

Band 28 Jutta Krüger: Der Hamburger Barmbek/Bernbeck-Fall. Rechtstatsächliche Abwicklung und haftungsrechtliche Aspekte eines medizinischen Serienschadens. 1993.

Band 29 Alexandra Goeldel: Leihmutterschaft – eine rechtsvergleichende Studie. 1994.

Band 30 Thomas Brandes: Die Haftung für Organisationspflichtverletzung. 1994.

Band 31 Winfried Grabsch: Die Strafbarkeit der Offenbarung höchstpersönlicher Daten des ungeborenen Menschen. 1994.

Band 32 Jochen Markus: Die Einwilligungsfähigkeit im amerikanischen Recht. Mit einem einleitenden Überblick über den deutschen Diskussionsstand. 1995.

Band 33 Meltem Göben: Arzneimittelhaftung und Gentechnikhaftung als Beispiele modernen Risikoausgleichs mit rechtsvergleichenden Ausblicken zum türkischen und schweizerischen Recht. 1995.

Band 34 Regine Kiesecker: Die Schwangerschaft einer Toten. Strafrecht an der Grenze von Leben und Tod – Der Erlanger und der Stuttgarter Baby-Fall. 1996.

Band 35 Doris Voll: Die Einwilligung im Arztrecht. Eine Untersuchung zu den straf-, zivil- und verfassungsrechtlichen Grundlagen, insbesondere bei Sterilisation und Transplantation unter Berücksichtigung des Betreuungsgesetzes. 1996.

Band 36 Jens-M. Kuhlmann: Einwilligung in die Heilbehandlung alter Menschen. 1996.

Band 37 Hans-Jürgen Grambow: Die Haftung bei Gesundheitsschäden infolge medizinischer Betreuung in der DDR. 1997.

Band 38 Julia Röver: Einflußmöglichkeiten des Patienten im Vorfeld einer medizinischen Behandlung. Antezipierte Erklärung und Stellvertretung in Gesundheitsangelegenheiten. 1997.

Band 39 Jens Göben: Das Mitverschulden des Patienten im Arzthaftungsrecht. 1998.

Band 40 Hans-Jürgen Roßner: Begrenzung der Aufklärungspflicht des Arztes bei Kollision mit anderen ärztlichen Pflichten. Eine medizinrechtliche Studie mit vergleichenden Betrachtungen des nordamerikanischen Rechts. 1998.

Band 41 Meike Stock: Der Probandenschutz bei der medizinischen Forschung am Menschen. Unter besonderer Berücksichtigung der gesetzlich nicht geregelten Bereiche. 1998.

Band 42 Susanne Marian: Die Rechtsstellung des Samenspenders bei der Insemination / IVF. 1998.

Band 43 Maria Kasche: Verlust von Heilungschancen. Eine rechtsvergleichende Untersuchung. 1999.

Band 44 Almut Wilkening: Der Hamburger Sonderweg im System der öffentlich-rechtlichen Ethik-Kommissionen Deutschlands. 2000.

Band 45 Jonela Hoxhaj: Quo vadis Medizintechnikhaftung? Arzt-, Krankenhaus- und Herstellerhaftung für den Einsatz von Medizinprodukten. 2000.

Band 46 Birgit Reuter: Die gesetzliche Regelung der aktiven ärztlichen Sterbehilfe des Königreichs der Niederlande – ein Modell für die Bundesrepublik Deutschland? 2001.
2. durchgesehene Auflage 2002.

Band 47 Klaus Vosteen: Rationierung im Gesundheitswesen und Patientenschutz. Zu den rechtlichen Grenzen von Rationierungsmaßnahmen und den rechtlichen Anforderungen an staatliche Vorhaltung und Steuerung im Gesundheitswesen. 2001.

Band 48 Bong-Seok Kang: Haftungsprobleme in der Gentechnologie. Zum sachgerechten Schadensausgleich. 2001.

Band 49 Heike Wachenhausen: Medizinische Versuche und klinische Prüfung an Einwilligungsunfähigen. 2001.

Band 50 Thomas Hasenbein: Einziehung privatärztlicher Honorarforderungen durch Inkassounternehmen. 2002.

Band 51 Oliver Nowak: Leitlinien in der Medizin. Eine haftungsrechtliche Betrachtung. 2002.

Band 52 Christina Herrig: Die Gewebetransplantation nach dem Transplantationsgesetz. Entnahme – Lagerung – Verwendung unter besonderer Berücksichtigung der Hornhauttransplantation. 2002.

Band 53 Matthias Nagel: Passive Euthanasie. Probleme beim Behandlungsabbruch bei Patienten mit apallischem Syndrom. 2002.

Band 54 Miriam Ina Saati: Früheuthanasie. 2002.

Band 55 Susanne Schneider: Rechtliche Aspekte der Präimplantations- und Präfertilisationsdiagnostik. 2002.

Band 56 Uta Oelert: Allokation von Organen in der Transplantationsmedizin. 2002.

Band 57 Jens Muschner: Die haftungsrechtliche Stellung ausländischer Patienten und Medizinalpersonen in Fällen sprachbedingter Mißverständnisse. 2002.

Band 58 Rüdiger Wolfrum / Peter-Tobias Stoll / Stephanie Franck: Die Gewährleistung freier Forschung an und mit Genen und das Interesse an der wirtschaftlichen Nutzung ihrer Ergebnisse. 2002.

Band 59 Frank Hiersche: Die rechtliche Position der Hebamme bei der Geburt. Vertikale oder horizontale Arbeitsteilung. 2003.

Band 60 Hartmut Schädlich: Grenzüberschreitende Telemedizin-Anwendungen: Ärztliche Berufserlaubnis und Internationales Arzthaftungsrecht. Eine vergleichende Darstellung des deutschen und US-amerikanischen Rechts. 2003.

Band 61 Stefanie Diettrich: Organentnahme und Rechtfertigung durch Notstand? Zugleich eine Untersuchung zum Konkurrenzverhältnis von speziellen Rechtfertigungsgründen und rechtfertigendem Notstand gem. § 34 StGB. 2003.

Band 62 Anne Elisabeth Stange: Gibt es psychiatrische Diagnostikansätze, um den Begriff der schweren anderen seelischen Abartigkeit in §§ 20, 21 StGB auszufüllen? 2003.

Band 63 Christiane Schief: Die Zulässigkeit postnataler prädiktiver Gentests. Die Biomedizin-Konvention des Europarats und die deutsche Rechtslage. 2003.

Band 64 Maike C. Erbsen: Praxisnetze und das Berufsrecht der Ärzte. Der Praxisverbund als neue Kooperationsform in der ärztlichen Berufsordnung. 2003.

www.ingramcontent.com/pod-product-compliance
Ingram Content Group UK Ltd.
Pitfield, Milton Keynes, MK11 3LW, UK
UKHW021233031026
15588UKWH00001B/66

9 783631 515112